思想觀念的帶動者
文化現象的觀察者
本土經驗的整理者
生命故事的關懷者

{ PsychoAlchemy }

啟程，踏上屬於自己的英雄之旅
外在風景的迷離，內在視野的印記
回眸之間，哲學與心理學迎面碰撞
一次自我與心靈的深層交鋒

MICHAEL FORDHAM

閱讀佛登

從兒童個體化研究開拓自性的探索
Innovations in Analytical Psychology

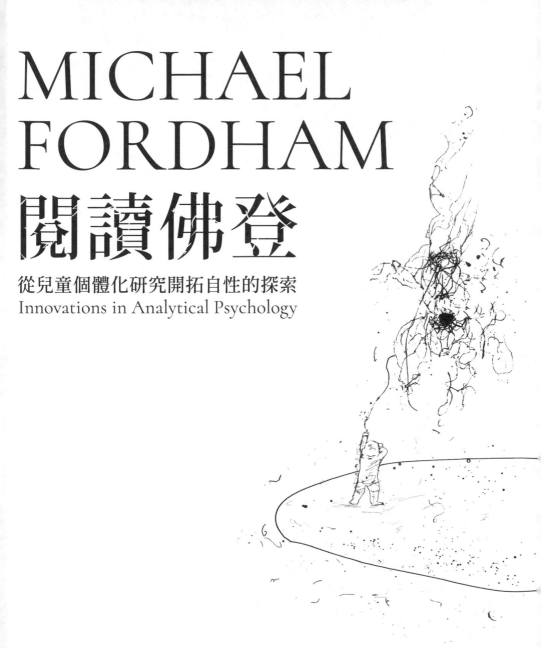

Routledge
Taylor & Francis Group

詹姆斯·阿斯特 James Astor ——— 著　　周嘉娸 —— 審閱　傅雅群 —— 譯

讀佛登，這一本就夠了

洪素珍／臺北教育大學心理與諮商學系副教授

　　《閱讀佛登：從兒童個體化研究開拓自性的探索》完整告訴了讀者後榮格學派學者麥可‧佛登的學思歷程，旨在囊括他以榮格學說為骨幹，鑽研精神分析學術及實務之成就的介紹、分析以及批判，脈絡完整，大師思想精華，搜羅無遺，是部「讀佛登，這一本就夠了」的傑作。

　　本書妙絕時人之處，在於作者詹姆斯‧阿斯特的精心鋪排，從佛登生平講起，對於許多可能驚心動魄之處，諸如其父疑似自殺、本人婚姻出軌等，就只平鋪直敘，並不加油添醋，很有日本電影導演是枝裕和類似的風格。在雲淡風清的敘事中，可能就讓稍具深度心理學先備知識的讀者同理了佛登，興起「啊！所以他是榮格學派」的共感，之後更容易放心地隨書本節奏，一路從他的專業養成、議題掌握、臨床啟示，到宗教、宇宙論沉思等，馳騁於思想與人生間光影交錯、互為表裡的深度心靈學術探索旅程。

　　阿斯特是佛登研究的專家，這種選擇絕非偶然。我想，最重要的原因之一不外是，掌握佛登學思歷程，幾乎便理清了大半的後精神分析發展的梗概。

　　精神分析由佛洛伊德始啟江山，之後發展出當代精神分析主流的客體關係一脈，當中又以馬勒（Margaret S. Mahler）與克萊

恩（Melanie Klein）兩支最知名；又者，美國精神病學家蘇利文（Sullivan Hany Stack）則是精神分析的社會學派代表人物之一，其人格的人際關係理論被廣泛利用；而艾瑞克森（Erik Homburger Erikson）以認同危機（identity crisis）的說法而知名，他的「社會心理發展階段」理論，也被認為是佛洛伊德性心理發展階段的進化版。以上幾位被普遍認為是繼承佛洛伊德的主要深度心理學學派代表。而另一大支脈，就是雖屬精神分析，但卻被眾多追隨佛洛伊德的忠誠信徒斥為「叛徒」的榮格學派。

佛登的專業興趣雖始於比較近於佛洛伊德的個人潛意識研究，但卻又對當中非個人因素的部分著迷，也許因為如此，隨後較親近榮格，成為其專業的活水源頭，似乎也理所當然。

因此，阿斯特寫作本書的主要內容，基本上是依榮格心理學主要概念為架構進行，在一個個觀點中，去展現佛登的思考、批判與修正，形成屬於他自己思想觀念的脈絡和過程。

由於佛登身兼精神科醫師與分析師，有很多機會和多元角度，以及近大量距離的臨床研究案例，相互印證對照，修正、調整實務與理論，這也是他可以自成一家的重要因素之一。本書作者顯然照看到這個重點，於是於書中使用大量佛登主動視角的案例與理論的辯證和對話。如此的寫作編排，讓人對佛登、乃至於榮格的理論，更有生動清晰的理解。

事實上，不僅限於榮格，佛登也借鑒了許多其他精神分析學派的相關理論以及方法，也因而，在榮格理論的基礎上，取得許多突破性發展。比如，榮格心理學重大概念之一的「自性」，榮格說它既為心靈核心，也是心靈整體，定義曖昧不清。這種「怎麼說都

對」、近於「偽科學」的說法，不僅困擾許多嚴謹的學者，也讓一眾旁門左道有機可趁，誑語自稱系出「榮格」，一時多少榮格，反教名門正派灰飛煙滅。

於是，佛登提出詮釋自性的解決新方案，如同照妖鏡，成為最為人知的榮格理論發展之一，叫群魔現形。佛登借用克萊恩客體關係理論的方法（是「方法」！而非嫁接「理論」！）解釋他假設的生而有之的原初自性，於人的一生中會不斷地經歷去整合[1]與再整合的活動，所分化出來意識自我與原型，自然都保有原初自性的性質。這一來，才讓榮格學派的自性理論有了脫離偽科學或者形而上學之列的可行之道。

猶有甚之者，還有榮格初時建構的理論太過艱深與粗糙的宇宙論，更是令初學者卻步。這也在佛登的努力下有所進展。由此觀之，本書以「共時性」一章作結，分析佛登的想法，寓意尤深，因為這不啻又是另一面激濁揚清的照妖鏡。

共時性所雜揉的文化象徵以及高等物理學理論等，極度繁複，太多人乾脆望文生義，直接把隨機的偶然事件拼湊在一起，胡亂謂之為「共時」。而佛登不拘泥於理論框架，敢於跳脫傳統精神分析言必稱意識／無意識框架，重新梳理脈絡，提出共時性是意識在某時因心靈能量影響而同步了的白話詮釋，如醍醐灌頂，才讓願意醒來的人恍然大悟。佛登對共時性的詮釋很有東方婉約內斂的氣質，就好像傳說中日本文豪夏目漱石曾對「I love you」轉譯日文成為「愛してます」的直翻方式十分不滿——一個日本人若真心對愛人

1　　即 deintergration，本書後續譯文譯為「解體」，相關說明請參第三章註腳 1。

表達愛意，會說「今晚的月色真美」，而對方若亦瞭然，那便是兩人在月光照映下的彼此心靈意識通透，而完成了共時性。這與一些偶像劇因「巧遇」而生的「愛情公式」，安上「共時」的宿命說，境界判若雲泥。

　　本書採用類似傳奇筆記、小說敘事的寫作結構，透過研究佛登學思經歷，循序漸進擇要概述了榮格心理學，也概括了部分後精神分析理論，精妙絕倫，文不加點，是少數可以當成後精神分析，尤其是快速入門榮格學派，有效掌握梗概的好書之一。

以科學態度實踐榮格理論

周嘉娸／本書審閱者

　　麥可佛登對於分析心理學領域貢獻卓越，其中最廣為人知的是他對自性在兒童期發展的見解。佛登主張，自性並非到中年時期才影響個體化的歷程，他認為自性與自我透過「解體與再整合」（deintegration and reintegration）的動態關係，從兒童期就開始形塑個人的內在世界與外在環境。

　　佛登對於榮格學圈的重要貢獻並不僅於此，二次世界大戰後，流亡倫敦的精神分析師們與在地的精神醫療人員交流密切，心理治療以及相關理論在當時的英國蓬勃發展起來。佛登忠於榮格的理論，但他驚艷於佛洛伊德與克萊恩學派從臨床現象琢磨的態度，試圖從診療室內的實際經驗，尋找心靈共通的原理並將之與榮格理論結合。相對於榮格學派分析師習於從神話中推敲人類行為的意義，佛登透過對於臨床工作的反思，在自性的運作、自閉症、移情／反移情，以及分析師的態度立場上，都提出了獨到見解，並且他在榮格分析師的訓練制度上也多所建樹。1946 年佛登與同仁在倫敦創立第一所榮格學派的訓練機構（Society of Analytical Psychology, SAP），榮格為此英國機構的首任主席。佛登領導了成人與兒童的訓練學程，並且從 1955 年起擔任《分析心理學刊》（*Journal of Analytical Psychology*）的首任編輯長達十五年。當時，他也應榮格邀

請，共同編輯《榮格全集》以彙整榮格一生的著作。時至今日，分析心理學刊每年頒發佛登論文獎（The Fordham Prize）給當年度的優秀論文作者，足以彰顯佛登在分析心理學研究上的地位。

安德魯‧沙謬思（Andrew Samuels）在其著作中，曾試圖將榮格學群做出分類，其中以佛登為首的英國榮格分析師群被沙謬斯歸類為「發展學派」（developmental school）。佛登對此曾表示，他認為自己的做法更靠近「科學取向」（scientific approach），因為他認為所有好的分析工作本質上都具備發展的質地，但是他特別著重採取科學態度與實驗精神來了解人類心靈的運作。對佛登而言，分析工作的本質是一個動態的辯證歷程。

本書作者詹姆斯‧阿斯特是介紹佛登理論的不二人選。在兩人數十年深厚的師生與同事情誼往來之間，詹姆斯從旁見證了佛登以優異的才能與體力，在參與臨床工作與教學的同時還筆耕不墜，也見證到佛登如何立基在榮格理論，探索發想所觀察到的臨床現象。

在本書中，詹姆斯帶領讀者從佛登的生平了解其個人發展脈絡，再透過精要介紹佛登理論，以及與榮格理論的異同，帶領讀者認識佛登的思想。在本書的第七章到第十章，詹姆斯則透過佛登本人所記載的臨床案例與反思，讓讀者們窺見佛登如何由臨床細節推演出獨到的見解，也揭示了佛登與克萊恩學派分析師在操作與概念上的相異之處。在第十一章與第十二章，詹姆斯描繪出佛登對於宗教經驗與共時性觀念與榮格所抱持的不同角度與立場。本書最末的附錄則鮮活又真實地呈現了佛登所帶領的專業團體中，分析師們認真檢視分析歷程的科學化討論氛圍，以及專業團體裡的動力。

麥可‧佛登在分析心理學領域是不可忽略的重要人物，在英國

分析心理學會的講堂裡，猶可見其紀念頭像。非常樂見台灣榮格學圈今年終於有了佛登著作的中文譯本，然而儘管作者詹姆斯的思路清晰，文筆流暢，此書卻非榮格愛好者或初學者的入門書籍，而更適合作為榮格取向或動力取向臨床工作者的進階讀物。臨床工作者能在佛登所寫的案例紀錄字裡行間，能細細體會臨床現場的暗潮湧動，也或能在反覆閱讀思量後，頓悟自身執行臨床業務時，所不經意忽略的重要眉角，以及診療室裡的反移情反應。

佛登曾言，「最能夠緬懷榮格的方式，莫過於運用並發展他的思想，而不是消極地全盤接受，把它們供奉在神壇上。」我想就這點而言，作者詹姆斯在此書中非常成功的貫徹了佛登的信念，帶領讀者看見佛登如何實踐並發展了榮格的理論。也期待藉由此書中譯本的出版，中文世界的臨床工作者們，延續佛登的科學態度，在榮格理論的基礎上，一起思辨華人社會來訪個案的臨床樣貌。

2023 年初夏

麥可‧佛登於 1995 年 4 月 14 日去世。

他通讀了我在他去世之前寫的東西，並說他有種奇怪的感受，覺得我似乎比他更了解他自己。

這本書裡有很多關於他生命的種種，但他已忘卻。

謹懷著愛與感激之情，將此書獻給他。

詹姆斯‧阿斯特

1995/4/23

前言

　　我第一次結識麥可・佛登，是擔任他課程的助教，當時他擔任兒童培訓的主任，那是他積極參加分析心理學會（SAP）的最後時期。多年來，這份友誼不斷加深，並經歷了困惑、喜悅、憤怒與愛的強烈感受。隨著佛登年紀漸增，尤其在他的妻子芙蕾達去世後（1988 年），我更進一步參與了他的寫作與修訂，特別是關於他的回憶錄（Fordham 1993e）。

　　他讀過這本書早期的版本，不過除了糾正一些客觀事實的錯誤之外，沒有對文本提出什麼批評。其他另有一些人提出許多有建設性的指點，我在本書其他段落將表達對此的感激。

謝誌

　　我想要感謝《分析心理學期刊》(*Journal of Analytical Psychology*)的編輯們，允許我引用期刊上發表的論文；哈德與斯托頓（Hodder & Stoughton）讓我引用〈兒童即是個體〉（Children as Individuals）；自由聯想之書（Free Association Books）讓我引用卡爾・費格立歐（Karl Figlio）在《自由聯想》(*Free Associations*)（第 12 卷，1988）中對佛登博士的採訪內容，以及佛登博士的自傳回憶錄《一名分析師的故事》(*The Making of an Analyst*)；梅修茵（Methuen）讓我引用羅倫茲（K. Lorenz）的《所羅門王的指環》(*King Solomon's Ring*)；普林斯頓大學出版社（Princeton University Press）讓我引用榮格的演講與榮格全集的內容；馬文・史畢格曼（J. Marvin Spiegelman）的《榮格取向分析》(*Jungian Analysts: Their Visions and Vulnerabilities*) 的內容；海因曼（Heinemann）讓我引用《自性與自閉症》(*The Self and Autism*)；學術出版社（Academic Press）讓我引用《探索自性中》(*Explorations into the Self*)；奇隆（Chiron）讓我引用《嬰兒期的遺棄》(*Abandonment in Infancy*)；索努・山達薩尼（Sonu Shamdasani）提點我留意在他的檔案中，佛登博士的通信與筆記，他也特別建議我將討論會關於分析與移情的紀錄放在本書的附錄中。我特別感謝卡爾・費格立歐，他閱讀了前兩版的草稿，並提出許多很有幫助的建議，同時，也感謝茱蒂斯・胡貝克

（Judith Hubback）閱讀了最後兩個版本的草稿。勞倫斯・斯伯林（Laurence Spurling）提出了寶貴的建議，並針對素材給了我一些視角，幫助我看到原本沒有看出來的意義。其他有許多人也幫忙了我，我之所以沒有寫出他們的名字，是因為他們不希望被寫出來；如果不是這樣，請原諒我。最後，我特別感謝麥可・佛登，如果沒有他的支持，我不會有完成這些的興趣與享受。

佛登的時代背景與他的重要性

1

榮格與佛洛伊德

在 1907 年到 1913 年的六年時間裡，佛洛伊德與榮格密切地通信往返，交流思想，討論他們的臨床工作、他們的夢與詮釋、病患、理論與他們治療做法的演變。那是真正的合作，在這種合作中，這兩個偉大的學者需要彼此，但原因各不相同。對榮格來說，接觸到精神分析時，他非常興奮，而當時的佛洛伊德則急於獲得更廣泛的認可與支持，他之所以需要榮格一部分是源於政治性的原因。佛洛伊德的思想觀點在精神病學領域中是眾所皆知的，不過也只是百家爭鳴之中的一個說法罷了。榮格當時已是享譽國際的精神病學家，他對字詞聯想的研究廣受好評，這些研究為他的情結理論提供了經驗上的基礎，情結是一組無意識因素，導致了病患的精神病與神經症（精神官能症）。在這段友誼與合作的期間，精神分析逐漸發展成動力心理治療的主流理論，至今仍是如此，以至於當佛洛伊德在 1939 年過世時，奧登（W.H. Auden）在給他的悼詞中寫道：精神分析的理論「涵蓋了一切」。

早已有許多作者描寫過榮格和佛洛伊德之間關係的演變。此外，許多他們之間往返的信件都已出版（《佛洛伊德與榮格的信

件》，1974年）。他們家族中也還留有一些文件尚未公諸於世，因此，他們之間的關係勢必會隨著更多文獻的出現而得以繼續被研究。一般的說法是，佛洛伊德觀察到一個現象，他總會吸引了許多人靠近，這些人待在他身邊一陣子，不過他發現他們對他的看法有所保留，而後就跑去創立自己的學派了。懷有這個思緒的佛洛伊德也是如此解讀他與榮格的關係。然而，在最近出版的一本書中，約翰·克爾（John Kerr）論證了「佛洛伊德把他自己當成一份科學資產來自介給榮格和布魯勒（Bleuler）」（Kerr 1994, p. 9），

2　相當有說服力，其中觀點部分來自莎賓娜·史碧爾埃（Sabina Spielrein）。克爾詳盡地描述了佛洛伊德如得需要榮格與布魯勒以及他們的聲望，好讓他的精神分析得以進入學術界。克爾寫道：

　　當時（二十世紀初期），學界裡位高權重的是榮格和他蘇黎世的導師尤金·布魯勒（Eugen Bleuler），而非佛洛伊德。榮格和布魯勒已經享譽國際了，是精神病學的先驅。此外，他們背後有蘇黎世醫學院的威望，而且他們領導著蘇黎世精神病診所及其附屬的心理學實驗室，那裡有許多醫師在受訓。簡而言之，榮格和布魯勒握有可以將精神分析變成一場科學運動所需的業界資源。精神分析的興起直接反映了這些業界的現實。　　　　　　（Kerr 1994, p. 9）

　　克爾繼續指出，精神分析發展的核心重鎮其實在蘇黎世，第一次大會的召開、期刊的出版以及國際學會的成立都是在蘇黎世。在佛洛伊德和榮格分道揚鑣時，他們合作初期時的情景已被改寫，這尤其與他們思想的演變與他們影響的增大密切相關。

這個故事既複雜，也不甚愉悅。在所有複雜的面向中，也許最重要的原因也是最難為人理解的：他們之間的個人因素如何影響了理論的分歧，乃至於最終鬧得天翻地覆。　　　　　（ibid, p. 10）

很難為他們究竟為何撕破臉簡單下結論。從根本說起，佛洛伊德和榮格對心理動力的本質為何，看法不同：佛洛伊德認為那與性慾有關，榮格則認為那是中性的。他們對夢也有不同見解：佛洛伊德尋求一種正確的詮釋，而這種詮釋最終是還原式的；榮格則更著重夢的顯性與前瞻性的意義。榮格認為伊底帕斯情結象徵著一個複雜的內在發展歷程，也就是年輕的男人掙扎地擺脫母親、釋放自我。佛洛伊德認為伊底帕斯情結根源於本能的亂倫願望。佛洛伊德認為早發性失智（dementia praecox）源自於自體情慾（auto-erotism），榮格則認為是力比多向內灌注所致。榮格對詮釋學有興趣，佛洛伊德感興趣的則是寫出一本手冊來闡述如何詮釋素材與象徵的「意涵」。他們之間有著根本上的性格差異。榮格是內傾型性格，來自喀爾文主義背景；佛洛伊德是外傾型性格，來自猶太背景。榮格比佛洛伊德更不穩定，他也更能進入精神病患的世界。佛洛伊德是精神分析的創始人，用克爾的話說，他就像「想按照自己風格作畫的藝術家」，同時卻堅持精神分析是一門科學，強調自己依循著真實的經驗。榮格對煉金術感興趣，他認為煉金術是心理學的前身，他也對神話、宗教及其象徵感興趣。同時，他研究跨時代、跨民族都可見的共同人格特徵，也就是原型。每種文化都有宗教、智慧老人、先知、女巫、英雄、神話與重生的故事，榮格對這些非個人化的人格特徵非常著迷，他認為這些特徵與自性，以及成

3

為自己的終生任務──也就是個體化歷程──是有關聯的，並對此有許多書寫。閱讀他的自傳可以看出，他花了很多時間才明瞭這一切對他與佛洛伊德的決裂有多麼重要（Jung 1963）。

關於他們之間的分歧，大概可以列出一份長長的清單，其中有許多是一開始就存在的。表面上看來，這些分歧是源於榮格開始發展自己的看法，而這些看法是佛洛伊德所無法接受的。榮格覺得，如果他想繼續留在精神分析社群，他就必須全盤接受佛洛伊德的所有想法，這會將他束縛住。佛洛伊德將榮格這些想法看作是不忠誠。不過，當我們在理解他們的決裂時，也同樣重要的是，當佛洛伊德對榮格已失去信任時，他擔心榮格會利用他作為國際協會主席的地位將精神分析據為己有，讓他自己的觀點成為主流。作為一個外傾的人，佛洛伊德將目光投向現實世界，而做為一個內傾的人，榮格將目光投向他的夢境與幻覺體驗。事實上，榮格對他們友誼決裂的反應是強烈內傾的，他感到非常痛苦，有一段時間裡，他拼命地動用所有資源來防止自己遁入精神崩潰。佛洛伊德的反應則是組織了一個祕密社群，「唯一的目的是要看守成員們的觀點是否偏離了自己」（kerr 1994, p. 452）。「無論榮格採取的是什麼立場，都被排山倒海的反面出版物給淹沒。」（ibid, p. 453）在戰術上，佛洛伊德的目的是孤立蘇黎世社群，讓他們從國際協會中辭退。他成功做到這一點，最後一根稻草是他的《精神分析運動史》（*On the History of the Psychoanalytic Movement*）（Freud SE 14），他在本書中巧妙地邊緣化、省略或削弱了那些偏離他正統觀點的學者的貢獻。蘇黎世小組勢必被邊緣化了，這仍然是精神分析界中的政治因素，不論他們被傳到哪個地方、訓練在哪個地方進行。倫敦──這個佛

洛伊德晚年流亡的落腳地——也不例外。這就是當時佛登開始工作時的圈內氛圍：在這種氛圍之下，在接受培訓的精神分析學家出於對佛洛伊德的忠誠，不讀榮格。

佛登、榮格與佛洛伊德

　　佛登在人格類型上，佛登更像榮格，但他對分析的熱愛與對心靈發展的興趣並沒有因為前輩們的分歧而受限。在沉浸於理解榮格思想的當下，他一直都是屬於榮格取向的。但是，一如一直以來地，精神分析取向在工作領域上與分析心理學取向有所不同時，那麼他便研讀精神分析的著作，當成自己學習的一部分，特別是他一直想在這個領域中努力提出「榮格取向」的貢獻。無論是榮格特別有興趣的反移情，或是是榮格思想中相當缺乏的嬰兒發展這一塊，他都是如此。重要的是，要知道，佛登是在榮格的心靈範典之下組織他自己的理論，而當素材呈現出來的內涵無法符合這個範典，他便會予以修正。他借用了一些精神分析的思想，一開始是克萊恩與兒童分析的方法（而非她的理論），在 1930 年代，那是革命性的，特別是克萊恩認為孩子的遊戲表達了孩子無意識幻想這一點。克萊恩給了佛登信心，讓他敢去跟孩子直接談論他們的無意識感受，而他很快地意識到克萊恩所談的無意識幻想相當於於榮格對原型經驗的描繪。同樣地，他關於移情與反移情的重要著作也是起始於榮格的概述，而後他對此進行了更仔細的研究。他最近關於病患與分析師之間無意識交流的著作，主要聚焦在對投射性認同的「榮格取向」理解。這涉及了對佛洛伊德和榮格各自對於認同在人

格發展中的重要性的觀點比較，以及討論榮格關於涵容、同理共情（empathy）與神祕參與（participation mystique）的想法。榮格的思想相當重視自性，自性不只是人格中進行組織的核心，也是其中被組織起來之物，而佛登對兒童期的創新研究則為榮格這方面的觀點提供了生理遺傳上的基礎。他將其與榮格關於中年過後人生的自性運作，以及克萊恩學派所描繪的情緒發展（憂鬱心理位置）連結起來，同時，清楚標示出他「榮格取向範典」的獨特之處。

在他建立思想的早期，有一些榮格取向的學者認為他似乎在把佛洛伊德取向的思想放入榮格取向中，所謂佛洛伊德取向的思想，主要是指與性慾有關的概念，而榮格取向的思想則是指較不具體的意象。榮格的得意門生、同時也是心理學教授的卡爾‧邁爾（Carl Meier），曾將佛登描述為「身負著榮格取向的陰影」，這句話為佛登一路上所遭遇的阻礙賦予了原型的意義。佛登的思想被一些榮格取向學者邊緣化，因為他們覺得他具體的詮釋方式難以應用，只是把成人中的兒童當成原型意象之一。於是，這些學者提出了其他替代的詮釋，包含了所有存在的外在表層因素，卻迴避了嬰兒核心的移情。這種迴避核心的狀況並非榮格心理學所特有，舉例來說，當代精神分析的臨床研究中，史坦納（Steiner）提出了「心靈撤退」（psychic retreats）來描繪病患如何讓他們的分析師陷入一種微妙的勾結，以共同迴避痛苦的真相（Steiner 1993）。

佛登的重要性

在工業化的西方社會中，如果說我們已經將「人的權利」從

追求幸福（happiness）修改成追求快樂（happy），那麼，我們便忽略了伴隨這種修改而存在於我們社會中的一個奇怪悖論。由於強調追求快樂的權利，而且還誤用分析知識來予以支持，父母現在會將孩子出的問題都視為自己的錯誤。然而，這種快樂是一種權力的態度反應在社會上，變成要求國家而非個人來治療所有的疾病。這就好像我們誤用了精神分析的知識，把一切問題都歸咎於我們的父母，並且要求國家像父母一樣把一切處理好。

麥可‧佛登走過這些路程，發展出他獨特的聲音，即繼榮格之後，他一直主張個人要對自己的命運負責。佛登具開創性的思想展現了這個基礎真理的概念性與生物性，這是生物性的，而不是生化性的。他逐漸從自己的經驗中摸索出一個關於嬰兒與母親關係的革命性概念，其核心思想是：與其說是母親創造了孩子，不如說是父母與孩子的互動創造了他們兩者。他的思想乃受榮格啟發，但他一直都不是「榮格取向」的，在他的認知裡，如同榮格自己所言，只有榮格自己是榮格取向的。這意味著，當佛登研究榮格的思想，並發現一個模糊不清的地方時，他依靠臨床證據來指引他，而不是像我們常見的那樣堅持自己的觀點是正確的。這樣才是大師真正的風範，因此，他在理念爭論之中引入了道德的元素。分析學界的分裂往往是由大師們的忠實追隨者所引起的，因為他們宣稱自己的解釋才是正確的。佛登不願意這麼做，為了更接近他靈感的來源——榮格，他迴避了人格中如同陰謀與邪教的部分。這本書聚焦於他的臨床貢獻，而不是他在政治上與編輯上的成就，不過我將在以下段落簡單介紹這兩者。

首先，身為一名臨床醫師，佛登在建立分析心理學會（SAP）

6

的過程中發揮了主導的作用；在這方面，他與榮格有著很大的不同。他在籌劃兒童與成人分析培訓的內容和條件要求上極具影響力，並一直擔任這兩個培訓的主持人。該學會是第一個提供榮格分析培訓的機構，而榮格本人是其第一任主持人。當學會後來在發展上陷入困境時，有部分成員感覺到學會的發展並不符合榮格本身的主要興趣，佛登因此回到主導的位置，引領學會走出了可能會邁向毀滅的僵局。藉由一小群人離開學會並成立了替代性的榮格取向組織，這個問題得到解決。1930 年代，英國有少數臨床醫師受榮格的思想所影響。在學會成立的九年內，它已經發展成擁有四十名接受過榮格分析培訓的成員，其中二十二名是醫生，分別在十家醫院、三家精神病診所與四家兒童指導診所都有代表。於今，SAP 共有一百四十名成員（四十名受訓者），是一個蓬勃興盛的教學與培訓機構。從歷史上來看，佛登的重要影響在於，他致力於探討當兩個人處在分析情境之時，究竟發生了什麼，這也是榮格相當著重的一點。在學會成立早期，他經常參加會議，期間他在討論小組中積極試著理解病患和分析師之間發生的事情。討論小組中一些討論的內容現在看來可能稍嫌天真，不過在當時卻是很重要的，也展現出討論小組相當有趣與生動的氣氛（詳見附錄）。

7　　　　再者，在戰後期間建立起學會的同時，佛登在英國心理學會（British Psychological Society）醫學部門推廣榮格的思想，使之為廣大的臨床醫師所熟知，而這些醫師原先並不熟悉榮格的思想——或者，雖然已經有了相關著作的英文版了，由於政治性的原因（對佛洛伊德的忠誠）而沒有閱讀它。在實務工作中，這意味著他對英國客體關係學派的其他分析師的思想抱持開放態度。這麼做的重要性

在於，讓榮格與佛洛伊德輪流居於要位，確保了榮格的思想被賦予同等地位。佛登總是相當留意榮格取向中有一小群成員們的需求，他們需要在醫院任職，這麼一來，他們的影響力便可以擴及英國國民健保署（National Health Service）中的教學與訓練。榮格取向在英國的地位與二十世紀初時在歐洲的地位正好相反，當時佛洛伊德需要榮格來建立社群的基礎。於今，則是榮格取向需要進入這些社群，以便能有一個宣傳榮格取向思想的立基點。

第三個佛登的重要貢獻在於編輯方面。作為《榮格全集》（Collected Works, CW）的編輯之一，他確立了《榮格全集》大致的輪廓，決定了哪些文章要被組合在一起、編成什麼樣的書，以及出版的順序為何。他參與了第一版的出版後，便把這個任務交給威廉・麥奎爾（William McGuire）。閱讀了他與榮格的信件來往，我才體會到佛登不僅對榮格的思想有著非常透徹的理解，同時也意識到它對編輯工作的細節是多麼的重視，不僅向榮格澄清關於內容與意義、翻譯、標題，此外，例如共時性的文章，他也向統計學尋求建議。因此，對於共時性那篇文章，他向榮格提供了詳盡的建議，討論如何修改並精進它——榮格接受了那部分的建議。榮格的文章不容易閱讀，因為他經常偏離原本在談的主題，彷如他無力抑制自己的聯想。從我讀到的有關編輯的信件中，佛登一直不願意修剪榮格的想法，這是因為他認為這麼做將會違反這些思想的精神。佛登也是《分析心理學期刊》（Journal of Analytical Psychology）出版的幕後推手，並且擔任它的第一任編輯，他任職這個職位長達十五年，樹立了科學嚴謹的傳統，在往後大部分時間裡，它都維持著這樣的傳統。此外，他還寫了許多關於分析心理學的書與文章，以及一本

回憶錄（詳見參考書目）。

他一直與榮格不盡相像，榮格無意建立培訓與社群，有一次榮格在蘇黎世參加一場以他的思想為主題的研討會時，說道：「感謝上天，我不是榮格取向的！」佛登的人格特質鮮明，他喜歡情緒高漲的激烈討論。要釐清他所產生的影響有一部分的困難來自於，當他與多年來的同事發生分歧時，不容易釐清這些問題主要是針對理論思想還是針對個人。有一些與他鬧翻的人曾經接受過他的分析，這使得一切因而更模糊難辨。很難辨別他所激起的反對意見有多少是與嫉妒有關的，或者由於分析結束的特殊情況而產生的未竟移情，例如，當一個病患的身體疾病導致分析終止的狀況。時間將證明佛登對分析心理學的貢獻為何，現在相當清楚的是，他確實建立起一個高品質的榮格分析師訓練機構。他作為一個分析師，具有創造性與創見，是極少數擁有國際聲響的榮格分析師之一。他所遺留後世的，不僅僅是建立了兩個培訓機構——一個是兒童分析的，另一個是成人分析的，並留下一個興盛的社群、許多忠實而充滿感激的同事，以及他本身所發表的著作，此外還包括他對病患生活的影響，以及他一手促成《榮格全集》的問世。

對我們許多人來說，他為我們的工作提供了指點，告訴我們該留意什麼，以及如何思考我們正在留意的內涵。已有許多人對佛登提出讚譽了，其中有些人——如唐諾．梅爾徹（Meltzer 1986a）——將他與佛洛伊德、克萊恩與比昂相提並論，不過又將他與他們區分開來，因為他有能力在開創性的臨床工作同時也兼扛起諸多職務，他管理學會、培養培訓學員，既不膨脹自滿，也不被前輩們的分裂所影響。蘿絲瑪麗．戈登（Rosemary Gordon）曾寫

道：

　　麥可‧佛登最特殊而重要的貢獻在於，他運用了自己與兒童
工作的經驗來支撐與深究榮格在他原創的概念——自性與個體化歷
程——所指出那些心靈的根源……榮格一直致力於研究後半段的人
生歷程。作為一名兒童精神病學家與兒童分析師，麥可‧佛登對分
析心理學的貢獻是將榮格原初的思想做了重要的補充與強化……為
榮格的思想提供了力量、穩固與真實。　　　（Gordon 1986, p. 229）

　　對我來說，傳統的榮格取向幾乎把神話看作是後設心理學，用　　9
神話來闡明人類行為。佛登顛覆了這個傳統風氣，用他與病患工作
的臨床經驗來闡釋我們當代的神話。透過這樣的扭轉，在不完全放
棄使用神話來闡釋臨床素材的情況下，他不僅幫了榮格取向一個大
忙，而且還為神話本身提供了臨床基礎，好讓他們有了更穩固的扎
根，不至於漂漂浮浮地，彷彿只是漂流在神奇世界中的分析片段。

深入思考感受：
其人其事

　　麥可‧佛登最出色的人格特質就是他深入思考感受的能力，他讓自己受情緒所影響，並逐漸開始在這些情緒經驗中找出意義——特別是在痛苦經驗中的意義。情緒感受呈現出我們的經驗，要能夠去思考情緒感受的意義，是我們得以將經驗進行概念化的第一步，而這正是麥可‧佛登所特別擅長的（see Hubback 1986a, b）。

　　這種深入思考感受的能耐是他長年慢慢發展起來的，兒童期與青少年期的他把思考當作對抗失落與憂鬱的盾牌，當外在世界是那麼不可預期而無所依賴時，進行思考、冥思苦想去認識理解世界，為他提供了一個得以依恃的牢靠結構。在家中，他是三個小孩裡年紀最小的一個，也是最調皮的一個，他害怕自己的調皮搗蛋會傷害他那瘦弱且患有氣喘的母親。十五歲時，母親在一次家庭旅遊的途中因氣喘發作而過世，這讓他無法承受，他深愛他的母親，他在自傳中提及自己並沒有真正哀悼母親的離開。母親過世後，他病了一段時間，失去母親的失落表現在他的身體症狀上，他透過這樣來內化[1]母親的心理意象，在生病狀態下感受母親還在（Fordham 1993e），這個歷程在他日後戀愛時又重演了一遍。他切斷了失去母親的失落感受，轉而在學校變得好鬥尋釁，表現時好時壞，課業學習大致上是沒問題的，但是對於他不感興趣的科目就相當不受教。他在板球與橄欖球比賽上表現亮眼、又擔任曲棍球校隊的隊長，這讓他成為風雲人物。他也經常參加各種學校演出，這些事蹟

1　　審閱註：內化（internalize），指將客體及其意象透過心理機制保留於內在世界。

為他在學校贏得名聲與地位，讓他在母親去世後得以穩住自己。他已經如此出眾卓越了，但對他來說，一切卻顯得索然無味。這些皆不足以讓他認同學校的精神價值，他一直沒有身為「校友」的認同感。

他天資聰穎、總是對事物懷抱好奇探究的態度，處在壓力之下依然能保持思考的能力，也許這使得他在外人眼中看起來有些冷酷。其實事實正好相反，他的感受豐沛而深刻，只是他不會讓情緒以赤裸的原貌展現出來，也不會公然承認自己的心情。他從經驗中學到如何消化自己的感受。在母親過世之後，與佛登結縭將近五十年，後於 1988 年過世的妻子芙蕾達（Frieda Fordham）成為幫忙他消化情緒的最重要的人物。茱蒂斯‧胡貝克（Judith Houbback，一位分析心理學學會的資深分析師）寫道：

> 佛登曾說過，這麼多年以來，芙蕾達會給他許多意見，這對影響深遠，他說她是自己的「督導」，他經常拿臨床素材給她看，她敏銳而睿智的回應總是非常寶貴。雖然沒有太多理論、觀點或意見，但他強調這種回應反而更加穩定可靠。
>
> （Hubback 1986b, p. 245）

芙蕾達的涵容為他搭建起走入這個世界的基礎。而她體弱多病，加上晚年逐漸從他身旁退場，對他而言是至深的打擊。佛登在自傳中提到，這段歷程引發了近乎讓他瀕死的內在衝突（Fordham 1993e）。

家庭背景

　　佛登的家族是赫特福德郡（Hertfordshire）的大地主，過往他們曾活躍於地方政治。佛登對自己的感覺部分立基於這塊土地，從小人們便告訴他，這整片他們所居住的地方，舉目所及之處都是為他的家族所擁有。再加上家族裡親戚們在地方上德高望重（他其中一位叔叔因為發明了科學書目而榮獲國家與歷史功勳，並被封為爵士），據佛登的描述，這帶給他一種不證自明的信心，彷彿是這個家族與生具備的。他身上流著佛登家族的血脈，這其中帶有社會性（也相當勢利）的成分：這樣的社會條件讓他自小便不需要去「證明」自己是何方人物，身為佛登家族的一份子讓他自覺很有份量，而在這個感覺中，他也認同了家族的盛氣。

12　　佛登出生於 1905 年，他非常依戀母親，擁有許多母親的肖像，每一幅肖像中的母親看起來都相當美麗而安詳。他的母親來自於一個備受敬重的曼徹斯特家族，不過這個家族後來因為對藝術有著不尋常的興趣而導致聲名狼藉。佛登的母親從小受訓要成為歌劇女伶，在十九世紀末，讓自己的女兒受訓成為歌者，是一個極可能導致身敗名裂的決定。不過後來，她從未成為真正的職業歌者。在我看來，佛登渴望了解母親的經歷，這是他生命中相當重要的無意識動力，怎麼會在這般的美麗之中暗藏著如此具毀滅性的氣喘窒礙呢？在這本書中，我沒有特別強調自性（the self）的破壞性面向，因為這並不是佛登所獨有的看法，不過，他的著作中帶有這樣的觀點，不僅在他關於自閉與精神病的思想中是如此，他更在自傳中提到，這也是他理解自己人生的基調。事實上，他在理念上之所以偏

好克萊恩甚於溫尼考特，是因為克萊恩正視了人類具有毀滅性的面向，不會過度樂觀地相信母親美好的那部分。佛登認為溫尼考特太過偏重這個部分了。如今，依循克萊恩的思想，分析的視角往往被比擬為小孩對母親身體內部的感知，而佛登主要的分析工作皆關乎在母親身體裡的內在空間進行探索，以便探究其中情緒的意義（關於此一投射狀態的概念，詳見梅爾徹〔Meltzer 1992〕的完整描述），這些工作深化了他對自性的理解。

他的父親活躍於伯明罕的地方政治，然而，在他婚後不久便為了顧及妻子的身體健康，先是移居倫敦，後來又移居郊區。在那裡，他投入深究建築領域，並寫了相關書籍。此外，他也擁有各種其他興趣，過著紳士般的生活。他特別熱衷於藝術與工藝運動（Arts and Crafts Movement）[2]，因此結交了許多作家朋友，像高爾斯華綏（John Galsworthy）即是佛登的教父。不過由於他的父親並不是家中的長子，因此並未繼承遺產，晚年便用盡財產。最終，他極有可能是自殺辭世的，他命喪於一個以危險出名的火車平交道口。

他的父親對他的母親一往情深，母親的過世對他父親而言是一記重擊，家庭生活也隨著母親的過世嘎然而止。自此之後，佛登便失去了真正的家，直到他自己結婚成家。雖然每當他有需要，一回頭隨時都能找得到父親，不過一般時候，父親都撒手放任佛登過著自己的生活。佛登心裡依然感覺到父親是可靠的，不過如果單就父職所應有的樣貌來看，他的父親實際上在喪妻之後便已無法為兒女

2　譯註：這運動在大約 1880 年至 1920 年間在歐洲和北美蓬勃發展，視同尋找機器的效率與手工藝者的技巧之間的結合。

們撐起家庭生活，這個現實與佛登的對父親的美好感受形成對比。如今回顧佛登的生命經歷，母親的過世引發了強大的毀滅感，成為了瀰漫在他與父親整體生活之上的主要感受。母親的過世在他身上所產生的衝擊與父親相比其實是無分軒輊的。

　　而後，佛登成為了醫生，是哥哥建議他當醫生的，因為哥哥認為如果家裡出了位醫生也許會滿有趣的，而佛登精通生物、數學，後來也學了生理學。在學期間，他原本想從事海軍，他已經入選前三十名接受軍官訓練的候選名單了，然而後來卻沒有通過下一階段的筆試。在佛登的家族中，從醫不是一個尋常的選擇，因為在他家中醫生是不能走正門的，他們只能繞行至側門入內，因為整個家族認為生病是見不得人的事。後來他去了劍橋，在取得聖巴多羅買醫院（St Bartholomew's Hospital）醫學學校的入學資格之前，他也涉略了自然科學。

　　1928 年，他與茉莉·斯瓦比（Molly Swabey）結婚（Fordham 1993e, p. 53），當時茉莉正致力於她的記者職涯，而佛登則是個醫學系的窮學生，他們住在倫敦布魯姆斯伯里（Bloomsbury）的一間小平房中，而當佛登終於取得醫師資格之後，他們在埃普索姆（Epsom）鄰近他工作地之處買了一間小房子。他們的兒子麥克斯於 1933 年出生，在這段時間中，佛登發展著對榮格的興趣，而當他有能力時，便搬回倫敦，在倫敦兒童指導診所（London Child Guidance Clinic）擔任兒童精神科研究醫師。這段與茉莉的婚姻最終離散了。據佛登所言，他們彼此都覺得無法安頓下來。另一個對這段婚姻不利的複雜因素是有另一個女人愛上了佛登，而他放任這樣的關係持續開展。不幸的是，他的分析師貝恩斯（Baynes）將此

視為佛登需要認識其阿尼瑪（anima）——意即他人格中陰性的面向，因而鼓勵這段私情（Fordham 1993e, p. 67）。佛登的婚姻走向破局，他們各自都有婚外情。

在今日，在其中一方仍在唸書時成婚，或者家裡由妻子挑起經濟擔子，都是相當普遍的。我們剛結婚時便是如此，那段時間裡，我們都需要發展並深化婚姻的意義，也需要維繫婚姻。茉莉想要如此，並為此開始接受分析，可是光是這樣仍不夠，因為我的分析師並沒有幫忙我發展婚姻的這個部分。結果這使得我身為男人的認同亂了陣腳，而我想要重建它的過程破壞了這段婚姻。我不希望最後這段婚姻成了一段毫無價值的往事，那其中必然充滿著豐富而有意義的內涵，麥克斯更是這段婚姻最美好的部分，且這段婚姻也讓我們在各自的專業領域扎了根。　　　　　　（Fordham 1993e, p. 75）

在這樣的狀態下（也就是 1934 年時），佛登與芙蕾達‧霍伊爾（Frieda Hoyle）相遇並一見傾心。出於罪惡感，他試著離開她，不過最後並沒有成功。茉莉與他在 1940 年離婚，當年不久之後，他便與芙蕾達結婚，芙蕾達在前一段婚姻裡育有兩個兒子。後來戰爭爆發，茉莉帶著麥克斯借住她哥哥位於加勒比的住處，以躲避倫敦所遭逢的轟炸。麥克斯在那裡適應得還不錯，於是茉莉便決定獨自返回倫敦再婚，1942 年，她在橫渡大西洋的途中遭逢沉船事故而喪命。如今[3]，麥克斯已結婚生子，他成為優秀的工程師，1994

3　譯註：指本書出版的 1995 年。

年才剛榮獲大英帝國勳章。此外，他在巴斯大學任教，也是英國皇家建築師協會的榮譽會員。

　　麥可‧佛登從來不曾刻意為自己的人生或事業佈局，也不太會受到野心所驅使或折磨。在他剛當上醫生的頭幾年裡，他曾推辭了一份健康服務中心會診醫生的職務，據他自己所述，這份職務原可能讓他前途無量的（Fordfham 1993e）。如果有人想找他一起開基創業，除非能夠認同理念，否則他是不會去做的。比起經營診所，他認為分析心理學更有潛力。他所推辭的診所工作會使他花上幾乎所有時間去做他沒有興趣的事情，但他心所嚮往的是有貢獻而充滿創造性的美好生活。他的父親與榮格都深懷社會責任，佛登也是如此，不過經常在他身上發生的是，其他人相當看重他，並認為以他的資質來說，他對自己信心不夠。因此，如何如實地看見自己的天賦，是他要面對的一個困難課題。

　　凡是他感興趣的事情，他都會充滿動力，一開始他是對科學研究感興趣，後來在因緣際會之下轉向到分析心理學。在貝恩斯的建議下，他去找了榮格，希望能在蘇黎世受訓（ibis, p. 67）。在他們第一次的會面中，空氣中滿滿瀰漫著這位年輕醫師心裡被榮格所激起的不可思議之感，對於榮格在精神分析中的開創與變革，以及所發展出的自成一格的體系，他深感驚嘆。他在自傳中也提到，榮格那棟比鄰湖泊的房子也令他深深著迷，這一切盡是無數個巧合所拼湊起來的結果，也是在那時候，他的阿尼瑪迷戀上榮格了（ibid, p. 69），而這份愛與他對父親的愛十分相似（ibid, p. 113）。

　　佛登之所以對感受有這麼大的關注和思考，且對於自性感興趣，這之間的關聯源於他失去母親後的反應，後來他在第一段與貝恩斯（Godwin Baynes）的分析中發展出對自己的科學態度之後，這個連結變得更為成熟（Fordham 1993e）。貝恩斯這位分析師並沒有處理移情內容，因此成效有限，但依然釋放了無意識的內涵，讓佛登對自己的心智狀態更為開放。一開始他主要是對智性層面感興趣，但逐漸整合了感受的層面。榮格在與佛洛伊德分道揚鑣之後，逐漸將自性的思想發展成獨樹一格的理論，薩汀諾夫（Satinover 1985）認為榮格與佛洛伊德之間的決裂意味著榮格失去了好客體。在相似的脈絡下，佛登的眾多研究也是起源於他對失落感受的興趣，佛登對自性的重要性的發現，是他有意識地決定探討童年經驗後湧現的結果。這個發現讓他大吃一驚，他沒有想到會在童年期發現自性的象徵。他在自傳中描述道，當他發現這點時，彷彿是回溯了他自己幼時存活下來的歷程。自我也許會支離破碎，甚至瓦解，不過自性則堅不可摧，除非遭遇死亡。後來，他擁護童年期的自性，這可以被視作是在抵抗悄然進入大眾的思維的、暗藏於主流精神分析中的決定論甚至是宿命論成見。換句話說，如同榮格原先所認為的，對於父母曾在孩子身上犯下的錯誤，如果沒有自性的存在，還有什麼能夠讓這個孩子脫離童年所帶給他的影響呢？在佛登遇見芙蕾達・霍伊爾之後，便持續探究這個主題。不過，他對於自性的興趣其實可以追溯到兒時他坐在母親雙膝上的時刻，當時的經驗讓他體會到「自性是無可比擬的，既是大於我個人的，而我

又是其中的一個部分。」（Fordham 1993e, p. vi）

彷彿孩子一般，佛登穩當而安全地盤踞在母親的雙膝，於此他擁有了自己的覺察，體會到內在既已存在的自性本質。同樣地，往後他與芙蕾達的婚姻，也是他發展出自性思想的重要支持。這段長期而穩定的婚姻（為期四十八年）是他人生中產能最為豐沛的一段時光，在情緒上感到安穩平靜，讓他能更心無旁鶩地深入精研這些理論思想，此外，他也經常拿文章與書的草稿給芙蕾達閱讀，在她的幫忙之下，整理成容易閱讀的英文。

16 身為一名作家

佛登在學校最弱的科目就是英文，然而他在專業生涯中花了很多時間書寫。有時候，他有意地填補榮格理論中的斷層，舉例來說，他深究了原型的生理學基礎、自我的發展與移情等，這些概念都是榮格在其理論的藍圖中沒有深談，或僅只概略提及的，有待進一步闡述。同樣地，佛登刻意找了許多自閉的孩子來做分析，為的是能實驗一些他從榮格的理論上延伸出來的某些想法。這一切背後的脈絡，是他對童年期一直抱持的興趣，以及他起初對榮格個體化觀點的嘗試修改。他認為自我的發展從童年時期即已展開。當時，他受邀在美國研討會上發表關於拋棄的文章，這成了他生涯中最重要的論文之一（Fordham 1985b）。在這篇文章中，他將自性與他的嬰兒觀察經驗結合在一起。這篇文章也讓他更清楚地闡明了他的做法與克萊恩取向兒童分析的不同。有些學生向他提出了關於諾伊曼（Neumann）的問題，刺激他寫出了〈諾伊曼與童年時期〉

（Neumann and childhood, Fordham 1981a）這篇鏗鏘有力的文章。此外，分析師通常會因為與特定病患工作而撰寫相關著作，這通常是為了要釐清分析當中正在發生什麼，以及有些什麼已經發生了。佛登關於移情互動，以及他廣受引用的自性防衛（the defences of the self, Fordham 1974f），便是因此完成的。

　　另一個他寫作的靈感來自在分析心理學學會中的討論會，舉例來說，如果討論會中討論到訓練的主題，他便往往會將自己的觀點寫成一篇文章，也許會發表在學會的學術會議上。關於分析師訓練、督導與移情的文章都是這麼來的。回過頭來看，我將這些思想整理排序，是為了讓讀者從中感覺到思想的連貫性脈絡，梳理出由念頭、想法到概念的始末，不過這並非佛登本身生活與寫作的歷程。我曾整理了他某一個面向的研究、寫成《佛登之發展模式的緣起》（*The Emergence of Fordham's Model of Development*, Astor 1990）這篇初版論文，拿給他閱讀之後，他回應說他並未意識到自己是這樣發展過來的。

揭開分析心理學專業發展的序幕

　　在撰文介紹佛登的理論時，我並未刻意將他特定的思想與他個人生命的發展或變化做出連結，僅只略略提及。一部分是因為他本人並未將自己的思想發展擺放在自己生命的時間軸上加以檢視，他在人生不同階段的所思所感皆已在自傳中描繪了。在第二次世界大戰爆發前的一段時間裡，他是執業的精神科醫師，當時研究著榮格，並開始對分析感興趣。接著，在戰爭期間，他在密德蘭郡醫院

為避難於此的兒童們看診，那段時間裡，他活躍於英國榮格取向的學界，然而他們都感覺與榮格本人相當相隔甚遠，同時他也正在為他的第一本書《童年生活》（*The Life of Childhood*, 1944）蒐集素材。不過，納粹的崛起恰巧使得許多難民移居英國，其中包括一些曾接受過榮格訓練的分析師，後來當中有些人與佛登結成一夥，並成立了分析心理學學會。戰後，他移居倫敦，展開私人執業，同時也在一家治療神經系統疾病的西區醫院（West End Hospital）的兒童指導診所工作，這家醫院即是著名的帕丁頓診所（Paddington Clinic）的前身。待在倫敦的這段期間，正好是他應要求協助成立分析心理學學會的時期，在此之前，對榮格的思想感興趣的分析師都會在分析心理學小組（Analytical Psychology Club）聚會，而有在執業的分析師則會參加一個由貝恩斯所召集的團體。直到有系統地成立一個正式的分析師訓練機構，才揭開了分析心理學專業發展的序幕（see Samuels 1994）。

　　佛登與其他分析師都希望可以從蘇黎世的體系中獨立出來，在倫敦創立一個自主的訓練機構，以便讓有意成為榮格取向分析師的人可以尋求分析與學術研討。榮格本人並未為此訓練提供特別的幫助，因為他認為成為分析師是一份唯有透過個人分析與研究神祕學才得以達成的志業（蘇黎世的學院亦是由他的同儕所創，而非他本人所創）。他認為，接受訓練並不能讓一個人成為分析師。在學會成立之初，此一關於團體與個人認同的本質衝突便形成了內部的分歧，佛登本人堅決反對盲目地偶像崇拜，並強調榮格的經驗主義，他擔任訓練的主任長達多年，他同時是專業委員會的主席，也曾兩度成為學會的會長。一開始，他主要針對成人訓練，不久之後，學

會吸引了一些來自不同專業背景的優秀學員，包括醫學、社會工作、宗教與教育，他認為自己是在推廣榮格的思想，透過在其他同業身上贏得的敬重，他花了許多心力去處理精神分析界對榮格的敵意與不友善（Fordham 1993e, p. 98）。這些敵意來自於某些人覺得榮格對納粹太過慈悲，此外，也有另一些人依然認為榮格叛離了精神分析（Fordham 1993e, pp. 97-99; Gallard 1994）。早期，學會18相當重視忠誠，特別是關於認同這件事，他後來也寫道，他們曾討論過學會的成員是否可以因為有些病患較不是分析心理學取向所擅長處理的，而轉而尋求較有經驗的精神分析取向治療師進行督導，這個話題在當時非常敏感且極具爭議性。他寫道「當面臨敵人時，比較容易擁有認同感。」（Figlio 1988）很重要的是，當學會剛成立之時，有好長一段時間榮格的作品鮮少被翻譯成英文，此外，榮格後期的著作大多較少著墨於分析工作的實務層面，以及實際在病人與分析師互動上的細節，反而聚焦在分析心理學的文化與教育面向。因此，受訓者發現自己需要去閱讀精神分析取向的臨床著作。

在學會內部，接受過蘇黎世訓練的成員與在英國接受藥物與精神醫學訓練的成員之間理念不合。在蘇黎世受訓的成員無法認同學會要求申請者報告自己接受分析的歷程，為此，學會特別在面談可能的受訓者時，將此列入考量。幾年後，佛登寫道：

在面談受訓申請者時，出現了一些令人堪憂的狀況：一位申請者並不知道要怎麼處理同性戀移情，另一位申請者則在其個案展現出負向移情時感到被冒犯。這樣的狀況讓我——其他人則不然——覺得蘇黎世的分析師所提出的意見實在很不合理，如果他們因為這

個嚴重的分歧，而表達想要離開學會，另組新的訓練機構時，我舉雙手贊成。　　　　　　　　　　　　　　（Fordham 1993e, p. 134）

　　然而，這個分歧卻在學會中持續了超過三十年，後來學會成為了全世界最大的榮格取向訓練機構。直到 1970 年代中旬，其中一位核心人物——傑哈德・阿德勒（Gerhard Adler）——後來終於離開了學會，創立他們專屬的訓練團體。雖然阿德勒仍保留分析心理學學會的會員身分，可是佛登認為他們訓練團體中的成員「正走在險路上，他們所持有的信念根本正是榮格本人所痛恨的」（ibid, p. 135）。這其中還有另一個脈絡，是阿德勒因佛登而相形見絀，他們兩人之間毫無友誼可言（ibid, p. 110）。更重要的是，阿德勒在分析心理學學會早期曾想要將這個組織營造成寡頭帶領的局勢，而佛登則堅決反對（ibid, p. 134）。阿德勒想要掌握實權的這個議題在後來新的榮格取向分析團體，榮格分析協會（the Association of Jungian Analysts）成立時，又再度重道覆轍，這個新的團體很快便分裂為二，其中半數的成員又另外創立另一個榮格取向研究學院（Jungian Institute，安・凱斯門〔Ann Casement〕，屬於個人交流）。有些人批評佛登未曾在蘇黎世讀過書，因此「不足以自稱為榮格取向」，這點佛登有所自知。此外，也有許多流言暗地批評他「不具有榮格取向的真正精神」（Fordham 1993e, pp. 94-95）。雖然如此，榮格依然找他一起編輯《榮格全集》，之後，阿德勒也應榮格的邀請而加入共同編輯的行列，而在一封榮格寫給佛登的信中寫到，阿德勒的任務主要是校閱德語的翻譯，畢竟佛登不懂德語。一直有人批評佛登「太過精神分析」，他在榮格分析心理學的社群

19

中，大力推廣分析師應該更關切幼兒般強烈的無意識在成人分析中的影響，並必須將病患具體展現出來的內涵予以分析（榮格本人倒是相當看重、讚揚佛登對移情的看法）。彼時與此時，佛登對這些批評的答覆始終如一，榮格本人必定會依照每個病患的需求而使用不同的做法，而移情即是由嬰兒式的感受所組成。身為領導者，佛登的任務是在眾議紛擾之下建立起榮格取向的訓練。當時學會與蘇黎世團體（他們拒絕討論病患與治療師互動中的細節）彼此對立，在分析心理學的社群之外，精神分析界對榮格也充滿詆毀，而在學會內部，他又需要去奮力支持某些希望運用精神分析知識的分析師，令他們不用擔心被視為異類。

在 1950 年到 1960 年這段期間，佛登同時正忙著編輯《榮格全集》，而從 1955 年開始，還加上《分析心理學期刊》的出版。《榮格全集》所花費的時間出乎他預期的長，但是他出於熱忱而不辭勞苦，他自述幾乎是廢寢忘食埋頭此事（Fiolio 1988），這讓他在社群內坐穩江山。他在醫院的工作，以及他與皇家醫學心理學學會（Royal Medico-Psychology Society）──即英國皇家精神科醫學院（Royal College of Psychiatrists）的前身──的關係，讓他接觸到精神分析，他也相當活躍於英國心理學會（British Psychological Society）的醫學部門，那是精神分析與分析心理學可以彼此交流思想的重要論壇。儘管佛登早在初期傳達出自己對兒童的強烈興趣，仍要到將近三十年之後，學會才開始進行與兒童分析相關的訓練。

克萊恩兒童分析實務對佛登的影響

　　在剛開始與兒童工作時，佛登發現克萊恩的實務方法相當受用，而且她對無意識幻想的描繪也相當貼近榮格對原型意象的描繪。克萊恩在 1940 年左右的文章為他與兒童的談話提供了指引，讓兒童的無意識衝突能夠在分析中浮現。在自傳中，佛登憶起克萊恩為他 1940 年代期間的思想所形成的影響，他寫道：

　　我讀完《兒童精神分析》（*The Psychoanalysis of Children*）的時候心中感到敬佩不已、震撼激動。除了較為動力式的原型夢境與圖像之外，她的描繪解釋了我大多的臨床素材，這些素材我至今仍感到困惑，榮格的理論似乎無法完全說服我。就這麼樣地，我從克萊恩的思想中提取了許多我所可以消化的內容，應用在我對兒童的分析工作上，而我發現開始有所進展，有時候甚至可說是一大躍進。究竟是什麼讓我大開眼界呢？首先，她敢於聽見，並認真看待兒童所表達的內容，且她以「遊戲」當作溝通的方式。再者，她精準地讀懂了兒童與她自己有關的種種行為，還有她以發展的基礎來理解兒童的幻想，而與榮格的論點——特別是在《無意識的心理學》（*Psychology of the Unconscious*）一書中所寫相同。更確切地說，我發現榮格在神話中所發現的幻想，以及克萊恩在幼兒心智中發現兒童對母親身體的幻想，此二者之間是相當相似的。更讓我驚訝的是，克萊恩用一種適合兒童期階段的方式向兒童詮釋其無意識歷程。同時，她也清楚兒童會發展出移情，在我早期的工作中，我逐漸深信移情的重要性，這相當有助於我在分析中處理移情，我發現兒童確

實會形成一種移情關係，我相信克萊恩說的是真的。

（Fordham 1993e, pp. 65-66）

然而，儘管有些反對佛登的人對他的取向提出諸多質疑，不過實際上他並非、也從未屬於「克萊恩取向」，他曾在接受卡爾·費格立歐（Karl Figlio）的訪問中提到他早年思想所受到的影響：

我將手邊可及的素材搜集起來，包括繪畫、夢境與幻想，並逐漸發展出一套治療的技術。我一直在拓展我自己對此的發現，我並未遵循梅蘭妮·克萊恩更為理論性的陳述，我也沒有私下聯繫她。而是她在兒童工作中的實務做法與她的發現，令我感到驚艷。 21

（Figlio 1988, p. 18）

對於克萊恩的本能二元論（dual-instinct theory），佛登便無意遵循，因為他的生物學背景讓他認為本能乃為了服膺適應與生存的需要，而不朝向死亡。更進一步說，佛登只能吸收她其中一部分思想，因為對他來說「克萊恩在情緒層面上實在是太過危險了」（Figlio 1988）。他並不想陷入她那種思考方式，他想化為己用的是她與兒童說話的方式。幾年後，有人問他克萊恩取向在兒童的分析工作上是如此超前發展，為什麼當他開始分析兒童時沒有接受克萊恩取向的督導？他是這麼答覆的：

答案是，這與忠誠有關。你們也知道，這是榮格取向的學會，而我身為這個學會的領頭，自然不能跨足到其他取向，不能在外受

訓。一旦身為榮格取向的分析師，我便要恪守其中，我認為這是一種對榮格的忠誠，不過我想這也有關於我工作經驗的累積。

（Figlio 1988. p. 28）

自性與科學家

在近期出版的自傳中，佛登寫道他的生命途徑註定會這樣展開，他心中深植著一份貢獻新科學的使命感，此乃受到榮格的引領。想當然爾，他對於自性的深研牽動著他思考自己生命中的經歷，尤其是他的失敗——舉例來說，他檢視了自己早年在大學與醫學院的生活——這並不只是為了避免重蹈覆徹，還迫使他走向正確之途。換句話說，這些都是自性的運作。當他將自己早年與母親相處的經驗連結到他與貝恩斯，以及後來與榮格的相遇，他意識到自己想要成為一名榮格取向的分析師。由此而生的心境，讓他不僅對自己與工作保持「科學」態度，同時在試著認識人類的廣大之時，更不忘保持謙遜。他曾在八十八歲時，回頭描述了他發現自己想要成為榮格取向分析師的歷程如下：

在各種機緣與幸運之下，我的生命走到此處。不論我平時多麼不信那種浮誇的說法，不過我一直有種強烈的感覺，認為我生命的際遇是早已命定好的。 （Fordham 1993e, p. vii）

22　　那麼，他在自己的著作中呈現出什麼樣貌呢？1986 年《分析心理學期刊》發表了一篇標題為〈評論麥可・佛登〉（Michael

Fordham Re-Viewed）的文章，其中，茱蒂斯‧胡貝克（此期刊的前編輯暨協會的資深訓練分析師）寫道：

雖然佛登這個人在我看來一直擁有一種結合了魅力與特立奇誕的特質，有時候則有某種純然的怪異感，但是他的作品卻是總是相當穩定的，一致、冷靜不徐、充滿許多想法與概念，周全涵蓋各種理論、問題、現象與歷程。他的作品經常是濃縮精簡的。他定義了他所用的詞彙，發展了他自己的論調，言之有據，他謹慎集結各種觀察以推敲形成假設、概念、理論，乃至結論。在《分析心理學的新發展》（*New Developments in Analytical Psychology*）一書的前言中，榮格寫道：「這其中每一篇文章都是深思熟慮之作，使得讀者忍不住與之促膝對談……渴望有朝一日能與作者面對面討論交流，合力解決其中的問題。」　　　　　　　　　　　（Hubback 1986a, p. 235）

茱蒂斯‧胡貝克繼續強調他在其分析與教授工作中所帶入的科學取向，並指出：

佛登對於受分析者在閱讀了關於自己的內容之後的反應，展現出非常謹慎小心的態度，這也許就是為什麼有些他的文章乍看之下有點偏離人之常情。我的看法反而是，他非常擅於從當前的現象中提取重要內容並予以概念化，他的這項能力在所有分析心理學家之中脫穎而出，在這方面也許唯有他能夠與榮格並駕齊驅。

（Hubback 1986a, p. 237）

胡貝克在論述這些時，她看出，在每個例子中，佛登跟每個病患待在一起時都很投入其中。她不帶諷刺地評論道：

　　他可能在談到某個看來很需要深入思考的點時，反而讓話題繼續下去了，佛登顯然會認為在那些點該繼續思考，但是如果因此而忽視了在這些歷程與現象背後的那位病患，這就大錯特錯了。在他的執業生涯中，他一直相當強調要謹慎地分析概念，也強調有系統的分析式想法，如此一來，研究便可以有所證實，或受到推翻，而得到進一步思考。同時，他的文章也對人類的非理性充滿了細膩的欣賞：他再清楚不過，如果僅僅只是有條有理的思考並不足以「描繪出一個人的全貌。」（Fordham 1958a）因此，儘管他在思考時講求實證證據，但他遠遠不僅只是如此。

（Hubback 1986a, p. 242）

　　認識佛登的人大多都會提到他相當優異的理解能力，這樣的理解來自於他不會對事物持有先見，他會被由事物所浮現的感受所吸引，這是他與眾不同之處，也是他恆常的人格特質。我仍記得他在精神分析研究所的應用實務場次發表了一篇文章，內容是關於探討一般認為分析工作必須要以內在世界為開展分析的必要條件一事，他對此提出了質疑。他希望讓大家注意到，有些病患在剛進入分析時並非將自己的世界經驗為內在的。坐在現場的我眼睛為之一亮，相當振奮，他竟然將「內在世界的現象是一個危險的想法」帶入這個殿堂，這個疑問機智高明，他的鏗鏘之語直直朝向這個殿堂思想的核心基底。他經常用一種很扁平片面的方式表達自己的想法，

因此引起不少因誤會而產生的反對。不過，為什麼分析師可以預設病患擁有內在世界，說不定他們並沒有？他們可能活在一個相當貧乏、情感僵滯的世界，以至於缺乏任何像是「內在」的感覺。他這番言論其實也別有居心，一如胡貝克曾提到過他的「壞心眼」，也就是說他有時候會刻意唱反調，有時可以說是帶點惡意的，不過他不會批評，不管對自己或他人。

我無意讓人感覺他毫無偏見，實非如此，他其實是很嚴苛的。這項特質讓與他相處的人其實對他的直言不諱並不太舒服，即便他喜歡你亦是如此，不過這也是他對待自己的方式。他總是希望能知道、了解得更多，又能夠忍受自己有所不知，並仍對事物抱有興趣，這便是他相當主要的人格特質。

這個故事可以追溯至佛登的童年時期。佛登身為兒童精神科醫師，對榮格的思想大感興趣，但他初識榮格是透過他的父親。他的父親交遊廣闊，往來對象涵蓋作家、畫家、音樂家、分析師與工藝師等，在這些朋友之中，有一位戈德溫‧貝恩斯，是榮格相當早期的追隨者，他為佛登與榮格搭上了線。他們的初次會面充滿啟發，在佛登的心中歷歷在目，成為他往後餘生的寫作生活的重要動力。

榮格的心理學理論

簡介

　　在開始討論佛登的思想之前，我想先綜觀榮格的幾個思想，以便讓接下來的討論有個文獻基礎，讓我們得以清楚看見佛登如何對榮格的思想作調整、從哪裡與榮格分歧，又有哪些思想或臨床做法與榮格的想法接近。

　　要簡述摘要榮格的心理學並非易事，原因正如榮格自己所曾提到過的：

　　我的思想包含了許多不同的方法途徑，或者有些人會說，是眾多未知因素的集結……我總是覺得有特別的責任，不要誤將心靈當成只有在醫師的診療間中才現身的這事實，心靈乃在廣大世界中的任何所及之處，也在淵遠流長的歷史之中……我一直深信心靈的圖像唯有透過比較法（comparative method）[1] 才能夠探尋。

（Jung, *CW* 18, para.1165）

　　榮格的理論根源於他與人的經驗，以及他對神話、傳說、煉金術與人類學的鑽研。他從這些經驗中萃取出自己的書寫內容。他將自己的研究描述為一種嶄新的科學心理學。就我所理解，他的意思是他應用了包含實證與比較法的科學方法，而必須將人類行為與動機當中非理性的那部分也整合進理論理解之中，這深深影響了他的

1　審閱註：研究者透過比較來證明存在過的現象擁有共同根源。例如語言學家用比較法揭示語言間的源流關係，通過同源詞的比較來證明兩種或多種切實存在或存在過的語言擁有共同的祖先。

理論發展。為了避免「科學」二字顯得太華而不實，我將這個詞彙定義為設立與檢驗假設，並從結果建立理論模式。榮格曾經寫下他對內在世界確實存在的這個事實的堅定信念，他寫道：

> 　凡是我所經驗到的，皆是心靈。即便是我所感覺到的身體痛楚也是心靈意象的展現；我的感官印象——使我不得不接受一個切實具體而佔據物理空間的世界——也是心靈的意象，而單單這些便構成了我當下的經驗，它們本身就是我意識當下的對象。
>
> （*CW* 8, para. 680）

25

力比多與兩極對立的理論

　　榮格關於心靈的理論模式，乃出自自我調節系統的動力，其中擁有能量，他稱之為「力比多」。這個能量是中性的——而非強制性的——其在兩股對立端點之間流動，如同電流。榮格稱這些端點為「兩極對立」（opposites）。兩極對立之間的張力越強，就產生越多能量。對立的例子包括意識與無意識、進展（progression）與退行（regression）、外傾（extroversion）與內傾（introversion）。對立會發生在不同的功能之間，例如思考型與情感型。也會發生在同一個功能之內，例如情感型的積極作用與消極作用。對抗轉化（enantiodromia）貫穿了榮格關於心靈能量概念的原則，他說「任何事物終究都會朝向其對立面發展」（*CW* 7, para. 111），或者轉變成為其對立面。而身為心理學家的榮格認為：

萬事萬物都具有相對性，這是因為每件事情都處於內在對立端點的一端；萬物都是能量所展現的現象。　　（*CW* 7, para. 115）

　　此一心靈模式的運作機制包括補償作用：舉例來說，無意識態度會補償意識態度，尤其是在意識中被潛抑的想法會轉而從無意識之中尋求表達的途徑。榮格的這個想法出自阿爾弗雷德‧阿德勒（Alfred Adler），阿德勒認為神經質性患者的自卑感受會因為設立虛構目標（guiding fiction）進而得到補償，其目的在於將自卑感轉化為優越感而有所平衡。榮格則將補償作用視為心靈的自我調節，他將補償作用的概念擴展成「心靈器官天生的自我調節機制。」（Jung, CW 6, para. 694）

　　意識的活動是**選擇性**的，選擇會需要方向，但方向則需要**排除與此選擇無關**的事物，這註定會讓意識形態的傾向有所偏頗。因為選擇了**某個方向**而受到排除與抑制的內容，則潛入無意識之中，形成與意識傾向相反的反作用力……意識態度越是偏重某一方向，無意識中相反的內容還有與之對立的力道變越強，這便是我們所說的兩股對立力量。　　（Jung, CW 6, para. 694）

26

　　榮格關於人類發展的核心思想在於生物適應的概念。榮格所說的「適應」包含個人所處外在環境條件的適應，以及個人心靈內在狀態的適應。

原型與集體無意識

榮格心理學最具爭議性的便是他關於集體無意識的論點。他描繪了一個三層的內在結構，包含意識、個人無意識以及比個人層次更深層的無意識。他將意識的地形學意象描繪為海洋中的一座島嶼，個人無意識乃位於水平面之下，由我們僅能局部意識到、被潛抑的經驗所構成，例如被遺忘的記憶或嬰兒期的衝動；而在更深之處，將我們與地球及人類暨動物亙古千年之經驗連結在一起的則是集體無意識。榮格描述自我（ego）是意識當中自性（self）的代理人。「自我之於自性，如同被引領者與引領者……自性就像無意識一樣，都是先驗的存在，而自我從此演變而生，自性是自我在無意識層面的預告。也就是說，並不是意識層面的我（I）創造出我這個人（myself），而是我（I）的樣貌呈現出我這個人來。」（*CW* 11, para. 391）這段文字看似已詳盡說明了自我，不過卻沒有涵蓋自我中無意識的內涵，尤其是那些從未被意識所掌握的——也就是被潛抑的——內涵，諸如自我防衛（否認）。這顯示出自我之中一定含有無意識的內涵，且被認為位於陰影（shadow）之中。這是為什麼於今自我被認為相當接近無意識原型，換句話說，也就是相當接近自性，是自性的一個展現。

採用比較法，榮格闡述一些相同而固定的無意識行為，是不同人種與族群所普世共有的。這些本能與精神層面的行為擁有一些共同特徵，意味著人類的內在有一股強勁的牽引力，讓我們沿著歷史的軌跡去經驗生命。舉例來說，某種宗教功能的存在，可以透過其所展現且不斷轉變的樣貌，被追溯到各個時代。神話亦是如此，其

中同時包含了非個人的與個人的內涵。

　　在更深層的無意識之中，榮格認為在經驗與情緒匯聚之處存在著一些節點，節點會引發某些心理意象來呈現出該節點所包含的種種特質。他將這些結構稱為原型（archetypes），而這些意象則為原型意象。意象不一定是與天俱來的，不過榮格假設個體內在具有一些先天的傾向，使得某些意象比較容易成形。當代語言習得的研究也觀察到相似現象，他們指出世界上所有人類在青春期之前，具有能自然而然創造出語法結構的本能，不過，每個人仍學習著屬於自己的語言。

　　有些原型意象比較容易被辨識出來，包括神聖孩童、智慧老人、英雄、阿尼姆斯（animus）與阿尼瑪（anima）。榮格認為原型意象既是本能，也是靈魂在意識上的再現，因此，原型意象具有雙重本質，映照出心靈能量如何徘徊於對立的兩個極端之間。根據榮格的想法，生命前半段若已經努力建立起足夠強的自我，而下半生的生命任務則是兩極的整合。

原型意象

　　關於原型意象，濟慈（Keats）的〈無情的美人〉（La Belle Dame sans Merci）正是榮格所言之阿尼瑪的好例子，她體現出對立的本質：她既誘人又具有毀滅性，既風情萬種又空靈脫俗，既令人感到仿若新生又令人枯萎敗壞。當這些原型意象出現在個人的生活中，它同時包含了無意識的面向，以及當前意識狀態的元素。原型意象同時指涉無意識的內在世界，以及此一內在世界浮現在外的意

識層面，就如同經驗著意象的那人一眼向內觀看，另一眼則向外觀看。但是這並不意指意象本身源自內在或是與生俱來的。

　　榮格關於原型的理論傳達出他心靈恆定的觀點。最初，他從與精神病患的工作中發展起理論，後來，他將理論應用於所有精神病理狀況以及自我分化的歷程，也就是他所說的「個體化歷程」（individuation）。榮格認為心靈能自我調節，心靈產生如有機體組織般的各種意象，其目的在於平衡心靈。原型意象雖然是從非個人的發展歷程中產生，不過會逐漸越來越個人化。原型意象涉及個人與重要客體的關係，原型意象在所指涉的關係中，透過影響力和強度來展現出越來越個人化與原初的部分，而不僅只是非個人化的原型意象。原型意象的普同性則在於其所展現的形式。在分析中，要著重於意象的非個人元素還是個人元素，端視治療所處的階段以及病患的成熟度而定。著重個人元素的分析工作，將會引領病患走向簡化還原分析（reductive analysis）的歷程，亦即將情結結構簡化還原為其原本的本質；而著重非個人的分析工作，則更看重象徵的層面，或者在一些情境下會透過著墨於集體的內涵，去創造一個個人得以離開其自身痛苦經驗的距離，以便支撐住他的感受。在榮格取向兒童治療的早期發展階段，實務工作者比較著墨於原型意象非個人的面向，以便讓兒童不會因為接觸到自身強烈而非常原始的感受、衝動或想法而被淹沒、擊垮，他們認為這可能會使兒童的自我（ego）崩潰。佛登對此一觀點提出質疑，並且繼而發現榮格關於個體化的概念其實是貫穿一生的任務，而並不僅是後半段人生的特徵而已。

28

個人無意識與集體無意識之間的關聯

　　在榮格發展理論的同時，佛洛伊德學派主要的工作對象為三十五歲以下的病患，並且聚焦於性相關的困難。榮格則將焦點放在中年以後的族群，他們的人生在表面上已經脫離了父母的移情，而且主要困擾是生活缺乏意義。他總結道，當人們從其個人無意識中得到釋放，意象就會浮現，並在心靈中發揮其前瞻（prospective）與療癒功能。他很清楚這鮮少發生在年輕人身上，個人必須要先進行還原分析，處理個人無意識，而後才能處理集體無意識與兩極對立的議題（*CW* 7, para. 113）。現今，榮格取向的分析師大多認為還原分析其實是一個「合成」（synthetic）的歷程，也就是以療癒的方式將心靈中迥然相異的元素整合在一起，而最初之所以要做此一區別，主要乃源自於榮格需要與佛洛伊德分離，而非源自於治療室內的經驗。

　　瑪莉・威廉斯（Mary Williams）（Williams 1963）從臨床的角度討論了集體與個人之間的關聯，她寫道，將個人無意識與集體無意識予以區別，是榮格與佛洛伊德決裂的部分歷史成因。榮格 1912 年所撰寫的的《無意識的心理學》（*Psychology of the Unconscious*）版本，前所未有地加劇了這兩個偉大學者之間的分歧，在此書瑞士版第四版的前言當中，榮格曾提到這本書的完成，於他而言，就像是一場山崩，「所有在佛洛伊德學派心理學的限制氛圍中找不到空間也無處呼吸的心理內涵」終於落到了一個能夠得到涵容之處（Jung *CW* 5, p. xxiii）。瑪莉・威廉斯指出，在臨床案例上，個人與集體的內涵可以為了要進行說明而予以區分，不過在

29

實務上，則不適合做出區分。她將此概括為以下：

　　其一，唯有當自我（ego）感覺遭受原型力量的威脅時，才會需要壓抑個人經驗；而其二，原型的運作仰賴個人無意識所提供的素材，以便能夠形成個體的神話。　　（Williams 1963, p. 49）

象徵

　　個體化歷程中所面臨的不同任務，取決於此人所處的生命階段，如果試著從威廉斯的整理與榮格的主張中取得平衡，則會觸碰到榮格取向的學說核心——即象徵。榮格將象徵（symbol）與符號（sign）做了區分，符號指涉已知的事物，而象徵則不然，他將象徵定義為「象徵可能是對於相對未知的事實最佳的描述或呈現方式，儘管這個事實的存在已是已知的，或者被理所當然地假設其存在著。」（Jung, *CW* 6, para. 814）透過全面徹底檢視一個象徵，我們會發現它是「一個活生生的事物，無法以其他方式或更好的方式的表達。唯有如此，象徵才有生命力，孕育著意義。」（Jung *CW* 6, para. 816）它結合了個人與非個人的元素，理性與非理性，在本質上是矛盾的。與佛洛伊德取向的精神分析理論不同，榮格並不認為這是病態的。在精神分析理論中，象徵所代表的是再現於意識之中的無意識意念、衝突或願望，被認為是病理性的過程。榮格取向心理學的態度則是相當賞識象徵的價值，象徵式的視角必然看見了心靈之中相互對立的元素乃伴隨著創造力，這讓解析象徵時有了不同的詮釋取向。在所有深度分析中，也許最強而有力的象徵之一，

即是父母配對，以及其具有創造力的性交象徵，不論是以任何形狀或形式而浮現，其中的衝突也將會伴隨著浮現。

人格類型

　　儘管榮格不太樂意建構理論，不過他倒是建構了關於人格類型的理論，如同他關於原型的理論一樣。人格類型即是習慣的回應方式，榮格以兩個向度來組織特質類型，其一為「傾向」——一個人是比較內傾的（introverted）或比較外傾的（extroverted）；其二則為「功能」——一個人比較仰賴思考（thinking）或感官（sensation）、情感（feeling）或直覺（intuition），功能與類型的結合（其中含括了對立的兩極）繼而讓他的心靈運作模式變得更細緻。榮格所言之思考功能，意指的是賦予意義與理解經驗的歷程，思考功能的對立面是情感功能，情感功能所指的是給予評價、權衡經驗的重要性，此二者皆被認為是理性的功能。感官功能包含各種透過感知所接收到的資訊，而直覺功能則被榮格用以描述從無意識中獲取資訊的方式，此二者皆是非理性的功能。人格類型便是綜合這些功能與傾向的偏好而形成，使得個體擁有優勢與劣勢的功能與態度傾向。榮格強調當與內在心靈調節的補償特質有關時，關注心靈的劣勢功能與偏好傾向是很重要的，如果這些部分和人格分離、被推入無意識，那麼它們可能會具有強大的破壞潛力。

個體化歷程

　　貫穿榮格心理學的是，他一直熱切找到解決生活困境的做法。他大量描繪個體化歷程，並將之連結到自性（self）的內在心靈結構，有時候他將自性寫成一種原型，有時候又將自性與原型做出區分。佛登發現一個很有助益的個體化定義：

　　個體化歷程是一個個體成形與分化的歷程，尤其這是一個心理上的發展，使得個體與普遍而集體的心靈能夠區隔開來，因此，個體化是一個分化的歷程，其目標是個體人格的發展。

（Jung *CW* 6, para. 757）

　　榮格對於自性及其行為、活動與企圖的研究，是他對心理學領域相當獨創的貢獻。

自性

　　自性對當今的分析心理學家來說，自性（the self）在理論與實務上是分析心理學與其他動力取向心理學迥然不同的重點。然而，最近有些精神分析師開始意識到，內在心靈必然存在著一個更高的結構，才得以說明先驗於自我（ego）的現象。其中一個較廣為人知的學者為寇哈特（Heinz Kohut），他認為自體（the self）會在病患與分析師之間發生同感共情的理解，而得以展現（Kohut, 1977）。當他談及自體在與病患的互動之下所受到的影響時，他與

榮格的想法相當相近，只不過他較不那麼關注自體豐富的象徵意義，而那是榮格所特別感興趣的。不像其他心理學家，總是將自體／自性認定為自己」——也就是說，將此標定在自我的範疇之中，因此也認定其乃意識的一部分——更受到東方宗教（道家思想與佛教）所影響的榮格，則將自性視為涵納意識與無意識的層面。

自性可以在個人內在，以和解的精神將所有彼此對立的人格面向匯聚在一起，榮格稱這個經驗為超越功能（transcendent function）。超越功能使得對立的經驗產生本質上的變化，不再擺盪於任何一個極端，而成為核心經驗。個體化的此一面向深化了個體對於其生活矛盾本質的理解。也許，如果我們更往內看，這可能會是中年以後的生命任務。此外，關於自性，榮格還有其他不同的描繪，將之連結到個體從集體之中分化出來的過程。這些思考自性的角度，引導佛登深入探究嬰兒期與兒童時期。

榮格與佛登

榮格的靈感來源

　　榮格是佛登所有著作背後的靈感來源，如果以系統化的視角來回顧他的著作，便可以看見他嘗試將榮格的想法運用於病患身上，而當某些想法需要調整，他便努力處理當中浮現的衝突點。佛登因為對兒童的內在世界感興趣，而在榮格取向的社群中一直顯得特立獨行。這情況影響所及不僅限於嬰兒研究，也使他對於成人分析中的超越現象有與眾不同的理解。他認為，如果榮格提出的、發生於後半段人生的個體化歷程，其實有來自嬰兒期的根源，那麼便存在能夠說明在兒童時期自性活動的證據。榮格曾寫道，個體化歷程是在實現「原本被暗藏在原始胚胎中的、所有面向的人格」（Jung, *CW* 7, para. 186），但他並未做更多說明。他更感興趣的是無意識的前瞻功能以及病患的想像能力，因此比較不想鑽研這一切的根源。佛登接手探究了。榮格曾經提及過，人格之中有兩個整合的核心，即自我（ego）與自性（self）。不過榮格從未提及兒童時期的自性，他認為兒童處於一種神祕參與（participation mystique）的狀態，這個詞乃源自列維－布留爾（Lévy-Bruhl），他用神祕參與來描繪原始部落的住民與萬物之間的關係，他們無法區別自己與萬物。榮格認為兒童處於無意識之中，在他關於心靈理論的脈絡中，認為兒童需要來自母親的保護，才能免受集體無意識中的危險內容所傷。後來，榮格在生命晚期，開始著迷於兒童的夢境，但想到要再研究此一主題，便作罷了。他寫給佛登：

　　我真的無法想像我還有力氣去寫關於兒童夢境的書，你對這個

範疇感興趣，我也想說服你試著著手處理這些素材……現在的我，都這個年紀了，如果還要再繼續展開這麼大的冒險，去開創這些研究，這真不是明智的做法。我得把這其中的喜悲都留給年輕的下一代了。

（榮格寫給佛登，1952年2月22日）

佛登與榮格不只有專業上的關係，也有私人的交情：

我腦中一直強烈地將榮格與我父親之間連結起來……因此，對我來說，榮格很容易便成了父親般的角色。

（Fordham 1993e, p. 111）

佛登對榮格的情感是真實的，而這份情感也獲得回應：

有許多跡象都明白地展現了他對我的青睞，畢竟，也是他建議我擔任他《榮格全集》的編輯，每當我想要見他，他總是能撥空見我，他的信件（有些許例外）也很觀察入微，總是以熱忱誠摯作結。

（ibid., p. 113）

佛登有時會感覺到榮格毫不隱藏他那漠然的態度，但他的父親也擁有這個特質，因此如果還在合情合理範圍內，那麼他便不怎麼介意。他會帶他兒子麥克斯去見榮格，而芙蕾達也會跟他們一起登門拜訪。《榮格全集》大多是透過通信往返而完成，過程中他們合作無間，洋溢美好感受（ibid., p. 115）。有一次他與榮格單獨相處，他告訴榮格他當時所遇到的困境，那次談話中，他發現如果榮

格「對發展某個原型有所進展時，他往往便會把展現原型的這個人擱置在一旁」（ibid., p. 118）。他很享受在波林根（Bollingen）房子那兒與榮格的非正式會面，他說道，「我通常會跟榮格一起坐在湖邊石椅上，周遭有他的石雕。」（ibid., p. 115）「這些年來，正是這些會面為這段關係編織上許多美好。」（ibid., p. 119）而他對榮格太太更是充滿敬意，她支持他對兒童的興趣，他曾說過，她在對談中極具洞察力、透徹人心，「她相當有主見，對先生雖然崇敬，卻非屈從。」（ibid., p. 115）除了戰爭的那幾年之外，他一直與榮格保持聯繫，直至榮格逝世。在榮格 1960 年去世之前，他才剛去拜訪過榮格。最後的拜訪特別令人感傷不已，因為榮格失意而感覺憂鬱苦悶。佛登試著讓他相信他的著作理論非常重要，但榮格卻茫然無神地望著他，接著請他離開。後來佛登回憶起這次會面，寫道，當時自己的那番鼓勵之詞實在太過表淺，沒有觸碰到當時占據著榮格的心思，事後回想，他認為當時應該要說的是「榮格想成為救世主可說是一份妄想，這樣的願望讓他深感失敗——但我實在沒有本事說得出口。」（ibid., p. 120）。雖然佛登與榮格之間一直有著深厚情誼、也共同對移情現象感到興趣，可是佛登開始發現他自己的理論挑戰了榮格某些想法。

早期理論

佛登一開始感興趣的是分析中的個人無意識（以及其非個人的元素），並強調分析童年的重要性。他特別留意榮格理論之中的斷層，並予以探究。1930 年代，他剛開始從心理治療圈中注意到榮

格的思想及其對心靈的理解。他認為榮格的思想與佛洛伊德的理論相互補足，而不是相互對立。此外，佛登也另有動機：

> 我與他（榮格）的私交讓我注意到，不論是他的追隨者或反對者，都存在令他強烈反感的傾向：他們皆將分析心理學當成是一種教派。這是錯誤的，我也完全不認同，因此我在講座與文章中都表達了對這種態度的反對。 （ibid., p. 117）

撰寫這些文章，也讓他更有興趣將榮格的思想應用於臨床實務上。到了 1940 年代，他開始探究自性與自我的關係，於焉形成了他早期對於自性運作，以及自性與自我關係的描述。這些文章來自於他與兒童工作的經驗，而他也漸漸發展出自己的思想，即關於自性的想法，並且也看見自性之所以能夠與環境有所連結，乃仰賴動力系統。他將原本的自性概念論述逐漸整合起來，並開始與環境建立連結，透過一個他稱之為「解體」（deintegration）[1]的歷程。（詳見第四章）

佛登對榮格理論作出的修改

佛登在擔任精神科醫師時，注意到那些出現問題、被父母帶

1　編註：「解體」（deintegration）和「再整合」（reintergration）是佛登提出的重要概念。Deintegration 或可譯為「去整合」，對應於再整合（或譯為「重新整合」），是指同一機制的相反用作。本書審閱者偏好譯為「解體」，則是考量該運作與其「分解物」（deintegrates，也有譯為「分化物」）間的關聯。審閱者亦認為心理學上的「分化」對應 differentiators，有區辨分化之意，但 deintergrates 無此意，故認為譯為「分解物」較適中。

來諮詢的孩子，其人格發展上所展現的特徵與榮格在曼陀羅象徵上的發現十分相似。然而，他對此形成的結論卻與榮格大相逕庭。榮格認為曼陀羅的中心、環繞的內容，以及周圍的界線是自性的展現，而榮格將此與自我做出區隔（see *CW* 9, p. i）。佛登注意到在年幼孩子身上，此一自性與自我界限的浮現與自我發展起始之間的關聯經常是以一個圓形來呈現。因此，他認為此一界線可以代表自我的邊界，但同時也指向自性，因為自我與自性處於一個連續的光譜上，自我是部分自性在意識上的再現。第四章中，對此有進一步的詳述。這個洞見與五十年前的榮格取向思維有著根本上的不同。此外，孩子的無意識不可避免地與其父母的無意識連結，意味著兩者間並不存在此一界線。佛登的發現說明孩子的自我乃從自性中浮現，而自我的威脅則來自於內在心靈（如同榮格曾說過的），界線存在的目的即是要保護自我免受此一威脅。佛登的這些洞見真的很厲害，當今的掃描技術讓我們得以觀察在子宮中的胎兒，證實了他所說的很有可能是真的。早期階段的自性與後來自我的發展之間乃是連續的歷程。皮昂特莉（Piontelli）的研究發現處於前自我（pre-ego）階段胎兒的「性格」與出生後嬰兒的人格之間是有關聯的（Piontelli 1992）。這與佛登的理論不謀而合，自性在個體化歷程中是不可或缺的，從生命的最初即開始，直至死亡。

一開始，佛登有些猶豫是否要將他在臨床工作中的發現轉變成理論假設，他不太敢深入思考他在兒童研究中所觀察到的自性象徵。然而，實際的經驗是如此強烈，漸漸地讓他必須要面對這些就是兒童時期的自性象徵且影響著自我發展的事實。後來，他繼續深研這個概念，更強調個體化是貫穿一生的動態歷程，從兒童時期便

展開。他的想法在沒有遭受太多反對的狀態下，融入了榮格取向的理論當中。他努力保持與接近榮格的思想，不太過偏離，但是他也很有巧妙地受精神分析理論所吸引。

在英國精神分析客體關係的學派中，逐漸看到一些證據，顯示兒童具有想要攻擊乳房的食人願望，並且會因此變得相當焦慮。兒童會關切自己所造成的傷害（進入憂鬱心理位置，但與臨床上的憂鬱不同），並嘗試做出修復。殘酷無情與貼心關懷同時並進，而這在意識層面上將促成大幅進展。這大致上就是克萊恩學派所說的憂鬱心理位置（depressive position），同時也是佛登所說的，兒童時期之個體化歷程。這就是兩極對立能夠結合的一個例子，在本書第四章中將有更仔細的描述。

佛登對於分析心理學的貢獻主要在於，（一）自性在嬰兒期，以及（二）自性在臨床實務中的運作。在發展學派與原型學派的分野之中，他從未想過自己會被分類到發展學派之中。這個分野來自於沙繆斯（Samuels）所寫的一本書，書中用這樣的分野來定調榮格取向後來的發展。這本書的讀者群偏向一般大眾，其中特別描寫了不同榮格取向的機構與其成員所著重面向的不同（Samuels 1985）。佛登不苟同這樣的分野，他認為這會讓人誤以為需要這樣做區分，但榮格本人根本不會這麼做（佛登，私人對話，1994 年 8 月 21 日）。從佛登的觀點看來，榮格所有的著作都是發展性的，因為這正是他個體化歷程的概念核心，榮格關切個體的人格成長。

不過，與榮格不同的是，佛登比較少書寫抽象的經驗，而發表許多對於實際案例的闡述，因此比較容易看出他的論點出處。他的著作一直都是臨床導向的，他會先描繪與病患工作的經驗，接著再

運用理論來幫忙組織起他的思考。如果某個理論幫不上忙，那麼他便會換一個理論，這種個別研究的做法，乃是榮格發展出來的分析心理學傳統。儘管佛登自視為一名實徵科學家，不過不同的理論可能可以同時套用在同一位病患身上，因此我們可以說個別研究並不那麼科學（客觀上，可能許多分析工作都是如此）。不過，如果科學的本質是去評估衡量對於這個自然世界——包含心智在內——的假設是否為真，那麼先不論波普爾的科學論述（Popperian），佛登的做法便算是科學的。他關切的是個別的解決之道，而不是從過往經歷中找出原因與解釋。現在回溯他的著作，會發現他似乎有意讓那些開始在英國工作的分析心理學家們以嚴謹實證的方法為基礎。他傾向於強調科學性，認為那可以對抗人性中的迷信。

他與榮格最巨大的分歧，在於如何描繪嬰兒期與兒童期之自性的運作，不像榮格原本所認為自性在嬰兒剛出生時無足輕重，佛登認為嬰兒便已經是個體了，甚至嬰兒仍在子宮中時即已擁有其個體的認同。在其他研究者與臨床工作者對於自性運作的論點之中，有個概念被忽視了，幾乎從未被提及，即自性（存在於基質〔germ plasm〕）會在與環境互動的過程中形塑、創造其環境。這個概念引導出個人在自身發展進程中的作用。根據佛登的構想，自性會促進並接收嬰兒的經驗。這個生理性的想法，立基於適應（幾乎就是生存的生態模式，而連生態也在適應著），成為佛登所有發現的最核心基石。這也使得很有榮格取向特色的自我發展理論興起了，其中，母親與嬰兒的互動創造了獨一無二的情境，嬰兒與母親對這一個不需排除原型內容投射的獨特情境，貢獻不相上下。（詳見第五章）

與成人工作

1950 年代，在進行關於嬰兒與兒童的著作同時，佛登也描述了許多他與成人的分析互動，並且運用他當時對「移情本質」的想法去概念化這些互動（關於移情的想法與精神分析取向平行並進）。特別是他描述了能夠運用投射到他身上的感覺來與個案工作，這與精神分析的歷程與反移情的概念是相互呼應的。此後他在榮格取向的工作者中發起討論，使得移情與反移情的概念也能被運用在分析式的工作中，這勢必引起許多對操作方法、技術的討論。理所當然，佛登會因此與榮格取向中的某些人交鋒，那些人的想法是：其一，心理分析的操作方法是很個別化的，如果我們去探討做法將會侵擾病患與分析師兩人關係的獨特性；另外，仔細探究發生於病患與分析師之間的互動，對分析中的神聖空間來說也是一種侵犯。佛登所關注的是原型與接收機制如何交互作用，不論是兒童或成人，其內在經驗的形成都並非直接記錄下所發生的事件，而牽涉了心靈如何經驗這些事件。檢視原型意象如何受到經驗與談話而轉變是絕對必要的，為了要進行這方面的探索，他研讀了西班牙神祕神學相關的期刊與聖十字若望（St. John of the Cross），並發表了他對《心靈的黑夜》（*Dark Night of the Soul*）的初步分析。

自閉與兒童期精神病

佛登對探究兒童期精神病特別有興趣。榮格一直對精神病感興趣，而且他早期對於心理病理學的觀點乃奠基於他與思覺失調

38

（schizophrenic，舊譯精神分裂）患者工作的經驗，他也發現思覺失調患者是能夠形成移情（這與佛洛伊德原初自戀的理論背道而馳）。佛登詳盡研究了許多名兒童，並將一名名為艾倫的小男孩病患之治療歷程整理成數量可觀的發表文章（Fordham 1976a）（詳見第七章）。這引導他展開後來關於兒童精神病的思考以及對於自性理論的描述。佛登奠基於榮格心靈模型的基礎之上，但發展出一套他自己的理論，而能夠從這些兒童的怪異行為中看出意義。有一些佛登對自閉症的觀點，近期受到其他理論取向的同僚們所證實，舉例來說，天賦異稟的兒童精神分析師安妮‧奧瓦茲（Anne Alvarez）曾經提到為了能夠更了解、觸碰到她所治療的兒童個案，她必須超越她原本所接受的克萊恩學派精神分析訓練（Alvarez 992），而一位榮格取向兒童分析師伊莉莎白‧荷本（Elizabeth Urban）讀到這本書時，她評論道「我們可以看得出此一心理模型即是佛登對於解體與再整合（reinteqration）的範典。」（Urban, 1994）近期，另一位自閉症領域的臨床前輩法蘭西絲‧涂斯汀（Frances Tustin）也認可佛登看法的重要性，並回頭追溯貫穿她自己論述中的錯誤，也就是認定自閉症具有一個根源性的原初狀態（Tustin 1994）。

兒童分析

有些分析師延續了榮格的思想來與兒童工作，而佛登分析兒童的做法與他們大相逕庭，舉例來說，朵拉‧卡爾夫（Dora Kalff）與其追隨者所使用的沙遊治療技術，會在沙箱中運用治療師所提供

的小物件來建構出精緻的想像世界，繼而會以更廣大的神祕世界來予以詮釋，包括物件的擺放、病患告訴分析師的故事，皆可以用來探索兒童與其無意識中之原型形象的關係狀態。這個方法強調意象的集體特徵，並傾向強化防衛機制，讓小孩避免個人元素與其想像內容之間的整合。對佛登來說，這樣的做法讓焦點偏離了小孩幻想內容的意義，這些都是在小孩與他的互動連結中發生的。他的互動方法創造了更大的空間，能夠在移情中做出詮釋，繼而能夠細膩地觀察詮釋所引發的效應。

在兒童的分析中，之所以不以孩子個人心理內涵來詮釋原型意象，是源自於榮格曾說過，集體無意識一旦被帶入意識之中，將會淹沒、擊垮小孩的自我。不過佛登認為小孩的原型意象是以身體為基礎的，所以小孩其實是知道的，因而能夠被整合。舉例來說，如果問題出在未整合的口慾施虐，他不會去跟小孩談那個在許多童話故事中會看到的吞噬的、巫婆般的母親原型意象，而是會用小孩的方法（例如畫畫或說話）向小孩描繪其口中的感覺——也就是小孩想要咬噬的衝動。他會向小孩說明這種感覺的緣由，描述背後的動機，在這樣的過程中，他發現小孩很快就能理解他所說的，並因為當下敞開了這種感覺而感到放鬆舒緩。這個做法的應用來自於他研讀了克萊恩的著作，他發現克萊恩所談的無意識幻想與原型意象之間是不謀而合的，而原先榮格取向中，大家擔心小孩可能會被原型之中強烈的情感所淹沒，則從未得到證實。於今，這個想法看來相當確鑿明確，不過在當時對榮格取向來說仍很新穎陌生。

39

佛登與原型

當佛登使用榮格的「原型」此一詞彙時，他以「一個動態的結構，與本能緊密關聯」（Foordham 1976, p. 5）來描述小孩所表達的衝動乃「源自於神經生理結構與生物化學的變化」（Fordham 1976, p. 6）。他所想表達的意思即，榮格所言原型是雙極性的──同時由心靈層面與本能層面所組成──而現在，我們可以將此想成是在嬰兒與兒童期，生理與精神層次的兩個面向被擺放在一起。原型心靈的面向會創造出幻想，而生理面向則創造衝動。一方面，佛登以更具創意的方式來概念化原型，另一方面，他以體現、具體化的形式來強調原型的雙極性。這樣的思路，使佛登希望在嬰兒期與兒童期之中找到孩童有從心靈的原型層次發展出想法、感覺與幻想的傾向，而非只從環境中內攝相關的經驗。隨著成熟的歷程自然發展，個體的環境如餵食般地滋長著這個系統，提供了個人從無意識原型中接收到的想像。

佛登在體會到需要比榮格學者在傳統上更重視身體因素後，他並不太反對榮格的看法，而僅只是補充、發展榮格較為令人費解卻又很重要的旁枝理論。舉例來說，榮格隱晦提到過嬰兒期的性慾，認為這關乎這個個體往後所浮現的、引領一生的特定特質，然而卻沒有進一步的論述。榮格在〈兒童的心理衝突〉（Psychic Conflicts in a Child）一文的前言中道：

40

> 儘管一開始感知到的嬰兒性慾乃是未來性功能的開頭，我仍從中看見其中有個更高心靈功能的起源。 （*CW* 17, p. 5）

佛登將上述這段話解讀為，榮格發現兒童時期性慾的本質是屬於原型的，而不只是個人的（這也是榮格所不同意佛洛伊德之處），佛登拓展了榮格的觀點，他結合了精神分析對於兒童的知識，他關切在生命之初不同發展階段下的不同身體部位，以及對這些身體部位的感知，並不是被經驗為「完整的一個人」。從這個觀點，需要等到身體意象逐漸建構起來之後，才能夠感知「完整一個人」的感覺。因此，他認為一個小孩一開始的身體經驗是強烈卻不清楚確切位置的，隨著時間，才整合形成了關於母親、部分母親，以及自己與母親的關聯。

　　這種思考原型經驗的方式很容易融入於分析心理學，因為小孩思考方式的本質大多是神話式的。由此，佛登能夠將榮格對「更高層次的精神功能」的洞見，與起源於早年客體關係的人格發展連結起來。不過，在他剛開始描寫兒童本能行為的原型表現形式時，並不被大家所樂見（詳見〈導讀佛登〉〔Intrduction to Fordham 1976a; Shamdasani 1995〕），這幾乎就像是這兩者間的衝突會詆毀發展後期原型的展現，因為一般較常認為精神層次的心靈是與身體分離的，而不是將心靈層面視為是全人的一部分。

　　佛登從事上述這些活動的同時，伴隨著他所累積的紮實臨床工作基礎。他自稱為臨床取向，但在我看來，他的意思是他允許自己被病患所影響，他會去思考他自己與病患身上發生了些什麼，並從中得出新的洞見。治療總是以經驗為基礎的，要把每個人當成一個個體，其人生的困境都需要個別的方法來解決。

（*The Inner World of Childhood*）是榮格取向的第一本關於兒童工作的書，榮格在其序言寫道：

父母應該隨時謹記，事實上他們本身即是造成兒童神經質症的主要原因……坦白講，兒童的狀態其實是父母所一直在逃避的那部分生命，甚至父母的盡責也可能不過是某種偽裝罷了，那在兒童的心靈播下有毒的種子。（*CW* 17, para. 84, 87）

對於榮格的此一態度，佛登寫道：

榮格的論述曾經一度阻礙了我們對兒童的探究，不過同時也提供了一些靈感。之所以成為絆腳石，是因為榮格只強調親子關係中的其中一個面向，而之所以也是靈感來源，是因為榮格另闢了一種探索兒童心理的嶄新方法。（Fordham 1944, p. 4）

從佛登的觀點看來，榮格所造成的阻礙是：

對兒童有著最大影響力的，並非父母的意識狀態，而是父母心靈背景中的無意識。（*CW* 17, para. 84）

除了父母未被活出的生命會直接形成兒童的困境之外，榮格也透過三歲與四歲兒童的夢境主張：

兒童的無意識心靈其實是廣無邊界，其淵源也是無可限量的。

（ *CW* 1, para. 95 ）

　　上述這兩個想法是榮格取向發展兒童分析的主要阻礙，它們否定了兒童的個體生命。尤其是第二個想法，暗示了兒童活在一個神話式的世界裡，毫無邊界地向集體無意識敞開，榮格幾乎就像在說兒童的世界就是一種神祕參與。不過佛登也指出，榮格寫作的思緒脈絡，乃源於其原型心理學提供了探索兒童心智的嶄新方法，因此榮格才會認為兒童的心智會完全受到原型意象的強大力量所攫取。此後，等到第二次世界大戰結束，佛登重新與榮格恢復聯繫時，佛43登閱讀了榮格關於兒童夢境的專題文章，「我訝異又驚喜地從中發現原型意象，甚至自性的象徵。」（Fordham 1993, pp. 64-65）不過，在進行這方面研究的同時，他剛脫離榮格的羽翼，是個形單影隻的榮格取向學者。他力排眾議地埋頭發展兒童時期的理論，從兒童的素材中尋找自性象徵的存在。

關於兒童期自性的早期研究

　　佛登將早期在兒童治療中的互動記錄在《童年生活》（ *The Life Of Childhood*, 1944）與《兒童即是個體》（*Children as Individuals*, 1969）中，他描述道，被轉介到他兒童指導診所門診的兒童，在遊戲中呈現出阻礙了自身發展的困境。

　　六歲的喬伊絲因為害怕黑暗、恐懼上學，而被轉介過來。她的母親最近剛生下了一名男嬰。在喬伊絲最初的遊戲中，她用力地拍打一個黑色「壞」娃娃的屁股，並集萬千寵愛於一個白色的「好」

娃娃，這個白色娃娃是「嬰兒」。遊戲持續著，喬伊絲成為這些寶寶們的小媽媽，這些寶寶們有時候是好的，有時候又是壞的；有時候好寶寶「不可以去睡覺」，而壞寶寶則會得到一些很棒的禮物。這場遊戲最主要的特徵是，喬伊絲會殘暴地懲罰「壞」的行為，她相當無情，表現得好像這些寶寶擁有一個非常兇狠、會對其施予懲罰的母親，這與她母親實際對待她的方式完全不同。隨著治療繼續，好寶寶開始變得沒那麼好，特別是它們開始會尿褲子、大便，也不再特別有哪些娃娃被當成是壞寶寶了。

喬伊絲變得不那麼無情了，儘管她依然很難忍受挫折。她開始玩沙，並運用沙子這個實物來掌握自己對寶寶的憤怒。寶寶內褲上出現的是沙子、而不是「臭臭」（這是她用以稱大便的詞〔譯按：原文為「busy」〕）。在下一次會談中，她一邊咀嚼著奶瓶的奶嘴，一邊說著關於寶寶吐奶的事，她會為此打寶寶的屁股。她找出粉筆，把粉筆全敲碎，並在她喝飽了之後跑去查看寶寶是否尿褲子。她把配有槍枝的士兵玩偶丟進垃圾桶裡，把水灑得滿地都是，她打寶寶的屁股，並啃咬寶寶的奶瓶。

喬伊絲在遊戲中展現了她是如何受到想要當嬰兒的願望所折騰，以及她如何透過懲罰來無情地控制住這個願望。當這一切越來越能有所表達時，她對於性別差異的感覺開始浮現。她更為頻繁地扔掉配有槍枝的士兵以及打碎粉筆，這些遊戲內容清楚呈現著她對於弟弟陽具的感受。她的遊戲也呈現出她如何試著認同嬰兒，靠自己來解決這些問題，但這並沒有幫助，因為沒辦法同時將嬰兒想成是好壞並存的。這些寶寶非好即壞。但是喬伊絲也知道事實並非如此，壞寶寶確實有著一些可以彌補修復的地方，而好寶寶也有搗亂

44

的時候。她將這個懲罰者的形象投射到學校老師的身上，這讓她無法去上學。治療幫忙她解決了這個部分，經驗這些原型意象並沒有擊垮她，面對它們，反而令她獲得釋放。

好寶寶能夠轉變成壞寶寶，反之亦然，這樣的變化過程正是榮格所說的行為具有雙面對立性，以及它們會物極必反，即所謂的「對抗轉化」（enantiodromia）的特質。佛登評論道，中國哲學中對「對抗轉化」有最系統化的描繪：

太極圖是禪學中最基本的圖像，它呈現出兩條魚，分別代表陰與陽，兩條魚大小相同，共同被涵納在統一體之中，呈現出二元對立的相對關係。當陽為主宰時，陰便退居後位，反之亦然。這個原則在自然界與國族歷史中放之皆準。喬伊絲的遊戲中所展現的文化特徵，即是源自她以直接、清楚、彈性的形式展現出此一動態系統的模式，這個系統經過抽象化、精緻化、深思熟慮之後，進而發展成一套繁複的哲學思想。　　　　　　　　（Fordham 1969a, p. 40）

這個案例，以及其他類似的例子，證明了榮格的原型理論是有用的，且具有文化意義。不過，它同時也點出了榮格關於發展的想法的疑慮之處。儘管佛登相當忠於榮格取向的思想，在與這些案例互動的過程中，他仍注意到他所治療的兒童們，在父母的無意識沒有明顯改變的同時，仍然會有所好轉。不僅如此，他開始從中探尋自性在兒童期即開始運作的證據。

「我」的發現

佛登觀察了一個一歲大的男孩，他的父母讓他在自己的育嬰房牆上塗鴉，這個觀察成為佛登思考很重要的起始點。他注意到這些塗鴉開始變得越來越接近圓形，這個男孩彷彿「被啟發」了一般，隨後在認識了「我」（I）這個詞彙後，畫圓圈的行為便停止了。

發現圓形與發現「我」在時間點的關聯上，指出了圓形乃是自性的基礎，而自我則從中浮現。自性為自我的浮現做了準備，創造了自我得以浮現的條件。 （Fordham 1957a, p. 134）

45

圓形代表著關於完整的「我」的感受，在某個瞬間體認到自身的個體狀態，並感覺到自己與他人之間的界線。以佛登的想法來說，特別有意義的是發現自性是具有邊界的，這意味著榮格的想法——嬰兒與兒童處於神祕參與的世界，他們的環境與心靈融合為一，且無意識是無邊無際的——是錯誤的。

曼陀羅象徵的重要性

榮格發現曼陀羅是「一幅關於自性狀態的密碼圖」，這個發現是漸進發展而來的，起始於他開始在一本筆記本上作畫，他注意到自己畫作中的圓形都有一個中心點，外圍則是一個方形，而整個區域大致分為四個部分。他發現這些圖中的變化呼應著他自性的狀態：「從中，我看見自性——我完整的存在，整個人活躍運

作著。」（Jung 1963, p. 187）一開始，榮格不知道如何理解這一切，感到相當孤獨。之後，榮格接觸到衛禮賢（Richard Wilhelm）所翻譯的《金花的祕密》（*The Secret of the Golden Flower*，即《太乙金華宗旨》）手稿，從中了解到曼陀羅在道家思想中是整體圓滿（wholeness）的重要象徵。他將這些經驗與病患的工作結合起來，病患們在夢中創造了一系列曼陀羅，這令他開始著手探討其中的奧妙，不再只視之為自性的象徵，更從中看見那些脆弱的病患們如何從中尋求理解，並得到涵容。（CW 9, i）

那麼，圓形的邊界究竟有何目的呢？榮格指出，曼陀羅的功用在於保護。佛登則在與兒童的工作中觀察到，他們會將自己所畫的圓形當成容器，可以裝載糟糕的壞經驗，同時，也可以當成保護性屏障，阻隔內在心靈的危害。在榮格對於曼陀羅象徵的研究中，中心、環繞於其中的內容，以及圓周上的邊界，皆表徵著自性。榮格認為那並不是自我。而佛登在年幼孩童身上則觀察到，此一邊界（通常是圓形）與自我發展的開端具有某種關聯。因此，他認為邊界代表著自我（而非自性）的邊界，不過這同時也指向自性，因為自性也會從中浮現。這是因為他的研究素材中指出，對孩童自我的威脅來自於心靈內部（惡夢即是一例），邊界的用意乃在於保護自我免於遭受危險。然而，自性也需要擁有邊界，否則意識便無法從無意識之中分化出來，因為自我是從自性中浮現，繼而存在於自性之外的。

46

閱讀佛登：從兒童個體化研究開拓自性的探索 ⊢

患有癲癇的兩歲孩童

有一個令佛登印象深刻的案例是一名兩歲的小女孩，她因為深受癲癇所苦而被帶來會診。當癲癇發作時，她會完全失去意識。她很黏人，與母親寸步難離。剛開始會談時，要她單獨進入診療室根本是不可能的事，不過，這個狀況逐漸有所轉變，後來有一天，她畫了一個圓形，並說出「我」這個詞。

她幾乎是在一轉眼間轉變了，她就這麼離開座位，跑去玩了好一陣子的玩具。　　　　　　　　　　　　　　　（Fordham 1957a, p. 149）

她變得比較有自信了，佛登開始拿黏土，按著她的指示製作出一些母親與寶寶的偶。她會把它們捏碎，並趕緊跑出診療室去查看她真實的母親是否安然無恙。她母親也向佛登回報，那陣子她對小嬰兒極其好奇，只要看到嬰兒車，她都必須湊上去一探究竟。隨著她越想要修復母親與寶寶的意象，她也越能從母親身邊獨立開來，並不再癲癇發作了。

佛登將這段歷程理解為，她一開始相當焦慮，接著「我」的概念出現了，繼而修通了內在的破壞性，並對母親進行修復，這便是她渡過困境的歷程。綜觀來說，她的困境即源自於她未能將自己對於內在母親的攻擊區隔開來（這展現在她的癲癇上，意味著自性缺乏具有保護功能的邊界，她因此退回到無意識之中）。在會談中間跑出去查看母親、探望嬰兒車中的小寶寶，都是她區分幻想與現實的過程。在心理治療會談中，雖然有佛登的引導，不過實際上是由

小女孩她自己解決的。這即是一個自我的發展會隨著自性運作而發生的例子：女孩的塗鴉開始變成畫圓圈，接著她從中建構起一個重要的領悟，即是在幻想與現實之間存在著一道邊界。

整體圓滿的意象

關於兒童期自性的重要性的進一步證據，來自佛登對另外有一個八歲的女孩病患所畫一系列圖畫所做的闡釋。佛登仔細地將這些圖畫連結到榮格在移情心理學之文章中的煉金術圖徽，並闡述兩極對立的結合將會引發整體圓滿的意象，最終結果是「她從成天哭喪著臉、掛著眼淚，轉變成一個相當能夠自理生活的獨立人格。」（Fordham 1957a, p. 144）

榮格在關於移情（*CW* 16）的文章中，探討了一系列來自煉金術文獻中的圖徽，並以他的觀點描繪這些圖徽如何對應到個體化歷程，亦即透過兩極對立的結合而實現自性（*CW* 16）。當佛登剛開始著手研究孩童的圖畫時，「我原先一直相當困惑，直到我閱讀了煉金術圖徽與榮格的引用註解之後，這一連貫的意義才水落石出。」（Fordham 1957a, p. 138）接著，他回頭重新檢視孩童的畫，他便看懂了畫中天空上出現的陽具（同時也是雲朵）。畫上是一艘載滿雨水的船隻，而有一個男人站在船上。榮格著作中的第一幅煉金術圖徽也有一個陰性的容器，並有一個陽性噴泉水流佇立其中。透過系統性地比對這類文獻，佛登從煉金術圖徽與孩童畫作中看見同樣的無意識歷程，兩者都呈現出整體的意象。這些孩童的重大轉變，讓他相信孩童的自我會在這些自性的運作中得到發展。

大約在這個時候，舊金山的凱洛格（Kellogg）發表了一些關於幼兒園年紀的幼兒塗鴉與繪畫的研究，後來集結成《分析兒童藝術》（*Analyzing Children's Art*, Kellogg 1969）一書。她寫道，孩童的圖畫似乎是由規律的動作塗鴉而成的，從中可以抽象地形成一些形狀，終而組合形成圖像。佛登認為這些圖像有著三個發展階段，證明了兒童時期自性的原型式運作會促發自我的發展，自性的運作導致了這些規律的塗鴉動作，進而引發抽象化的歷程，使意象結合而形成特定的圖像。

雖然行為學家 ── 例如汀柏根（Tinbergen）與勞倫茲（Lorenz）──關於內在釋放機制（innate release mechanisms）的研究，以及心理學家──諸如皮亞傑（Piaget）──關於兒童認知發展的研究，皆證明了內在心靈具有運作的機制，然而，凱洛格的研究則證明了意象建立的方式，以及由意象透過孩童內在本身的運作而區分出來，從原本的基礎塗鴉中浮現出特定的形狀與樣態，就如同自我從自性中浮現出來。

48

自性

自性是榮格思想中的核心概念，榮格大致以兩種觀點在描繪自性。一方面，他以類似東方神祕學的方式描繪自性，認為自性是一個獨立於時間、空間與慾望之外的完整人格，其特性會透過象徵反映出來。這樣的自性顯然是無法直接被經驗到的，也無法被觀察到，它涵蓋自我，而正是自我才能執行觀察的動作。此外，另一個榮格相當主要但並非他所原創的觀點，則是將自性視為一種原型式

的概念。前一種關於自性的觀點與我們更早之前提到的想法——也就是個體化是自我差異化的歷程的這個看法——之間並不一致，不過，如果我們將榮格的這兩種觀點結合起來，那麼便可以形成很重要的理解，即自性既是終極的神祕狀態，同時又在個體的生命中彰顯自身，形成個人認同的基礎。他指出，自性獨特的原型質地乃是「真正的無意識組織原則」（*CW* 9, ii, para. 318）。而在我看來，我認為自性不可能是一個原型，因為自性的象徵之中包含了自我——也就是意識的核心，同時亦是整體的其中一個部分，而榮格曾特別將自我與原型做出區分——儘管榮格與佛登也都曾將自性當作是一個原型。不過話說回來，自性有關的經驗確實帶有一種原型質地（我希望以上段落清楚表明，自性缺乏精準的定義，而是相當抽象而隱喻性的概念）。

佛登依循著自己所發現的素材，他開始認為一定存在著一個結合了全部意識體系與無意識體系的原初自性（primary self），他認為一定有一個原始的整合狀態。如果自性確實早在兒童時期就運作著，那麼這意味著個體化歷程在兒童時期即已展開。然而，榮格曾說過個體化歷程發生在中年以後的生命階段，相較於後半段人生的發展任務，他認為在早年階段孩童需要去適應他所處環境中的集體社會價值，他寫道：

在將個體化歷程當成發展目標之前，首先人們必須去適應最低限度的集體標準。
（*CW* 6, para. 760）

49　　　榮格認為，兒童是心靈在世界上投射而成的殘影。後來，他將

中年以後的人生視為是逐漸從這些投射中脫離的歷程，於是個體化變成是極為內傾的。

　　榮格的心理學認為心靈是有意圖的，有著其宗旨與目標，並認為兒童時期的目標與成人的相當不同。佛登總結了榮格對此二者目標的差異，如下：

　　個體化被認為是要完成與兒童時期相反的目標，兒童時期最重要的是強化自我，而個體化的歷程則相反，必須「將個人意志（will）懸置一旁才能企及」。　　　　（Fordham 1969a, pp. 24-25）

　　對榮格來說，個體化乃是自性運作的歷程，個體逐漸從兩極對立中得到釋放，透過象徵性的解決（「將意志暫時懸置一旁」）使得兩極對立成為全然的對等。而自性與自我即是一組兩極對立的例子。

　　當兩極對立處於全然的勢均力敵時，自我同時貫徹於兩者之中，這勢必導致自我意志的懸置，因為當兩極對立的動力不分軒輊時，自我意志便使不上力了。由於生命無法忍受停滯無為的狀態，內在蓬勃的力量鬱積阻塞將形成一個令人難以忍受的局面，於是兩極對立的張力將創造出一個嶄新而統合的功能，以便能夠超越此一情境。　　　　　　　　　　　　　　　　（CW 6, para. 824）

　　然而，榮格對於個體化的描繪還有另一道軸線，即強調在此歷程中所帶有的心靈分化：

個體化基本上就是個人意識從身分認同（identity）的原始狀態中發展而出的歷程。　　　　　　　　　　　　　　（*CW* 6, para. 762）

　　這段文字激勵了佛登，讓他對自己的研究更有信心，僅管當時的他仍不敢想及兒童時期的個體化發展，但他探索活躍於兒童時期的內在心靈運作，這樣的內在運作似乎不足以用自我的發展來描繪，看起來乃根源於自性。

　　研究佛登思想的演變，值得注意的是他一開始闡述關於原型意象對兒童發展的影響，後來，重點轉而著重於在診療室中兒童與他之間的情感狀態。漸漸地，他組織成一幅關於發展的理論，源於榮格的思想，卻與之有所不同。其實他曾經拿這些理論與榮格討論，但似乎沒有引起共鳴，他的自傳曾提到：

　　榮格曾萌生這方面的想法，不過他沒有相關的兒童工作經驗，而我則有許多。我曾一次又一次試著吸引他的注意力，不過沒什麼效果，即便他曾經在研討會上發表過關於兒童夢境的報告。有一次，在他吃午餐時，我又再試了一次，但他認為那些兒童的夢只不過在研究上滿有趣的，至於兒童的心理治療，如果一個小孩被帶來見他，他會去處理小孩的母親。他繼續抱持這樣的態度，直到艾瑪（即艾瑪・榮格〔Emma Jung〕，榮格的妻子）走了進來，她說：「你自己也曉得，只要別人談的不是原型，你就興趣缺缺！」在那之後，我們好一陣子不曾提及這個主題，而艾瑪則是我在這方面研究的好盟友。　　　　　　　　　　　（Fordham 1993e, p. 117）

佛登特別致力發展關於自性的理論，他拓展了榮格對此一概念的運用，延伸涵蓋了整合的原初狀態。這某種程度來說類似於人類基因中的潛能，不過不會遺傳。他認為原初自性的結構會在與環境互動的過程中建立起來，而這個環境某個部分又是它自身所創造的，原初自性的存在乃獨立於時間與空間之外，近似一種神祕式的（或現代科學式的）概念（詳見第十一章，關於神祕主義之價值的討論），以原型的形式展現。原初自性是整合的，在榮格的概念中，這就是心靈的代理機構，能夠超越兩極對立。依照榮格的理論，自性擁有某種動力，潛藏著能量，因此自性的運作可以促成自我的發展。

解體與再整合 [1]

佛登由此演繹推論，他將自性運作的動力稱為解體（deintegration）與再整合（reintegration），因為自性是一個整合體。解體一詞所指的是能量對外朝向客體，而再整合指的則是能量返回自身。佛登將自性解體的部分稱為「分解物」（deintegrates）[2]，自性的分解物會保留其整體的特質。分解物可能是一項本能的行為，例如寶寶因飢餓而嚎啕大哭，它能夠幫助有機體作生物學上的適應，或者，它也可能是某個帶有潛在象徵意義的意象產物。當分解物是一種生物適應狀態時，它會客觀如實展現，而當它帶有潛在的象徵意義時，則會是主觀的。

51

1　參考第三章註腳 1。
2　同上。

以這個模式來看，自性之中最顯著的分解物就是自我。這樣的概念比較難理解的其中一個原因是，佛登對自我的描述乍聽之下與自性相似，而前面我曾提過，榮格認為自我是意識的中心，且這是自我之所以與自性不同的原因，然而，在榮格後來的著作中曾提到自我也具有無意識的特徵，而分析師重要的任務即是去揭示自我的防衛，例如投射、認同、理智化等等。因此，以榮格的語彙來說，如果自我擁有無意識的特徵，那麼便意味自我有一個陰影，而這將使自我更像一個原型。因此，佛登的發現所揭露的是，自我的一些特徵使它有時候相當類似自性，這進一步證實了他的主張，即自我與自性之間有著動力式的關聯，自我是自性的分解物，並且持續維持與自性的連續性。

有時候，佛登也會跟榮格一樣將自性當成原型來描述，因此，當把主觀經驗、客觀經驗以及對自性不同的思考方式結合起來時，佛登寫道，自我的主體「與自性的原型有著獨特的關聯：自性這個重要的原型可以被看作是無意識的組織者」（Fordham 1985a p. 32）。在此，他用原型這個詞來描述自性，把自性與原型混為一談，而他在其他地方是將此二者區分開來，視為不同。這與榮格很像，榮格對自性的描述也相當反覆不定。後來，佛登認為自性並不是原型，自性主要的特徵是其動態的功能（Fordham 1985a）。

佛登試著想像嬰兒的自性如何與環境發生關連，他將此歷程描繪如下：

從本質上來講，解體與再整合描繪出一種學習的動態狀態，由此，嬰兒開放自己去接觸嶄新的經驗，然後再倒退回去，以便能夠

再整合與鞏固這些經驗。在解體的歷程中，嬰兒與自性的主體（或自性的中心）保持著連續感，與此同時，向外界探索來累積感覺動作與感官刺激的經驗……這種對於自性的觀點為深度心理學與發展心理學皆開啟了嶄新的面向，因為自性在此被認為是一個動態的結構，嬰兒的情緒與自我透過它的運作而有所成長。

52

（Fordham 1988f, p. 64）

　　這段論述所隱含的是，嬰兒時期的自性主動而活躍地創造了寶寶所成長其中的環境，這後來也在嬰兒觀察中得到證實。如果說一個蘿蔔一個坑的話，當寶寶適應了他的「蘿蔔坑」，那麼這個蘿蔔坑勢必也會適應了寶寶。現在，再回到凱洛格的概念，我們可以看到，恣意隨性的動作產生了一些形狀，藉由抽象化而開始擁有解體的型態，接下來，這些形態會組合起來，也就是再整合的歷程，繼而變成了可以被辨識出來的意象。後來，孩童會刻意運用記憶、知覺以及其他發展中的自我功能，來試著將他腦中的意象畫出來。

　　要了解嬰兒時期與兒童時期的自性之間的關聯以及成熟的歷程，我們必須思考自我的發展，特別要關注這些早期的心智狀態。

嬰兒期與兒童期的自我發展：觀察研究的融合

　自我與原初自性

　　佛登關於自我發展理論的最具代表性的特色，在於他認為自性在嬰兒時期即活躍運作，以及自性的動力模式稱之為解體／再整合，這有可能從胎兒仍在子宮中即已開始，而後貫穿一生。這樣的論述同時是一個動力式與結構式的理論。他的發現來自於他本身的臨床工作，結合了他從閱讀榮格、克萊恩與當代小兒科與動物行為學相關研究中所得到的洞見。從克萊恩的思想中，他得到如何激發孩童幻想的做法，他發現克萊恩對於無意識幻想的描述與榮格對於原型意象的描述十分相近，特別是關於母親的雙重面向。當代小兒科的研究、動物行為學與皮亞傑的理論，同樣影響他的思想，因為他們都以不同的方式證實了內在區辨分化的能力以及無意識中的結構。

　　榮格曾說過自性與自我是個體內在整合的中心，他認為自性在中年過後的人生比較彰顯。佛登則認為，早在自我出現以前便存在著原初自性，而此一原初自性是統整的狀態，在與環境互動之中，其生理與心理的潛能有待被揭示。原初自性透過行動展現其自身，也使之與環境交流。這便是佛登理論的最終樣貌，結合了觀察、研究與臨床實務經驗，他的思想費時好幾年不斷演變，終而逐漸成形。

　　可以觀察得到的最早解體歷程，可追溯至嬰兒在子宮中的行為：喝飲、吸吮拇指、移動與對聲音有所反應，後來，佛登表示分

娩可以被視作是一個重大的解體經驗（Fordham 1993a）。如果就現今的常態而言，寶寶在一出生之後會立刻被抱到母親懷中，再整

合便很有可能發生。往後餘生中，那種永無止盡的墜落感或毀滅式的混亂等等這類經驗都可能源自於最初的解體經驗。產後，母親與寶寶很快地開始認識彼此，此一解體與再整合的動作，將會帶來分解物，這些早期交互作用的結果即是自我開始成形，自我即是自性的分解物，因此，按照佛登的思想，自性乃是透過其分解物才得以被認識。

隨著自性接觸到環境，客體於是形成了，一開始，主體與客體之間並無什麼分別：

嘴巴與乳頭兩者是一個統合的經驗，很快地，統合的經驗開始區分為滿足幸福的經驗以及挫折拒絕的經驗，這也就是後來所經驗到的好客體與壞客體。　　　　　　　　　　（Fordham 1976a, p.38）

主體與客體的區分，往往開始於嬰兒遇上環境中難以適應的面向，例如乳頭或奶瓶膠頭的形狀，佛登主張從這些從環境情境中體驗到的不舒服為「建設性焦慮」（constructive anxiety），因為嬰兒的痛楚感受是為了達到發展的目的。一開始，早在佛登首次發表他的理論時，他認為母親與嬰兒之間的適配性必須是完美無瑕的（Fordham 1957a, pp. 127-128）。後來他了解到，正是因為不完美而讓自性開展運作，並刺激了自我的發展。自性為嬰兒鋪陳了得以回應外在世界的潛在結構，之後，隨著自我的發展，人格開始進一步建構起來。隨著發展的進程，主體與客體越來越清楚區分，界線開始形成。佛登認為，區分「我」與「非我」的歷程可以被視作是個體化歷程的起點，這使得嬰兒的自性得以幫忙創造出可供其發展

的環境，不論是透過促發行為來刺激母親給予他同理的回應，或者是他本身感知母親容忍能耐的敏感度皆然。

　　傳統上，榮格取向一直視自性為經驗的整合者，而佛登的理論，則認為自性主動創造了動力系統，然後參與自身的發展。他認為自性將自身拋進個體誕生之後的生命經驗裡，並因此開始著手創造一個內在心靈世界，然而，榮格更強調自性涵容、整合與象徵的面向。不過，他們兩人都體認到自性驚人的力量，可能摧毀、擊垮自我，思覺失調的發生即是一例。

　　嬰兒並非只是被動回應母親，嬰兒也會因為受到自身需求的促發，主動發起大量的自性運作。佛登後來了解到，母親的涵容能力某種程度上也是嬰兒所創造的。嬰兒透過與母親交流互動，在以一種非常原始的方式體會到母親的能力同時，也以此方式讓母親再某種部分上成了嬰兒自性的產物。嬰兒對萬物所懷有的想像與期待充滿原型的特質，對母親所懷有的期待亦是如此，而這些潛能則有賴母嬰對彼此的回應，才能夠實踐。

　　在第四章中，我摘述了一些佛登的研究，現在，我想要闡述一些順著觀察研究所得到的理論發展。

嬰兒觀察的影響

　　這個理論最終較確定下來是在 1976 年，那時嬰兒觀察成為兒童心理治療的訓練的一環，而佛登才終於把原先僅停留於揣測的想法化作文字。受訓中的分析師每週需要花一個小時的時間去觀察寶寶與母親，共計兩年。每次觀察完，分析師都要紀錄那一個小時當

中發生的一切，包括他自己對於情境的反應，並在一個團體中提報，其中的成員們都正進行觀察。這個團體會由一位已完成觀察的分析師來帶領。在這樣個別觀察的歷程中，嬰兒剛出生頭兩年裡的生活被詳盡紀錄下來，主要聚焦在關於嬰兒與母親、手足、父親、祖父母或其他重要照顧者之間互動的情緒經驗。佛登在學會的兒童訓練計畫中參加了這樣的觀察團體，他很驚訝地發現他原先設想的理論確實相當精準地描繪了心智發展真實的輪廓，不過仍需要做點修改。首先，是榮格關於原初身分認同（primitive identity）的想法。原本佛登依循著榮格，預設存在著一個原初認同（即神祕參與）的內在狀態，他曾認為嬰兒與母親處於一種融合的狀態，但是實際觀察母嬰互動時，卻顯示出這樣的狀態是週期性的。榮格認為嬰兒主要觸碰到的是集體無意識，在進行嬰兒觀察之前，佛登也是這麼認為。但嬰兒觀察的經驗卻讓他發現，嬰兒其實投入於與另一個人的動力式互動之中。最終，他不再認為原初身分認同是最早的發展狀態，他不再認為嬰兒是徜徉浸泡於某種原初關係（也就是神祕參與）之中，母嬰之間交融不分。反而，他認為有時候嬰兒（其母親亦是如此）的確會進入一種與另一個人交融不分的心智狀態，但是這並非嬰兒期主要的心智特徵。真正關鍵的是母親能夠接收並理解嬰兒要溝通什麼的這個能力，於是嬰兒能夠從母親對他的關注中得到對於這個世界的體驗，進而在大多數時候嬰兒得以感覺這個世界是安全且自己是被人所理解的。同時，佛登也注意到自己對於原初自性的假設有助於觀察員理解他們所觀察到的現象，並且能提供榮格學派嬰兒研究的核心。

56

關於嬰兒自性的假設不只改寫了對於嬰兒生活的描繪，也拓展了更進一步的假設：我們可以不間斷地觀察到嬰兒展現作為完整個體的本質（存在的連續性），嬰兒也擁有著個體性（每個嬰兒都是獨一無二的）。 　　　　　　　　　　　　　　　　（Fordham 1985a, p. 51）

在佛登所參加的觀察團體中，有一名嬰兒 —— 稱之為寶寶 N —— 被成員們一致認為是個擅於「滴定」的嬰兒：

寶寶 N 的母親不太能夠容忍攻擊性，且她的內在資源很有限，寶寶 N 似乎相當清楚這點，並且在非常小的年紀就懂得分散自己對乳房的攻擊力道、降低自己過度的哭號，以便能從母親身上得到最佳的照料。寶寶 N 這樣的狀況並不少見，我想談談另一名嬰兒，這名嬰兒的母親對於自己身為人母的能力相當沒有信心，她的寶寶如此清晰向她傳遞自己需要些什麼的訊息，好讓母親可以依循回應，母親也於是開始發現自己內在照顧的能力，終於真的變成了一位「夠好的母親」。 　　　　　　　　　（Fordham 1985a, p. 53）

此處有兩個重點，其一，嬰兒並不是被動的，反而相當主動地吸引母親的注意力，其二，嬰兒誕生於世後，心中對於自己能夠獲得適切回應的期待，將會導致適切回應的發生。因此，母親如同容器般承接孩子焦慮這件事，並非無端發生，而大幅仰賴一個基於母嬰之間互動所產生的動力系統而生，而母親也自然而然以其身為母親的經驗來創造這個系統。以下是對兩週大的寶寶 N 所做的觀察紀錄：

57

寶寶 N 躺在他搖籃的右側，他的右手壓在身體下方，而他的左手則彎曲向上、靠近臉龐，他覆蓋著黝黑軟綿細髮的頭部頂著搖籃的上緣，而他的母親——F 太太——正描述著他剛才如何扭動到搖籃的這個位置上。他的眼睛睜了開來，微微鼓動全身，看起來有些焦躁不安（他好像既未清醒，也不像睡著），F 太太說他也許餓了，因為現在已經接近喝奶時間，接著，寶寶 N 突然就平穩下來了，接下來的好幾分鐘，他完全躺著不動，而他烏溜溜的眼睛就這麼盯著搖籃。

　　　　　　　　　　　　　　　　　　　　　　　　（Fordham 1985a, p. 51）

　　寶寶 N 在半睡半醒間用頭頂著搖籃，彷彿正在重現他從子宮出生的場景，F 太太接著將他抱起來，把他轉交給觀察員。接下來這段紀錄開始變成是以觀察員為第一人稱的敘述：

　　在 F 太太喝咖啡時，我繼續抱著寶寶 N。她溫柔地跟寶寶 N 說話，並充滿愛意地對他露出大大的笑容，說著她不敢相信他真的待在那兒。接著，她將寶寶 N 抱起，放在右乳房讓他喝奶，寶寶 N 花了一些功夫才找到好好含著乳頭的角度，但接著，他大聲而貪婪地吸吮著，打了嗝……寶寶 N 喝得起勁，偶爾停下來休息一下子。一開始，他的眼睛睜得大大的，沒過一會兒，便邊吸奶邊闔上了眼……F 太太將他換到左乳房，他再度起勁地喝了起來，滿足地刻意向上望，我猜想他是試著想看著母親的臉，但 F 太太則說他在看的是她的紅罩衫，然後他便停止吸吮、酣酣入睡了。

　　　　　　　　　　　　　　　　　　　　　　（Fordham 1985, pp. 51-52）

從佛登的理論來看，這段紀錄正描繪出解體／再整合的歷程，嬰兒引發母親去滿足他的需要：乳房彷彿是他的全世界那般的經驗。寶寶 N 完全沉浸於喝奶的過程中，此一感覺讓我認為這個歷程並不只是母親在回應著他的嬰兒，更是嬰兒在刺激這些回應的發生。實際上，這個嬰兒是透過母親而能夠在心智上誕生，母親思考他、努力揣測他的需求、紓緩他的不適，而這些都有助於嬰兒區分一切是屬於內在或外在、是好的或壞的。母親以一種並非分裂、可以為嬰兒所觸及的方式，來幫忙他建立起對於乳房的原始構想。在榮格關於兩極對立的理論脈絡下，這類的母性照料能夠促進立基於兩極對立之心靈結構的發展，並能增進適應。

佛登的理論幫忙觀察員從「嬰兒自性之運作」的角度去看見這樣的交流互動，相對於克萊恩學派認為此階段最主要的是自我的運作，自性的運作才是佛登所強調的重點。克萊恩學派比較著重於部分客體的情緒性功能，以及其與全能幻想的關聯，而佛登則著重於嬰兒如何在母親身上喚起他所需要的回應。起初，嬰兒將乳房視為是他的全世界（這可能會間歇性帶給嬰兒一種近似神祕參與的感覺），接著透過解體／再整合的歷程，嬰兒逐漸開始從與母性環境的複雜互動經驗中重新建構對乳房的認識，在這當中，喝奶不過只是其中一件事罷了。因此，佛登與榮格兩人在理論上的差別在於，佛登將重點放在嬰兒自性的運作之上。佛登曾將嬰兒心智中早期餵食經驗的影響拿來與曼陀羅象徵做比較：

這整個客體也許呼應著曼陀羅，乳頭位於正中間，而其他眾多不同的客體則被放置在這個神奇的圓圈之內。

（Fordham 1988f, p.65）

佛登之所以將乳房與曼陀羅做連結，是為了將他對於嬰兒的發現立基於自性的象徵和自性透過互動而開展的方式。榮格在他關於自性的理論中曾提及曼陀羅的重要性：

> 它們（曼陀羅象徵）所顯現的正是人格的心靈核心，那是未能被自我所認同的那個部分。　　　　　　　　（CW 12, para.126）

將曼陀羅連結到乳房是個概念上的跳躍，開展了後來佛登嬰兒發展理論的內涵。於此，成熟的發展歷程被認為是與感覺起來是整體圓滿的客體發展出原型式的關係，在此一狀態之後，才會逐漸開始形成差異化，於是成熟的發展歷程便連接上個體化的歷程，因此，「個體化歷程成為了個體透過自性表徵（self-representation）的發展而實現其自身的過程」（Fordham 1985a, p.54）。自性表徵在此是自性解體後與環境結合下的產物，例如乳房（佛登私人通訊內容）。自性表徵在本質上是與自性—客體（self-object）有所不同的，「自性的表徵帶來了個體對自己與他者的先驗感知」（佛登，與作者於 1994 年 10 月 4 日通信的內容），佛登認為自性—客體的本質——我稍後將會有所討論——乃是「力比多高度附著其上，引發出幻想中的父母與其他心靈意象，其中可能包括無意識幻想、原型內涵等等。」（ibid.）

佛登對原初自性的概念強調嬰兒身體與情緒狀態的統合，如同榮格將心靈與身體視為一體的一元論態度。佛登在著作中寫道，

59

在生命的頭幾週之中，行為與心智經驗是毫無區分的（Fordham 1993a, p.6），原初自性的存在先於意識與無意識，並且透過早期解體與再整合的運作，自我將會開始成形。佛登理論的核心，是關於適應的生物學理念，嬰兒觀察研究即是一例，嬰兒會做出能夠促進其生存的行為。最後，這讓佛登認為嬰兒第一個客體關係是為了適應現實。從佛登的觀點來看，從嬰兒觀察中所獲得的證據支持了嬰兒期自性的理論，對佛登來說，自性「整合自我的碎片，因此創造了自我的核心。」（Fordham 1957a, p.126）

　　為什麼我要發明──或者推論出──這個嬰兒期原初自性的理論？它首先是一個推測猜想，不過這些年來，它被證實是相當有用的，能夠減少否認嬰兒擁有其人格的傾向。

（Fordham 1985b, p. 18）

　　總結來說，佛登發現在嬰兒期即已存在一個原初自性，有個原始整合的中心點。佛登從孩童的圖畫、與孩童進行的分析，以及最後他所進行的嬰兒觀察經驗中，探究了這個想法，最終，他證實了自性會創造了嬰兒情緒發展所身處的環境，舉一個例子來說：

　　一名母親正要開始餵奶，這是她的第二個孩子，她相當忐忑不安，因為她第一胎餵奶的經驗困難重重。不過，她的第二個孩子給出非常清楚的指示，讓母親能夠讀懂他需要些什麼，於是，兩人建立起相當美好的餵食關係，這就像是寶寶讓母親知道該怎麼做一般。　　　　　　（佛登與作者於 1994 年 10 月 4 日通信的內容）

60

這是佛登理論中最為基進之處，也是與其他關於嬰兒期的理論最為不同之處。同時，他也強調嬰兒最初第一份與乳房之間的關係具有整體圓滿的感覺這樣的特色，偶爾嬰兒才會間歇經驗到一種母嬰融合的感覺。

後續更為精緻的發展理論

在嬰兒觀察中，原則上我們會觀察身體動作，但我們認為這些動作都有其心理意義。1935 年，榮格在塔維斯托克（Tavistock）演講授課時，曾經被比昂（Bion，當時尚未成為精神分析師）問了一個困難的問題，關於嬰兒世界中顯而易見的二元論，榮格是這麼回答的：

這個問題是一個仍無定論的大哉問，涉及了心靈與身體的平行對稱，我想沒有人知道確切答案，因為這是超越人類認知所能企及的範疇。就像我昨天所試著解釋的，這兩個部分——心靈現實與生理現實——以相當獨特的方式統合在一起。　　（CW 18, para. 136）

透過想像性的假設結合敏銳的觀察與反思，佛登的思想企圖穿透心靈與身體之間的並行對稱。他隱微地不同意榮格，因為榮格認為自我發展由眾多意識的碎片所組成，而這意味著嬰兒的心靈缺乏核心。榮格認為嬰兒的心靈在自我發展之前並不存在核心，他形容意識的出現與「自我感」（I-ness）的逐漸發展有關，他認為早期的知覺與後來以回憶連結起來的知覺是不同的（CW 8, para.

755）。然而，佛登認為嬰兒的心靈擁有核心，而且嬰兒的經驗處於一個光譜上，隨著對真實狀態的知覺程度而不同於原初自性客體（self-object）整體圓滿的特質。佛登對自性客體的形容如下：

> 當客體主要是現實世界的經歷，便可以被稱為現實客體 (reality object)；倘若客體主要是由自性所建構，記載著自性的狀態，是由外傾的或內傾的感知訊息所構成，那麼便可能被稱為自性客體……看起來，自性客體會在富含情感的狀態下拓展，同時自性客體也默默探索由現實客體所主導的活動。　　　　　（Fordham 1985a, p. 56）

與嬰兒期自性的特質所融合的經驗，正是榮格在一開始在描繪「身分認同」（identity）時所指稱的事，「身分認同」是心理認同歷程（identification，也稱認同作用）的先兆，並且「它同時也依賴於能夠投射與內攝的可能」（CW 6, para, 741）。佛登的理論則立基於嬰兒觀察，他看見如果嬰兒發展出改善其差別待遇的能力：

> 根據自性理論所述，從嬰兒觀察中所發現的是，在出生的時候自性已經擁有界線，它也擁有能夠發展結構的潛力，但我假設要能發展結構，自性客體需要能在自我中找到表徵，這些自性客體會透過解體／再整合的循環而發展起來。根據榮格早期的構想，嬰兒並沒有自性，而只有尚未發展到足夠形成清楚界線的自我碎片，更不用提有所結構形式，要到後來幾年，榮格才認為個體化是一個貫穿一生的歷程，而這便意味著自性在兒童期即已運作著。只是榮格從未延伸這個結論後續的發展，於是這就成為了我試圖要做的事情。

我認為，若是在更早的生命階段中沒有主體與客體之間的身分認同，則嬰兒在一開始便沒有足夠進行投射性認同的結構，經過身分認同的早期狀態，才形成了投射性認同這個機制得以運作的心智結構

（佛登與作者於 1992 年 4 月 30 日通信的內容，信中說明了佛登在 1994b 的文章中未說明的「認同」概念的修訂內容）

隨著「身分認同」的發生，心智會發展到自性客體得以在自我中找到表徵的狀態。而這些表徵，預示著「自己與他人之間的前意識」，透過解體／再整合的循環結構逐漸開始形成心靈結構，而正常的投射性認同狀態也於此開始發生。比昂將正常的投射性認同描述為「病患與治療師或者嬰兒與乳房之間的連結。」（Bion 1959, p. 105）（這與原本對投射性認同的認知不同，一開始投射性認同的概念在談的主要是其全能自大的特徵，以及其如何摧毀對方的覺知，不像在此例子中反而是增加了對方能接收到的覺知。這些後期的投射與認同的狀態一方面可以被用來當作是增進對客體的認識的方法，或者是，透過在幻想中占有客體、控制客體，而驅除消滅客體的方法。）

以下是一則嬰兒觀察的片段，擷取自佛登《探索自性》 62 (*Explorations into the Self*) 一書：

寶寶 G 是一個活潑好動的小嬰兒，他能夠透過各種行為來讓人明白他的願望，尤其是換尿布時，他總是大呼小叫、百般阻撓。有一天，一位友善的拜訪者在孩子吃奶的時候來家裡拜訪，並且要

求立刻知道一些資訊。母親就停止餵奶，並將他放到床上一會兒，他哭著表示抗議，很快就演變成聲嘶力竭的哭喊，他的音量蓋過了母親和訪客的交談，他還大便了，渾身狼狽不堪。一開始，他對於母親的安撫毫不買單，母親開始擔憂了起來，但是她仍臨危不亂，不斷努力地舒緩他的不舒服，終於，她成功安撫寶寶並得以繼續餵奶，最後寶寶也睡著了。因此，原本可能演變成災難的情況最後安然無事了，得到良好的處理——心靈整合的歷程就發生了。

（Fordham 1985a, p.57）

　　在這個例子中，整合的歷程因為母親的行動以及她對寶寶痛楚的思考而能推動發生。母親充分感受到寶寶的痛楚不適，媽媽替寶寶消化了這些經驗，於是她能夠再度將她充滿同理的理解回餵給寶寶，好讓寶寶能夠將這些經驗取回自身（再整合），這是一個自性運作、分化／再整合循環以及投射性認同的例子。那麼，萬一這名母親沒有堅持下去、沒有辦法扭轉情勢呢？或者假使這樣困難的情境一而再、再而三地發生呢？那麼，這樣的經驗便無法被再整合。

　　上述那個又哭叫、又大便、又大聲抗議的寶寶，正努力擺脫很壞的經驗，用大人的語言來說，在他當頭的怒火與挫折之下暗藏這種壞經驗。不過，寶寶 G 並沒有將壞的部分分裂出去：他仍然奮力試著找地方擺放這種感覺，以便讓這一切情有可原，而他的母親幫忙他做到這點。這是一個被壞感覺籠罩攫取的分化狀態，精神分析取向稱之為分裂與理想化，因為客體被分裂為全好與全壞的部分，這麼一來，壞的部分不會影響、汙染好的部分，反之亦然。其實精神分析取向中對分裂有著不同版本的理論，為了要方便比較討

論，我在此所指的都是客體的分裂，而不是自我的分裂等其他也稱作分裂的狀態。當客體的分裂發生時，好客體之所以會被理想化，乃因為對客體好的感覺受到威脅，隨時有可能會轉變成完全相反的對立感受。在分析心理學中，當上述的狀況已經發展成病態時，我們會以分裂這個詞彙稱之，也就是說，整體圓滿受到了破壞，自我分裂了。心靈分裂並沒能進入整合狀態的部分，透過投射或否認的機制而得以維持，且在這樣的過程中可能會變得固著僵化。佛登曾說明分裂與分化的差別：

63

　　克萊恩談的是分裂，當嬰兒正處於心靈分裂的發展階段，其整體心靈是受到損害的。相反地，解體意指貫穿於嬰兒行為之中的整體特質。此二者之間的差異可以如此思考：誕生後的早期生命中，嬰兒的經驗是有一個好乳房以及另一個壞乳房，端視在喝奶時嬰兒所感覺到滿足或挫折的程度。他並不知道它們其實是同一個乳房：隨著認知與情緒逐漸發展後，他才會漸漸意識到這點。我們可以說好壞乳房之分乃是分裂的心靈所致，或者，我們也可以說由於情緒尚未發展到能夠掌握這兩種感受從同一個對象上展現出來的不同經驗，因此自性分解物被區分為好的或壞的。不論哪一種說法才正確，有不同差別在情緒發展中都是很重要的。

（Fordham 1985b, p. 4）

　　關於嬰兒期的發展，佛登特別強調其中的特徵與嬰兒的完整性較為有關，因為此一特徵乃源自於自性，而非將嬰兒期的特性以自我的防衛來論述。他對解體與克萊恩所說的分裂之間差別的描述，

在克萊恩的觀點中並不全然正確。他認為分裂乃自我的分裂，不過克萊恩早在 1946 年時，也曾描述分裂與理想化作為區分好經驗與壞經驗的必經歷程，並不涉及自我的分裂，這並不一定會導致造成人格改變的病態發展。佛登的用語區分出心理病理與一般發展，他認為自性的整體性當中存在著分解物的連續性，而能促成個人的情緒發展，這不一定牽涉分裂，除非有些什麼出了差錯。他也不想將這些發展歸功於自我，他認為其實是自性的本質在此發揮作用。

常見的例子是當客體變得太過具有迫害力時，客體的本質會變得僵化固著在分裂的狀態，佛登曾經發表過專文，詳盡描述導致嬰兒的人格中發展出分裂的事件。在對寶寶 N——先前曾提過的小男孩——所進行的觀察當中，他被母親留給祖父照顧，他早已熟識祖父了，但是出乎大家意料之外的是，這對他產生了毀滅式的影響。漸漸地，討論團體開始拼湊起一幅寶寶 N 所處世界的圖像，以及他的這個世界如何轉變。

他一開始是個充滿情感的小嬰兒，與母親有著深情厚愛的關係，可以看見他似乎對於母親能夠忍受到什麼程度相當敏銳，但是接著他被母親留下來了，「寶寶 N 變得越來越黏人，而這伴隨著暴烈的尖叫哭鬧、咆哮怒吼，且會蠻橫攻擊母親或家裡的傢俱。」（Fordham 1985b, p. 11）看起來他對於好客體的信任已經崩毀了，在此之後，每當母親走出房間，往往他便會陷入焦慮。他在五個月時斷奶了，斷奶後他變得相當具有攻擊性，大量需索且陷入全能自大的狀態，把食物塞在嘴中直到他讓自己幾乎要嗆到：

　　他這種飲食的狀況持續惡化，凡是落到他手中的東西都會被他

64

塞進嘴裡，包括他自己的拇指。不過如果仔細觀察，會發現核心在於他會從各種柔軟脆弱的東西上搜集絨毛，看起來好像他在柔軟與舒服的感覺之中尋求他已失落的乳房。但是他同時也出現攻擊的行為，他藉此試著處理心裡對乳房的攻擊，他會埋進母親的頸部，或推開母親的雙腿，彷彿他要鑽進母親身體裡……大約六個月大時，寶寶 N 開始用某些向外排出的方式來擺脫他的壞感覺，他經常對著母親或觀察員露出挑釁好鬥的表情，他會用鼻孔發出嘶嘶聲、吐氣和噴氣……隨著這個狀況持續進展的同時，寶寶 N 似乎看起來對自己的暴力越來越感到害怕。　　　　　　　（Fordham 1985b, p. 6）

　　寶寶 N 將壞經驗分裂出去，變得越來越黏人，會不斷誘引母親的注意力，相當嫉妒哥哥姊姊。寶寶 N 的母親經常惘然若失，觀察員開始感覺她似乎讓寶寶 N 成為讓她擺放自己難受感覺的載體，以此釋放她正在經歷的痛楚。漸漸地，關於寶寶 N 的發展為什麼會走向病理化，一切開始水落石出：

　　如果我們先假設母親的缺席是導致寶寶 N 這些行為的原因——他不只一次衝著母親說「離開！」——在他的感覺裡母親要不是一個好母親，不然就是一個壞母親，而此時，這兩個母親的形象合併在一起了，那麼，如果他在暴力當下希望壞母親死掉（也就是「離開」），他便會意識到自己等於也摧毀了好母親。　　　　　　　　　　　　　　　　　　（Fordham 1985b, p. 15）

　　後來這個孩子怎麼了，就再也不得而知了，當時對他與他母親

所提供的幫助被拒絕了，佛登指出：

　　實在很困難在觀察中作出預測，這跟一般我們預期在兒童分析中會去找出精神病理的導因是很不一樣的……我沒提到原型，不過我認為寶寶 N 的經驗是屬於原型的，並沒有太多心智想像，這點榮格在探討隱喻的光譜中曾提及過（*CW* 8, para. 414），原型經驗會以許多不同的形式展現。在光譜的其中一個端點，這類的經驗會透過身體動作來展現，這即是我們試著理解所觀察現象的角度。

（Fordham 1985b, p. 19）

　　佛登從比昂的抽象概念中找到描繪可能發生之事的語言，他也將自己的思想論述與比昂的概念做了連結。他認為比昂所談的貝塔元素（beta elements）——也就是尚未消化的感覺碎片——即是一開始的分解物，而成功再整合的效果則同等於母性沉思（reverie）與阿爾法功能（alpha function）的功效——也就是從感覺素材中創造意義的歷程（Bion 1967, p. 115）。因此，早期再整合的經驗可能會讓個體有著某種潛在的構想（thought），但並非帶來思考（thinking）本身。佛登與比昂觀點一致，母親如果能夠在心智中涵容嬰兒的痛苦，將決定這個嬰兒能夠承受此痛苦的能力。他認為心智會在消化經驗的過程中自然開始建構起來，一開始透過自性的運作，接著是原型的運作，再後來則透過自我的運作。此外，佛登也提出嬰兒在其感官與身體實存中，擁有能夠從身體經驗產生心智內涵的潛力，日後，這些初始的構念將隨著自我的發展，成為思考的素材。

因此，當寶寶 N 十週大時，被觀察到「用一種非常認真而全神貫注的表情盯著母親看」，這個現象可以被看成是阿爾法功能正在運作著，有些類似於想法之物可能快要產生或可能會發生，不過我們也不可而知……以榮格的隱喻來說——這些公式意在穿透原型運作的紅外線光譜之極端。　　　　　　　　　（Fordham 1985b, p.19）

66

有了構想是能夠進行思考的前兆，於此，思考同等於消化，在嬰兒與環境的互動之中，嬰兒擁有理解世界的潛力。這是一條充滿痛楚的路，並不僅只是因為嬰兒必須在經驗所帶來的焦慮之中苦苦掙扎，這些痛苦的情緒也充滿了意義。這個歷程顯示了想法與感覺從無意識而來，我們在情緒上所感受到的種種（在此，我所指的包括情緒的無意識面向）都承載我們經驗的意義。我們具有創造力的行動可以被理解為這些意義的再現。寶寶 N 的經驗一開始是不錯的，不過之後就毀壞了，啟動了分裂與其他種種防衛，佛登稱此為自性的防衛，「因為所涉及的遠超過自我的層次」。壞感覺是主觀的，並且暴力與憤怒的感覺混淆不清，不過這對寶寶 N 與寶寶 G 來說卻成了現實中的真實經驗。即使我們知道他的母親盡其所能地使一切好一點，但寶寶卻無法做到這些，他沒有能力區分現實事物本身、乳房的缺席，以及他自己「缺席」的經驗。在這樣的狀態下，缺席的乳房於是成了真實確鑿的原型意象，融合了個人與非個人的元素。當乳房不在的時候，一切只剩下壞感覺，在他心中好感覺與對乳房的記憶都不復存在了，他完全浸泡在壞感覺之中。此時，好乳房離開了他，這個寶寶認同了壞的內在客體。

這些觀察的片段顯示出嬰兒並非其父母無意識中的一個部分，

舉例來說，有些學說認為早期有一階段母嬰處於融合的原初狀態，然事實上，嬰兒擁有其原發的自性。這並不是說融合的經驗不會發生。在早期階段中，主體與客體之間確實較未區分（此處稱為認同的狀態），此時嬰兒的經驗主要都是享樂式的，可以被想成是一種幸福的融合狀態，根據佛登所言，這個狀態僅是暫時的，且可能部分關乎嬰兒尚未發展出感知的器官以及嬰兒對意識中痛楚的迴避，此外，此狀態也經常被描述成返回極樂世界的心理退行。

佛登與諾伊曼

佛登在實證上的觀察，以及他從榮格之自性概念的拓展，皆顯示出融合並不是母嬰之間內在原初的狀態，如神祕參與與原初關係（primary relationship）所指的意義。母嬰之間原初認同的概念已經站不住腳，如果嬰兒是整合的，那麼他的自性便不會擺放在母親那兒。因此，佛登不認為嬰兒活在神祕世界之中。於此，他變得更為自由，回到了他一直渴望發展的思想上。這個概念來自於一位傑出的榮格取向分析師諾伊曼（E. Neumann），他是榮格早期的追隨者，寫了許多從遺傳學的角度看待兒童發展的文章，佛登早期的發表即是延續此觀點（Fordham 1944），其中，他指出分析心理學需要有一些關於發展的遺傳理論。

在《兒童》（*The Child*）一書中，諾伊曼（1973）描繪母親與孩童彼此沉浸在原型式的關係中，此狀態主掌著他們，兒童發展階段在這樣的原型關係中隨之浮現。佛登卻不認為是如此（Fordham 1981a），他認為這麼說就彷彿發展是預先決定好的。此外，對於

諾伊曼將個體的起源與發展（ontogeny，個體發生學）概略定調為物種的演化（phylogeny，系統發生學），佛登也站在反對他的立場，諾伊曼的取向堅稱嬰兒時期的嬰兒主要受到集體心靈所影響，而母親與嬰兒本身沒有太多個體性的空間。我將會摘述諾伊曼的論點與佛登的回應，而略過許多諾伊曼所自創的新詞彙。

　　諾伊曼理論的核心在於認為發展是受到原型的結構所決定的，此一論點具有爭議性。與之相反的是，在實徵基礎上所做的發展研究普遍皆描繪了內在心智狀態、外在現實與發展階段之間的交互作用。諾伊曼的理論核心在於「母親與嬰兒之間原初的關係，也就是母親與嬰兒活在『被原型所制約的一元關係』當中。」（Neumann 1973, p. 17）。在合而為一的世界中「萬事萬物有著共同關聯，任何事物都與其他事物有所連結，一件事物可以、而且必然代表著其他事物。」（ibid., p. 153）「母親不僅只是擔任著小孩的自性，事實上，她就是小孩的自性。」（ibid., p. 13）。諾伊曼認為此狀態相當近似於內在子宮生命。這是一個理想化的、不切實際的想法，這種子宮內極樂生活的靈感來自於神話中天堂一般的狀態與幻想。同時，諾伊曼也認為返回這種想像中母嬰共融的狀態乃是人們普世共有的願望。這本書清楚列出了作者所設想會發生的自我發展階段，這同樣也充滿了概念上的混淆，例如他認為自我是一個原型，並且也缺乏對兒童認知發展相關實證研究的了解。這個理論並非立基於對孩童的觀察，而是從文化發展的理論所推演而來的。

　　相反地，佛登的理論則具有真正嬰兒研究的基礎，他研究母親　　68
與嬰兒的連結會調節原型經驗，佛登關於嬰兒與兒童的研究不僅與母親的經驗一致，也與我們成人生活的經驗一致。

我幾乎不太提到意識或無意識，這是因為在佛登看法中，這些概念並不能幫忙我們思考對嬰兒的觀察，他反而嘗試發展「自性的實現」的觀點。這個觀點聚焦於適應歷程。這並不是被動承受環境的壓力，而是生物學意義所指的學習在特定的環境中生存。也許有些可見而強烈的情感被放大了，不過按照觀察研究的證據看來，嬰兒大多數的經驗似乎都是順應現實而調整的。

象徵化與解體

為什麼我們需要像這樣的理論呢？而這樣的理論又為既有的思想增添了些什麼呢？如果理論能夠幫忙我們思考觀察到的現象，那就是很有價值的。首先，理論主要關切的是嬰兒以及嬰兒做了些什麼。佛登針對相同條件的母親們進行科學調查，將嬰兒視為獨立的個體。這讓嬰兒區分辨別的能力有了位置。再者，關於解體的相關理論讓我們專注於思考在嬰兒身上觀察到的行為，視之為自性的延續。這意味著每位嬰兒的發展事實上都是一種早期個體化的形式，經驗會在這個連續軸上得到再整合。因此，這個理論讓我們得以在此基礎上更進一步。嬰兒是獨立的個體，不過母親與嬰兒之間的互動亦是其中的一個環節，而嬰兒是相當積極主動參與在互動之中的。

為什麼我們將經驗想成是存在於一個連續光譜中會很有幫助的呢？因為這讓我們不再僅是線性思考，認為一個階段會取代另一個階段。連續光譜的概念讓前一階段的經驗可以共存於當前經驗中，於是經驗之間可以相互調節。在歷史上，這是很重要的，因為它為

　　　　　　　閱讀佛登：從兒童個體化研究開拓自性的探索 ⊢

兒童分析以及立基於移情分析的治療技術之研究提供了基礎。

象徵化的意義在於，當嬰兒能夠在心智中同時保有對乳房的美好經驗與怨懟經驗，那麼，乳房便可以成為一個象徵，日後將成為好客體的範典。嬰兒會幻想乳房已經受到摧毀，因為這個壞乳房令他相當挫折，而對好乳房的經驗則從這樣的攻擊中倖存下來。於此，象徵浮現了。如果少了象徵形成（symbol formation）的過程，心智能力的發展將會受損，也無法從具體的表徵、表意表徵進展到語言式的想法。象徵形成為什麼如此重要呢？嬰兒要如何達到這個能夠進行象徵化的狀態？佛登寫道：

> 為了要能創造象徵，自性客體必須受到摧毀，否則個體所亟需的「創造」便無法發生：由於乳房（即自性客體）已經受到摧毀，而真實的乳房在現實中仍存在著，因此只能轉而透過另一種方式——即將客體抽象化——來進行重建，而經過抽象化之物即為象徵。
> （Fordham 1976a, p.21）

象徵形成的其中一個要素在於，要進行象徵化的經驗必須已經浮現一段時間，具備足夠的份量持續存在於嬰兒的心智中，要進行象徵化之物必須要進入到意識當中。這個觀點的背後，意味著象徵化與自我發展以及憂鬱心理位置有關，因為此時嬰兒體認到他已然失去好乳房客體（當他斷奶時），同時仍能夠在心智中保留著對乳房的好經驗，以便作為他的憑藉。佛登並不認為發展上有特定的心理位置（Fordham 1988f, pp.64-65）。他更傾向比較彈性的取向，例如比昂認為個體在憂鬱心理位置與偏執—類分裂心理位置這

69

兩者之間乃是雙向移動的，也就是說，嬰兒可以在這兩個心理狀態之間來回進出。這指出，象徵形成是一個漸進的歷程，是透過來來回回才開始，唯有凝固成形的經驗會穩定持續存在。如果是這樣，我們必須小心不要將象徵形成與象徵式構想（symbolic thought）搞混了。象徵式構想是嬰兒時期的特徵，後來目的導向的思考（directed thinking）才取而代之。就我所理解，象徵式構想與發展象徵化能力（capacity to symbize）之間的不同，我們可以舉小孩的遊戲為例來區分兩者相異之處。在遊戲中，有一種想法是脫離現實世界的事實，而有另一種想法則是體現現實世界的事實，但卻超越了現實的經驗。象徵形成的歷程會需要一定程度的抽象化，而抽象化在象徵式構想當中是不存在的。

佛登理論最基本的特色

佛登從原初自性開始著手，而原初自性是沒有任何特徵的，它無法被經驗，這是第一層，接著，第二層是它需要有其自身的特徵與質地。當一部分的自性被帶入了與環境的關聯之中，便會自動促發心智結構化的歷程。母親與嬰兒的首次接觸沉浸於身分認同的狀態之中，此時自性客體開始出現，這將逐漸發展成自我表徵，同時也將導致嬰兒開始初步意識到自己與他人的區隔。於此，進行投射性認同所需要的結構已經成形了，在自性所組織的解體／再整合的歷程中，初步的自我開始成形。佛登將自性的這個動力——也就是自性運作的方式，稱為解體／再整合。在此概念中，佛登認為自性並沒有在過程中發生徹底的裂解。每一個分解物皆具有身體與心靈

的面向，而且，最重要的是，佛登指出嬰兒的自性會幫忙創造嬰兒的環境。自性最大的分解物即是自我。我們可以藉由觀察此一歷程來推論自性的特徵，它是一個身心合一的單位，擁有可以形成身體與心靈的潛能。感知外部世界的（exteroceptive）皮膚經驗對嬰兒期很重要，因為這些經驗會幫忙嬰兒定義出他自身，以及其身體作為一個容器的感覺之間的界線。在身體這個容器之內，有一個可以建構起來的內在世界，在對環境情境做出回應之時，自性會以尚未完全成形的狀態做出回應。

佛登同時也指出，對於一些深受困擾的小孩來說，早期與乳房的關係可以被理解成是解體與再整合這個歷程的失敗，特別是關於自性的防衛界線。後來他根據對兒童精神病性的探索而拓展了這個想法。這暗示著，每個嬰兒從一開始必然就擁有內在心靈世界了，而不是與解體／再整合的運作有關的、經驗內在心靈世界的能力。

原型：原型的生理基礎與自性的運作

　　要區分嬰兒時期自性的運作與自我的活動，其中一個困難在於兩者在現象上幾乎如出一轍，要到之後的生命階段才會看起來不同。戈登（Gordon）關於「大的」與「小的」自我（self）有助於概念化上述兩者的差異（Gordon 1985）。對榮格來說，自我（ego）是意識的中心，他認為自我至少需要五年的時間發展，他也曾以一幅詩意的畫面來描述自我：「意識從無意識之中浮升，彷若一座新生的島嶼剛從平面上升起。」（*CW* 17, p.103）榮格從他諸多研究領域中建立起這個想法，包括病患到原始社會、從煉金術文獻到宗教——上帝（自性）依著自己的形象創造人類（自我），自性以其所可見的樣貌展現著，乃是客觀的，而自我則是個人的。這意味著自性的顯象是原型式的，且來自於集體無意識。原型是無意識的器官，且在出生之前即已存在。佛登如此解釋這點：

　　這個關於集體無意識及其器官——也就是原型——的理論，是基於「心靈的基礎結構是普世共同的」的概念，而真要這麼說，如果我們消弭了人們的意識，那麼人與人之間便幾乎所差無幾了。因此，人的無意識的本質上存在著一個「X」，心靈[1]，而意識從此而生。這個「X」是夢與幻想的前驅物，當它透過意象而展現，似乎也就是本能在意識上的展現，不過它必定增添了一些從未也永遠無法精確定義之物，因此總是被以「靈」（spirit）、「氣」（pneuma）或「聖祕」（numinosum）這些詞彙稱之。

（Fordham 1957a, p. 2）

1　榮格後來探索了這個心靈本質，並指稱為「類心靈原型」（psychoid archetype）。

二十世紀晚期的現今，許多精神分析學者也開始探索、描繪自我以外的現象，例如賈克柏森（Jacobson）、費德恩（Federer）、哈特曼（Hartmann）、克萊恩（Klein）、溫尼考特（Winnicott）、山德勒（Sandler）與寇哈特（Kohut）。我無意討論這些學者們分別著重在哪些地方（也不會討論費爾貝恩〔Fairbairn〕所談的核心自我〔central ego〕是否其實同等於自性）。我想討論的是：是什麼促成了自性的運作？而這又如何與原型的生理基礎有關？在討論自性的運作的同時，我也會討論在生命頭幾年之中，自性如何隨著在成熟的歷程與互動經驗裡實踐其自身，又是如何從嬰兒時期持續到往後餘生。這正是佛登對分析心理學所做的重要貢獻之一：他闡明了自性何以擁有生理學的起源，並且概念化地描繪出自性深植於生物適應的歷程。按照這樣的思路，適應的歷程富涵生理學的概念，也就是器官會因應環境而主動發生變化，以便增加生存下來的機會。

生理基礎

受榮格的思想所引領，佛登將原型意象描述為心靈與本能在意識上的再現。因此，佛登在探究原型的生理學內涵時，參考了許多關於動物本能行為的研究。他研讀了許多當代動物行為學家所做的研究，這些研究清楚說明了動物內在存在著感知系統，而這個系統可以持續運作。他們研究了引發動物做出特定行為反應的刺激（同等於原型的本能部分），此一過程乃受其內在的釋放機制（innate release mechanism）所驅使。這顯示出，只要在正確的時間點製造

刺激，便會激發特定的回應，決定了某種行為的模式。這一切是本能式的反應。佛登認為這個可以說是「環境在適應分解物」的例子（Fordham 1957a, p.121），如同環境在適應著實現自身的心靈。心理學家投入於動物實驗的工作，不僅對動物行為學家是重要的，也對內分泌與神經系統的研究具有價值，因為它呈現出本能行為的神經學模式是具有階級次序的。佛登對此進行研究，並且連結到近代的神經生理學。他發現這些透過電位概念所做的神經學研究展現出帶有目的的行為——例如回饋、神經震盪（oscillation）與反響迴路（reverberating circuit）——都可以被連結到：

無意識作為一個動力單位，以一整體運作，不過無意識是由許多操作點所構成（在意識中被感知為原型意象）。如果再以相對定位（relative localisation）的概念來與原型做比較，則關聯更深，因為在每個狀況下，功能都相對地可以轉移，且各自具有顯著的特異性。而如果論及細胞核的本質，心靈與神經生理學的概念便出現差異了，因為前者為結果論與目的性的概念，後者則為機械式的概念。

（Fordhan 1957a, p. 17）

皮亞傑針對兒童如何學習，以及天生的成熟基模所做的研究，提供了更進一步的證據，呈現出先天傾向是有階層性的，會以特定方式做出回應。皮亞傑將嬰兒時期的經驗概念化為可以透過基模同化的經驗。舉例來說，他辨認出一個能協調眼睛、手、口與客體以達到吸吮目的的基模，他認為這些基模將客體內攝為基模的一部分，一開始它們並無分別。這樣的說法便是以認知心理學

的角度來描述佛登所指稱為自性客體（這有別於寇哈特所談的自體客體）。再者，它也指出了後續知覺經驗的生理學基礎，因為皮亞傑繼續提到此一同化歷程的運作「預示了未來更為重要的概化（generalization）」（Piaget 1953）。對佛登來說，這意味著隨著自我功能——例如記憶與感知——的逐漸發展，早期尚未解體的原型活動讓位給在當下更聚焦而清楚導向、且更為有意識的目的行為。佛登很熟悉史考特（R. D. Scott）的研究。史考特研究感覺刺激的定位與身體意象的意識之間的關聯，史考特也認為康德的範疇（categories）概念與原型潛能是同樣的事情，而皮亞傑的基模則類似一種介於概念與客體之間的「第三物」，他同意康德所說的「我們感知概念的基礎是基模，而非客體的意象」（Kant 1934, p. 119）。史考特引用了黑德（Head）教授關於「神經系統的感覺整合」的著作，這讓他認為身體意象本身並非特定的編碼意象，而是一個基模，如同一個生理歷程，是介於意象與行動之間，是「個體的身體處於空間與時間中能夠持續變化的『彈性模型』」（Scott 1956, p. 146）。這個論點之所以對分析心理學、特別是佛登的理論而言是重要的，乃因為它闡明了感官刺激的定位並不需要藉由意識——譬如自我——來作用。佛登提及，此與分析心理學概念平行的是，神經學家、動物行為學家與認知行為學家的研究都證實了無意識是一個動力單位，「其以整體進行運作，不過是由許多操作點所構成（在意識中被感知為原型意象）。」（Fordham 1957a, p. 17）因此，操作點、基模與原型似乎都是描述同一個動力結構的不同詞彙。神經學的研究特別吸引佛登的興趣，因為那能將其中的電位概念與榮格所談的，在發展與演化當中帶有韻律的能量的說法連

74

結起來。（*CW* 5, para. 204）

　　完形心理學中大幅談及客體恆常性（object constancy），乃至格雷戈里（Gregory）著名的知覺研究皆證實了基模形成的知覺連續性，說明我們從不同角度看向客體時，客體仍維持一致的現象。這個實驗式的科學研究與康德的哲學思辯皆支持了「有一個自外於意識、具有規律與模式的結構存在」的這個想法。當佛登正在發展關於生理學與原型的理論之時，他以生物適應的概念來銜接模式與意圖之間的縫隙。如果在今日，我想他會對演化知識論（evolutionary epistemology）感興趣，特別是達爾文派的觀點，即依循天擇原理、從神經元網絡的層面予以探討的心智發展理論（Edelman 1987）。從我的觀點看來，上述這樣的思想乃試著要連結行為模式、意圖與目的之間的關聯。艾德曼的研究發表於佛登之後。也許很有可能，原初自性具有生理學的基礎。那麼原初自性是否與腦部比與心智的關聯更大？如果我們接受所有生物都有目的性行為，那麼這個問題便失去重要性了。有機體的行動皆是為了維持生存，這是不證自明的，且榮格與佛登皆是這樣的立場。史考特在撰寫關於兒童沒有能力穩定一致地知覺客體時，他如此描述道：

　　他們尚未能區辨與其他客體的關係，或者說與外界刺激綁在一起……如果我們將此稍微從心理學的層次轉向到知覺層次，那麼與原始的未區分狀態有所呼應的是個體所知覺到的刺激強度，如果是這個視角，那客體當然不太穩定一致。　　（Scott 1956, p. 158）

　　我們無法單以生理學的角度思考，而必須要加上第三個元素，

即基模，或原型的概念，以便能夠為我們自己創造知覺的世界。而由此觀點，佛登認為自性的運作整合了心靈具有目的性的概念，這樣的運作在解體的面向上是外傾的，而在再整合的面向上則是內傾的。因此，在運作的基本層面上，本能需求的滿足可以被理解為自性為了服膺適應而運作。此一心理學的事實辨認出細胞核有目的性的運作，並且有潛力在心靈中形成表徵，這是隱含於原型理論的內涵。

75

當佛登正努力深耕其立場時，他引用了寇爾（Call 1964）關於嬰兒預期取向行為的研究。他的研究描繪了新生兒在首次哺乳時即呈現出原始本能如何根源於乳房上，每個嬰兒都展現出驚人的能耐，能夠適應其母親特定的餵奶方式，從母親的懷抱姿勢中抓取動覺感知的線索。這個發現令寇爾和他的研究夥伴大感驚訝：「兩天大的嬰兒即具有預測與適應母親特定餵食方式的能力，這是我們始料未及的。」（Call 1964, p. 289）寇爾在討論此研究發現時，主要從傳統佛洛伊德的精神分析與美國自體心理學派的發展來組織其結論，他很驚訝於嬰兒區辨的能力：

　　將生命最初六個月中的嬰兒看成與母親仍處於一個共生的關係之中，似乎是個錯誤的見解。這只是相對看來如此罷了。自我已經開始出現差異化，即便是以非常有限的方式進行，不過確實是從生命之初即已開始。　　　　　　　　　　　　　　　（ibid., p. 292）

　　他闡述了生命早期階段中雙向適應的互動本質，對佛登來說，母親抱起嬰兒、提供奶水，以特定的方式摟抱嬰兒來回應嬰兒的需

要，這些都是自性的運作，而嬰兒則會順著所被摟抱的特定位置而扎根在這些自性的經驗之中。母親所提供的回應，就是佛登後來討論動物行為研究時所談及之「適合自性分解物的環境」。不過就我所認為，最核心的是，佛登嘗試將焦點著重在心靈發展中內在心靈與人際互動的基礎，他用「自性的運作」（an action of the self）此一極為簡化的概念來表達這些思想。寇爾關於區辨的研究乃立基於觀察研究，呼應了動物行為學家的理論，釋放的刺激同等於動覺感知。寇爾的研究結果曾經被史騰（Stern 1985）與其他眾多學者繼續深研，後來的研究提供更多詳細的證據，證實了嬰兒具有能夠區辨的能力。每位學者都有各自所選的理論模式來組織他們的研究發現。只是史騰與佛登所用的理論模式不同罷了。這使得我們很難將這些研究相互比較，因為他們對於那些無法被觀察到的事物擁有各自不同的假設。不過對於將嬰兒與客體融合，以及嬰兒將自我分裂的現象歸因於其自我的能力，史騰與佛登確實都不以為然。史騰認為這是接下來才會發生的，並且有賴於嬰兒能夠建立起人我之間在現實中與象徵層次上的界限。

演化

　　若要將個體的自性擺放在生物學的基礎上，佛登一方面勢必要面質原型起源的問題，另一方面，則是隨著時間，原型是否會產生可以被覺察到的改變的問題。榮格繞過了「經驗究竟是不是天生的」此一生物學上的爭議，他認為「要解釋原型的起源，我們只能假設它們是在不斷重複的人類經驗中所留存下來之物。」（*CW* 7,

p. 109）這意味著古早的人們──如同當代人──經驗到無意識當中原型的運作而浮現的原型意象。這個狀態與生物學的理論毫不衝突，生物學理論也反對個體乃繼承既定的特質，不過這個觀點卻似乎意指經驗會使原型有所調整，例如普羅特金（Plotkin）教授最近曾指出：

相對於這個世界的秩序，腦部早已有其功能，可以被解釋為身體時間指示的一個例子，因為後天選擇的演化時間，完全不去貶低來自於大腦功能在身體時間中運作的選擇性理論的潛在力量。

（Plotkin 1991, p. 489）

佛登在評估原型與行為之間的生理關聯之中，嘗試了另一種解釋方式，即傳播論（diffusionist theory）。這是一個人類學的理論，認為特定的知識會由中心向外擴散至整個世界。他將傳播論總結如下：

傳播論並沒有考量到一個新的概念是如何融入原本的知識裡，而這正是心理學研究的必要之處。如果我們以意識的浮現來看待文化發展的話，便開闢了一條具有啟發性的嶄新思路。這重新定義了這個主題：意識起源於無意識，意識最初乃以意象、靈感與夢境的方式表達。這之中，原型意象居於主要位置，唯有之後，它們才被系統化成為知識，「科學」不僅是最新的，也是最佳的例子，早在科學時代以前，意識從未這麼快速增長。（Fordham 1957a, p. 22）

77

佛登也將科學家包立（W. Pauli）所寫的一些文章納入考慮，他將克卜勒（Kepler）的科學發現與古代傳統教義做連結，包立寫道：

我們認識萬事萬物的過程……看起來是基於巧合，實則是早已存在於人類心靈中的內在意象與外在的客體與行為之「切合」。

（Pauli 1955, p. 152）

雖然原型意象並非先驗的存在，但包立仍提到了很重要的一點，即科學發現並非依循理性之途，他指出原型本身並不會以可見的方式演化，真正有所演化與改變的乃是我們所提供原型的形式。

佛登特別從人格發展的角度來連結生物理論與意象的形成，我將會摘述他的論點——至今為止沒有什麼爭議性。我們先回顧一下榮格的想法。榮格認為，如果一個原型主題在一開始並未浮現在病患的意識之中——而是源自於無意識——那麼，我們便可以斷定它並不是透過學習所習得的。對此，佛登認為這個假設在科學上站不住腳，且榮格的方法論也經不起當代生物理論研究的檢驗。對於目的論取向的分析心理學家來說，不論我們認為原型潛力（archetypal potential）是源自個體內在的，或是來自外界的，都是在我們的體質之中，而原型意象會在原型潛力與環境壓力的互動之中浮現。佛登很熟悉孟德爾定律（Mendel's laws），以及魏斯曼（Weismann）的種質連續（Theory of continuity of germplasm），他寫道：「唯有受精卵所帶有的部分是天生固有的，其餘所有一切都是天性與環境交互作用之後的產物。」（Fordham 1957a, p. 11）這帶給他一個問

題，即原型浮現的意象的本質為何？在第四章中，我描述了佛登如何將一個小男孩的塗鴉連結到他對「我」的發現，並開始擁有自身的認同。佛登結合了所有我們目前所談及的知識：（一）孩童的分析經驗；（二）凱洛格關於孩童如何結合韻律、隨機行為（解體）與抽象（再整合）以創造意象的研究；（三）皮亞傑的研究；（四）寇爾的觀察研究；（五）關於動物本能的研究；以及（六）生理學與神經學研究。透過這些，他探討了個體回應意象的內在傾向，並將其形成與組織化的過程與上述這些理論做連結——此動力即是他所闡述的「自性的運作」。

最後，為了要呈現本能跨越時間與空間的共同特徵，佛登討論了中世紀的神祕主義者聖女馬格德堡的梅希特希爾德（Mechthild of Magdeburg）的事件，當中描述一個惡魔，祂因為有個女人從衝突中退卻而失去祂的力量。這個女人面對惡魔毫不還擊，「在這個女人身上，惡魔與神性產生了交會。」（Fordham 1957a p. 25）。同時，佛登也討論了勞倫茲（Lorenz）對狼群臣服行為的描寫（Lorenz 1952）。比較了上述這兩個情境，他寫道這兩者共同的特徵為：在這兩個狀況中，衝突的源頭皆是為了佔有（possession），在神祕主義者的事件中要佔有的是靈魂，而在狼群的情況中要佔有的則是領域。當衝突與危機發生時，弱者臣服了，因此雙方相安無事、毫髮無傷。這兩個情境下，攻擊方想要發動攻擊卻未能出手，在神祕主義者的事件中，女人的臣服使惡魔失去其力量，祂坦言「乃因汝溫順地將靈魂交付予磨難，吾喪失了力量」。而狼群中發生衝突時，較弱的一方會向較強的一方奉上自己的頸部，勞倫茲解釋道：「勝方不會繼續步步逼近，你會觀察到其實祂仍殺氣騰騰，

卻非停手不可！狗或狼如果像這樣向強敵奉上自己的頸部，便能免於受到嚴重的攻擊。」（ibid., p. 186）。這兩個經驗相差甚遠，其中的動力卻是有關聯的，兩者皆無法歸因於後天的經驗，而是擁有共同的本能特徵。佛登說明了兩者的動力，以及兩者在形式上共同的連結——皆起源於「本能與心靈結合在同一個無意識單元之上，也就是我們所稱之原型」（Fordham 1957a, p. 28）。這兩個情況都展現出從無意識之中浮現了具有適應性的反應，這是先於其他意識層面的因素就發生的。我的理解是，在榮格所謂前意識心理狀態（preconsiouus state of mind）主導的時候，具有適應性的反應才會發生，在那樣的心理狀態下從無意識中迸出的意象是很強勁的，而自我的功能則相對薄弱。

79　自性的運作與自我發展

佛登對自性定義有著革命性的看法，他認為自性既是一個整合者，同時也是一個系統，能夠進行解體，以提供自性運作的嶄新樣貌。首先，佛登著眼於嬰兒時期，提供了思考所觀察到現象的概念架構，這乃基於榮格關於兒童之生理、節奏韻律與非性欲活動之間交互作用的理論，它們的作用在於讓孩子能夠與環境發生具有適應性的關聯。若非將這些早期經驗看作是自我受到無意識的其中一個面向所組織起來，經過自性及其解體與再整合的動力，就會難以思考這些經驗是如何整合起來的。

此外，自性的運作也包含崩潰瓦解的劇烈破壞經驗，儘管瓦解的發生會令嬰兒百般折騰，不過可以促成非常重要的發展。而更

重要的是，佛登所談的分化動力，與在所觀察到的母嬰之間的經驗相符，即當嬰兒的行為恰好對應著母親所能忍耐的狀態，在佛登看來，這個過程即是嬰兒的自性在與外界互動之中，創造了其環境。他並不特別關注嬰兒期自性的運作是屬於意識還是無意識的，因為理論上來說，自性的運作早在意識從無意識中發展出來之前即已發生。嬰兒在子宮中即能作區辨，主要依循享樂原則，他認為解體／再整合的歷程是有韻律的，分解物是在情緒上或認知上得到消化後的嶄新經驗。

佛登借用了比昂描繪心智歷程的抽象語言，分解物有機會從貝塔元素的狀態發生改變，透過阿爾法功能，轉變成得以被思考的經驗。貝塔元素包括直接的感官知覺，或者其他還未經過思考或無法被思考的經驗堆積，而只能向外排除。阿爾法功能指的是從感官經驗中形成意義的過程，是知覺與感官資訊轉變成心理內容的過程（Hinshelwood 1991）。如果像某些反對佛登的批評者所言，原初自性並不存在，唯有在自我中的那一點自性的跡象，這麼一來，這些貝塔元素究竟要如何被整合起來呢？人們不得不假設它們在自我當中形成了一部分無意識的區域，或者如同榮格所認為的，自我是意識的中心，那麼在無意識之中的內涵可能是屬於個人的，而其形式則是非個人的。

另一個支持在無意識中的自性是貝塔元素的來源這樣的論點，是佛登從兒童身上所搜集來的證據，榮格則是從成人身上所觀察到的，也就是自性的象徵補償了自我，並促成意識的成長，使得內在更為平衡協調。這些經驗都顯示出，心靈世界正在發生的並不只是將無意識的內容意識化而已，更進一步地說，從我們到目前為止所

檢視的證據看來，無意識是具有結構的，嬰兒觀察的研究可以用來探尋自性在整合兩極對立時個體所具有的原型潛能。這勾勒出嬰兒如何建立起內在生命。

瑪莉・威廉斯（Mary Williams）發現，分析師們總是想要將個人層次與原型層次的內容區分開來，她認為在「產生意象與模式的活動」中個人與集體乃是相互依存的，她寫道：

> 首先，沒有任何個人的經驗需要被壓抑，除非自我感覺受到原型力量的威脅。再者，原型的運作仰賴個人無意識所提供的素材，才得以形成個人的神話。（Williams 1963, p. 47）

佛登同意這個觀點，並認為在思考、情感、感官與直覺這些功能的分化背後，是解體的歷程（Fordham 1987b）。在自性當中存在著榮格所謂的「自我的無意識先兆」（an unconscious prefiguration of the ego）（*CW* 11, para. 391），這可以用心智成熟身體就會成熟這樣的觀點來看，兩者皆是遺傳與環境交互作用的結果。

自性與自我

榮格早期對自性的興趣主要在於他那些自我功能較孱弱的病患，他們的自性稍微補償了自我的缺席。他寫道，思覺失調症中的退化現象，其實是個體的自我撤離了，而朝向早期無可撼動的自性核心靠近。同時，榮格也說明陰影是自性無法整合不一致的兩極而

　　　　　　　閱讀佛登：從兒童個體化研究開拓自性的探索

伴隨的面向，因此，這也隱含著能夠體認到客體同時擁有好的部分與壞的部分，乃是出於自性的運作。在神經質病患的身上，這樣的體悟將會使得自我更加堅強茁壯。

只要自性是無意識的，它便對應著佛洛伊德所談的超我，是永恆道德掙扎的源頭。然而，如果它從投射中退卻，再也不等同於主流觀點，那麼不論如何，此人便能如實自處了。自性的作用是統合兩極，從而構成了在心理上可以想像得到的又最直接的神聖體驗。
（Jung, *CW* 11, p. 396）

臨床工作中，我們可以從心理狀態所引發的身體症狀上去理解自性與自我的關聯，舉例來說，某個病患覺得他的身體展現著他的心智（即軀體型妄想），也就是他心理的受傷、疼痛與扭曲都展現在其身體病症上（感覺像是真實的疼痛感，但可以被理解為自性的解體）。處理這些身體症狀時，可以與病患一起延展對身體症狀的幻想（以比昂的話來說，就是試著將貝塔元素——即身體痛處，轉化為阿爾法元素——即對於症狀的思考）。於是，自我與自性之間便得以發生有建設性的衝突，這具有讓透過身體所展現的分裂感覺整合起來的效用，同時，這也強化自我的界線。對榮格取向的分析師來說，這個現象即是自性協助了自我變得更意識化的一個例子。而從佛登的觀點看來則是，個體化是一個「自我發展的特殊狀態」的例子（Fordham 1985a, p. 45）。這與榮格的想法一致，榮格認為個體化歷程可以被理解為：

個體化歷程是關於存在於自我之前，且實際上是其起源與創造者，更是其整體之物。到了某個時間點，我們便會透過覺察無意識的內容來創造自性，而這麼說來，自性便是我們的產物。

（Jung, *CW* 11, para. 400）

榮格將個體化歷程定義為：

於此歷程中，個體成形並且有所差異化（differentiation），尤其個體的心理發展將逐漸與普世的集體心理產生區隔。因此，個體化歷程是一個區辨分化的歷程，其目標在於發展個體獨特的人格。

（*CW* 6, para. 757）

這個定義啟發了佛登，他從原本認為個體化是發生於自我與自性之間的內傾歷程，拓展到認為個體化歷程更凸顯著自我的發展：

82　　　我對於自性的假設是，除了一個永恆不變的自性之外，意識中另有一個穩定的表徵，即自我。自我乃從自性分解物、環境母親與其延伸環境之間的交流互動中萌生出來的，這個交流互動產生了很多自性的表徵，最穩定與最重要的表徵即是自我。

（Fordham 1987b, p.363）

　　閱讀佛登：從兒童個體化研究開拓自性的探索

自性與自性的療癒

如果自性的運作對於個體化歷程來說非常重要，那麼榮格與佛登對自性的理論很有可能分別連結到他們各自的經驗。榮格對自性的興趣起源於他的兒童期，並在他與精神病病患工作的理論，以及他個人直視無意識的經驗中繼續發展，延續到後來他與佛洛伊德決裂之後。神經質性的病患在剛開始進行分析時，主要展現出的往往是自我功能這個範疇的困境，繼而隨著分析的進展，與自性有關的議題才會浮上檯面，以致一切開始由具體清晰的事物移向象徵的領域。而與精神病性的病患工作時，則往往較難觸及其自我，因此較難在自我的層面著手，臨床工作自始便會較聚焦於自性的層面。這個議題一直困擾著榮格，但佛洛伊德似乎對此不費心思，溫尼考特在評論榮格的自傳時寫道：

> 追尋自我、尋找體會內在真實的方法，以及活出真我（而非以假我活著），這不僅是思覺失調症患者的目標，也是屬於我們大部分人們的使命，而於此同時，我們也不得不承認，大部分人並沒有認真看重這件事。　　　　　（Winnicott 1964, pp. 454-455）

榮格於其自傳中提到，在他失去與佛洛伊德的情誼，接著又歷經精神崩潰的磨難之後，他在繪畫曼陀羅的過程中發現了嶄新的平靜。他明顯感覺到自己的內在變得安穩靜謐。他描述自性運作的方式（對他來說是遊戲與繪畫）乃是非線性的前進，而是螺旋環繞式的前進，整體方向是朝向中心運行（Jung 1963, p. 196）。對他來

說，中心即是曼陀羅，這個曼陀羅的意象為他帶來穩定，他寫道：「從曼陀羅中找到自性的經驗，我知道我已到達我本身的最佳極致狀態。」（ibid.）這正是佛登所緊緊堅持，並且假設這是嬰兒時期──透過解體與再整合的歷程──得以與環境產生關聯的狀態。

榮格關於自性的經驗使得他越過自我意識的限制，而跳脫他原本卡住的僵局，由於任何自性的運作都可能促成個體化歷程，因此榮格所描繪的現象，也可以被看作是自性的實現。回溯來看，這可能看起來像是在個人自我意象發展之後，才有自性的發展。

傑佛瑞·薩廷諾夫（Jeffrey Satinover）曾說道，與佛洛伊德的決裂令榮格相當難受與紊亂，之後，他才逐漸從他自身的經驗中找回自己，建構出一套理論。換句話說，榮格說自己實現了他自身的極致，並不只是關於他體會到的神祕經驗、回到平衡的狀態，更是因為在那之後，他建構出一套得以解釋他自身經歷的理論（Satinover 1985）。榮格著重於以內傾的狀態尋求意義，這引領他發展出自性的理論，其理論核心是：成為自己是一段從個人的社會認同角色中區分出自己的歷程。這樣的理論幫忙了很多人，因為榮格看見了病患的精神病狀態其實是他們嘗試療癒自己的途徑，這些病患的移情、語言與行為都是為了企及他們追尋意義的興趣與提問。建構理論是榮格自我療癒的其中一步，他運用心智去理解、形成經驗這部分，是刻意進行的思考歷程，比較屬於自我的運作。但其中也還包含了自發、非目的導向的思考歷程，包含了他對自性的經驗。

榮格的重新振作與他後來的著作部分來自於其精神病狀態的轉化，在他從精神病經歷復原之後，他便得以思考他人的精神病狀

態。他將這些自性的運作整合成理論模式，也就是心靈會透過補償的機制維持平衡。莎士比亞深知，「深奧的智慧常伴於瘋狂左右」，或者，以分析的專業語彙來說，能夠深刻洞察、並容忍自身瘋狂的分析師往往親自走過刻骨銘心之途。薩廷諾夫指出，在榮格描繪自己如何因應失去好客體——例如佛洛伊德——的經驗中，他的陳述有著相當強烈的防衛（Satinover 1985）。

佛登繼續發展榮格關於自性的理論，反映出他與榮格有著深刻的情緒共鳴。佛登在自傳中寫道，他人生中有好幾度在事業上不被看好：他曾在重要的考試上失利，沒能從到手的機會中大展鴻圖，反而躊躇於努力描繪成為自己的意義。他深知失去母親對他的情緒發展產生極大的衝擊。

要思考自性長時間的運作，意味著這個觀點可以被這個人一生的生命意義所貫穿。這些經驗可以被看作是自性掌管個體化歷程的證據，自性就如同是母親關愛與肯定的雙臂。不過這不完全是正確的，我同意薩廷諾夫所說的，我們需要更為看重失去真實重要他人的影響力。以佛登為例，則是十五歲時母親的逝世。

她披著長袍走進我的房間，她坐下，而我則躺在那裡享受這般美好時刻。隔天她就不在了，全家人一起去看她的遺容，她看起來是如此安詳寧靜……沒有意料到的是，我深深感謝她來到我床邊的最後回憶，這意味著我的調皮胡鬧並沒有傷及她或摧毀她。不過，這的確在我心中留下了揮之不去的幽魂、一段難以抹滅的回憶。我後來發現這份回憶是如此折騰可怕……此後（母親過世之後），我們的家支離破碎了，全家人從此一蹶不振（佛登變得體弱多病），

我的病況從未得到任何診斷，但我相當確信我出現的是憂鬱與解離的症狀……我差強人意的工作表現——以後來我從分析中學到的來說——乃是各種心理分裂（splitting）的症狀……一開始我擁有還不錯的學校生活，但在母親過世以及家庭生活分崩離析之後，一切都風雲變色了。當時的我不清楚自己究竟怎麼了，是到後來我才知道那時我的心靈分裂了，我的情緒生活沉落深處，我失去了所有成就原應帶來的喜悅，自尊感也破碎不堪。

（Fordham 1993e, p. 17, 39, 48）

很久之後，在佛登七旬之時，他再度患了重病，這與他深愛的妻子芙蕾達身體惡化孱弱同時發生。當時他仍在倫敦工作，與芙蕾達長時間分隔兩地，週間芙蕾達安安靜靜地獨自在鄉下生活著。我讓佛登來說自己的故事。

我瘋狂地愛上一個年輕的女人，我下定決心不讓這段熱戀干擾到我對芙蕾達的愛，但是內心的衝突翻騰遠超過我所能承受的。我試著告訴芙蕾達我的感受——那是一個天大的錯誤，因為可想而知芙蕾達變得惴惴不安，她很害怕被我拋棄，她無法相信這是我絕對不會對她做的事情。然而，愛慾是強大的魔鬼，最終我生了病，醫生也找不出我哪裡出了問題，可見的事實是我感染了病毒，繼而演變成腦神經引發皰疹病毒。不過事情沒有那麼簡單，我去看了倫敦的貝利斯醫師，他告訴我主要的問題出在我的心臟，而且我應該要馬上住院，我也就照做了……不過，問題並沒有解決……我……一度以為我就要死了。差不多有一個禮拜的時間裡，我一直處於一種

閱讀佛登：從兒童個體化研究開拓自性的探索

飄飄然的感覺裡，幾乎不具有任何意識，我隱約體認到這就是死亡的經驗——對此我深信不疑。　　　　　　　　　（ibid., p. 141）

　　自性的理論是榮格在與佛洛伊德分道揚鑣之後所創的，也部分源自於他感到自己的觀點終究必須被整理進既定的架構中，所有的意義都只是在當代主流的論調中自說自話，這令榮格深感失望。佛登的性格與榮格相似，骨子裡是相當孤僻的人。努力探究自性的理論，幫助了榮格從對佛洛伊德的失落中復原，恢復之後他才得以繼續創建他與眾不同的學說。對佛登來說，則是在撰寫自傳之中才慢慢從瓦解中復原（這是唐諾・梅爾徹〔Donald Meltzer〕建議他的治療性任務）。從榮格與佛登的自傳看來，他們皆是從生命陷落的低谷中探見其自性理論的豐富內涵。佛登並不是在愛上年輕女子之後才回頭發現這個經驗對自己的影響力，事實上早在事發當下，他便已經充分意識到這個狀況對自己所形成的破壞力。那是他自我心理學的一個部分，尤其是他所愛的客體分裂的那個部分，在他生命中，這是自性運作的另一個強而有力的例子，只不過這次的經驗是具有破壞性的狀況。在消化了經驗之後的情緒意義，主要的洞見，是體認到這個經驗是如此重要，自性在意識層面上的再現扮演著相當關鍵的角色。這是一個很好的例子，呈現了何以佛登會對自性這個主題深感興趣。有一部分，這是他為了理解自己生命遭遇——關於他母親的離世以及整個家庭因此受到的衝擊——所付出的努力；有一部分，這是他所致力完成的研究工作；還有一部分，這是為了從個人困境中尋求洞見；同時亦有另一部分，這是他個人的療癒任務。即便生命的痛苦與失落帶給他深刻的挫敗與絕望，這份興趣依

然沒有減退。當時的他並不明白自己是如何度過那一切的,撰寫自傳不僅幫忙他從中復原,他也在過程中對於失去芙蕾達以及如何為了彌補這份失去她的失落而出現強烈情慾補償有所頓悟。其實早在芙蕾達過世的許久之前,已與佛登漸行漸遠了。她在預期之中逐步邁向死亡,但她的死亡仍帶給佛登極大的驚恐,彷彿全然重演了他母親的過世,翻攪起他對失落的強烈感受。在那段時間裡,芙蕾達幾度在鬼門關口前徘徊,但是每次都在佛登的幫忙下重回生活常軌,他們將這些來來回回稱為「一趟又一趟的死亡之旅」,最終,她之所以真正走向死亡,是因為她不想要再繼續活下去了。對他們兩個人來說,感覺像是她希望從生命中解脫。

就我看來,佛登的理論模型分為兩個層次。第一個層次是關於原初自性,這乃經由推論而得,第二個層次則是總括了上述我所摘述,以及更多關於自性的運作。對佛登來說,第二個層次的內涵是他本身情緒上的體會,這就像是榮格之所以不相信上帝,乃如同他曾在接受約翰‧費里曼(John Freeman)的電視訪談中說過,「我就是知道」,我認為他「我就是知道」的意思正是上帝透過他真實的經驗所展現的經驗。在那經驗之中,上帝即是自性的再現。如果自性的概念被感覺成是相當困惑不清的,那麼在我看來,那是因為這個描繪心靈的整體、意識與無意識、一般的認同感受、自我覺察與自尊等的詞彙,是我們每天尋常經驗中的一個部分。同時,它也包含了另一個世界神祕而超越的特質,隨著時間逐漸在個人生命中而深信不疑的信念。

自閉：
一種自性的疾病

　　這幾年以來，關於自閉與兒童期精神病的研究越來越豐富，包括肯納（Kanner 1948）、貝特罕（Bettelheim 1967）、涂斯汀（Tustin 1972）、梅爾徹等人（Meltzer et al. 1975）與奧瓦茲（Alvarez 1992）皆提供了很重要的貢獻。更有其他無數的學者與臨床工作者皆探究這些兒童閉鎖的內在世界。佛登自然而然在此耕耘，畢竟榮格曾研究過成人的思覺失調症，並曾發展出一個關於自性的理論，闡述著精神病成為了自性病態的極端形式。他透過心靈補償與心靈和諧本質的角度來闡述這點，認為那些病患的精神病症狀乃是心靈為了要使自身恢復健康的方法。因此，按照榮格的論點，精神病正確來說是個體要邁向自性解體或個體化歷程的一步。

　　之後，在榮格以私人執業為主的時期，許多病患因為失去了生命的意義而來找他看診。榮格從他們身上看見其人格中憂鬱與分裂的面向，並且鼓勵他們將能量向內投注於心靈之中，去研究自己的夢境與自發遊戲中所浮現的自性象徵，認為那是他們人格組成的原型展現，需要受到關照。這是榮格找到他自己的方法，他在自傳中有描寫到這些歷程（Jung 1963, p. 168）。他描述了自己是如何透過在玩石頭與玩水的過程中讓無意識自由表達，而使得人格的兩個不同部分得以協調一致。榮格對此一無意識歷程的理解是，他們在感知上是客觀的，其所展現的既非內在世界，亦非外在世界，儘管其中同時包含著內在與外在的一些內涵。這是一個象徵的世界。榮格從此一運作中辨識出兩個重要的特徵：首先，此一運作（遊戲）
本身即具有療癒性，因為它促進人格的整體圓滿的狀態，令個體得以整合重要的童年回憶；再者，其遊戲的象徵內涵不僅包含非個人的質地，同時也以分裂、潛抑、防衛著個人來自內在與外在的衝

突，盡其所能地增進個體對所處世界的適應。

　　許多研究童年精神病的學者預設，他們所觀察的兒童為了避免受到侵擾，因而擁有其內在世界。如果是這樣的話，運用榮格所使用的做法，也許便能接觸到這個內在世界。進而，如果就如榮格所認為的，兒童精神病乃源自於自性，那麼是否有可能是因為自性未能成功投入這個世界，或者——以佛登的用語來說——未能順利發生解體的歷程（因為害怕解體狀態下的自我），因此為發展設下了一個不同的障礙？這是從佛登發現了嬰兒期與兒童時期自性的重要性，而出現的嶄新假設。這個假設暗示，其實充滿客體的內在世界並沒有受到那麼多保護，因為在自性客體的世界中會殲滅任何不是自性客體之物（詳見第六章）。

　　佛登與一般神經質症（精神官能症）兒童的工作，指出了個體化歷程乃起源於兒童期。之後，他開始研究更偏向精神病的兒童，他們的困難與榮格的成年病患相當相似。這些兒童有著相當扭曲的身體意象，而且無法適應與他人共同生活，也無法在一般教育下的社會化歷程中認同任何群體。如果讓他們去經驗到自性，一如榮格在自傳中提到的，是否也能療癒他們分裂的人格？榮格的做法，是專注於意象浮現時所展現的意義與經驗。那麼，對這些兒童來說，能夠透過遊戲創造意象並促進這個歷程嗎？更重要的是，這會觸及其精神病的核心嗎？佛登剛展開他的研究之時，正值戰爭時期，他在諾丁罕（Nottingham）地區負責照管受難兒童，深入的研究工作必須先暫緩擱置。八年後，他與五名個案進行密集的治療工作，其中一名個案名為艾倫，幫助他認識了許多關於自性、分析與心智發展的內涵。

艾倫

　　1950 年，佛登在帕丁頓兒童指導診所（Paddington Child Guidance Clinic）工作，並向大家傳達了治療年幼的精神病孩童的興趣。沒過多久便轉介來了一個合適的個案——即艾倫。艾倫是一個蒼白、深色頭髮的六歲男孩，被診斷為嬰兒期思覺失調疾患。佛登第一次見到艾倫時，想要評估艾倫是否能夠產生移情，為此他得仔細地觀察自己所說的話會對艾倫產生什麼影響。他發現，儘管艾倫看起來似乎總是對他的言語沒有反應，不過實際上並非真的充耳不聞。艾倫看似恍惚迷離、疏遠隔絕，但有趣的是，他同時又相當與人共感。這讓佛登思考他內在是不是有些東西組織不起來。他們的第一次見面中，艾倫對診療室與其中的物品產生了興趣，這似乎展現著他正在與佛登建立起某種溝通。他開始玩了起來，從他的回應看來，有些移情正在發生。在治療中，佛登將艾倫的恍惚神情描述為「媽咪在遙遠的遠方」，並注意到艾倫將此連結到醫院（也就是媽咪會去生下其他寶寶的地方）。於此，他開始浮現出對「媽咪」的遐想移情。治療展開了，他是有可能可以被觸碰到的，這鼓舞佛登繼續進行與他的治療工作。

　　他在我心中引發了一種對他的照顧、興趣與信心，這些其實是他本身的心靈內容，只是仍處於相當原初的發展狀態。

（Fordham 1976a, p. 200）

　　與艾倫的治療分為五個階段。第一個階段中，他很活躍、焦

躁，行為顯得躁狂激動。第二個階段中，「他為自己的行為活動發展出一個儀式化的框架」。下一個階段，他產生了些微同性戀移情，這是伊底帕斯結構的一個部分。第四個階段中，他浮現了一些關於施虐式原初場景的幻想。最後一個階段，他想像著父母之間美好的性交場景。佛登從艾倫身上學了很多，包括如何分析兒童，不僅如此，更讓佛登了解要如何與一個心智運作皆以自己的情感為主——而非為了檢核現實——的孩童說話。舉例來說，艾倫會準備一段廣播讓佛登聽。一開始，佛登並沒有將艾倫帶著廣播來治療視為會阻礙溝通，而詮釋他這個行為的抗拒，他反而仔細觀察自己的反移情感覺，並將此回應給艾倫。換句話說，佛登貼近地跟隨著艾倫的任何遐思，並依著艾倫的思緒方式，將這些遐思做出澄清與連結。

　　佛登做詮釋的核心特色，即是運用他自己所經驗到的內涵，將這些經驗當成是來自艾倫的內在世界，並予以回應，而不會僅認為那是他自己的感覺。佛登在回應的時候，會將這些內涵只當成投射來回應，而非他本身的經驗。要將他的「瘋狂世界」——也就是他發生投射認同的世界——視為是與他的無意識幻想有關的內在世界的一部分，這是說不過去的。我並不是說佛登迴避掉艾倫對於憂鬱的防衛，相反地，他在詮釋上的態度是認為這些並不存在於他的內在。換句話說，佛登在投射之中去分析投射認同的內容。於此，呈現出佛登工作的特色，也揭露出他對榮格臨床工作的深刻理解。當艾倫在遊戲中展現出其部分客體的本質，是可能予以詮釋的，只是如果這麼詮釋，便無法同時含括他在當下整體的感受。此一態度隱含著看重個體防衛的價值，認為事實上就是無法改變與僵化固著，

90

才會引發自閉相關的困難。

艾倫的遊戲展現出許多原型的主題,其遊戲的內容詳細記載於《自性與自閉症》(*The Self and Autism*, Fordham 1976a)當中。佛登回頭檢視這些內容與神話主題之間的關聯,發現榮格所指出的大多數兒童原型的特色——包括拋棄、英雄式行動與全能感的主題——都在艾倫的遊戲中出現。然而,佛登並未單獨詮釋這些內涵,他並未將這些素材擴大詮釋或連結到如英雄與母親之間的糾結掙扎這樣已知的原型主題上。但他依循著榮格的取向,相信心靈中蘊含著療癒的力量。同時,他發現透過研究集體無意識的象徵,治療可以被啟動,一開始他必須要密切地貼近個人無意識,因為他並不覺得艾倫的個人無意識與集體無意識之間有足夠的區分。在精神病的兒童身上,往往難以辨識何者為個人的內涵,何者為集體的內涵,因為集體與個人意象的生成被認為是交互影響的。佛登之所以貼近地詮釋艾倫個人經驗的內容,背後的態度是因為他認為艾倫的原型世界吸納了其個人經驗,也是這些個人經驗導致了無意識衝突的出現,這些內涵繼而又受到原型的力量所擴展。於此,主要在處理非個人原型主題上,他與榮格做法開始不同。取而代之的是,他容許艾倫進行解體的活動,並以他自身的方式再整合,而不在這些歷程上強加任何詮釋,這些無關乎治療會談當下的移情/反移情情境。基本上,這樣的做法源自於艾倫具體而僵化的特質,這使得針對他心靈內涵所做的詮釋無法發生作用,彷彿這些詮釋都是指向他的心智運作,而非「這些事物」的本身。

91   艾倫的思緒主要立基於事物的類比,從相異之中尋求共同性。榮格認為在分析精神病患者時務必要「留在傳統神話的框架之中」

（*CW* 16, p. 268），此一律令在佛登回應其反移情時，相當程度的幫助他確定這麼做的作用為何，「傳統神話」在兒童身上的應用被佛登認為是嬰兒期的幻想，他以艾倫遊戲中的水當作例子：

因此，水代表嬰兒的尿液，嬰兒從中感覺到自己可以創造流動，這感覺像是雨水，也就是上帝在排尿，於是嬰兒就像上帝一樣美好。雨──尿液是很危險的，如果遭遇危機，便會如同尿失禁一樣地被釋放出來，這在治療會談中發生了一、兩次。上帝淹沒這個世界，要讓人們溺斃，就如同嬰兒想像自己可以淹死父母，尤其是母親。不過，尿液可以是美好的，可以像乳汁一樣被飲用；另一方面，尿液又可以是邪惡的、充滿毒素，會帶來死亡。因此，上帝可以是美好的，也可以是很壞的。他用水創造出世界上最大的海洋──「比泰晤士河或大西洋還要大」，其中上演著無數幻想：最顯著的是關於暴雨與淹水的幻想。相反地，水也可以是柔軟而可塑的，因此成為他輕撫摟抱的母親。這本來是母親的奶水，然後變成在嬰兒內在的一片汪洋，他在水中吸吮著乳房，而因此得以擁有可供給無數嬰兒並修復已經損害的父母之「挑剔」（minnick）乳房。父親陽具中的奶水，也會被吸出，或射入母親體內，以便能夠餵養並提供愉悅，當嬰兒感覺到自己的破壞性創造出一片沙漠，水就會以（哭泣的）雨水或河流的形式來補救這個情況，令一切恢復生機。 （Fordham 1976a, p. 206）

上述這個艾倫運用水的例子，顯示出他在因應挫折上的困難，以及他執著於擁有上帝的力量──而非父母的力量──以便能夠創

造嬰兒。在處理艾倫的衝突時，佛登的描述中包含了一些連結與澄清，以便將無意識的內涵與意識做連結，特別關注關於他的攻擊性、破壞力與肛門施虐的素材。這些象徵的證據指出艾倫的無意識補償著他在意識上的態度，特別是將它們與其本能來源相隔開來。榮格取向的分析中會以詮釋來處理象徵，例如以詮釋的角度去探索象徵所再現的意義，但感覺起來意義最終是無法被化約的。在傳統佛洛伊德學派的分析中，則是以符號學的角度來處理象徵，例如認為這樣的符號代表某物，彷彿存在著一個指向無意識意義的意識符號。佛登對此的理解是，榮格取向的分析令病患得以在不總是受到詮釋的狀態下能擁有被理解的空間。

艾倫在遊戲中展現出榮格所稱為不具目標的非定向思考（undirected thinking, *CW* 5）的特質，這其實即是佛洛伊德所談之思考的原初歷程（primary-process），不過非定向思考包含了一些邏輯的運作。佛登認為艾倫的非定向思考類似於心智中的遊戲空間，也許是個過渡空間，讓艾倫既活在其「瘋狂世界」裡，又能夠與佛登擁有足夠的接觸，去理解到這雖然是他的世界，但又不完全是屬於他的，因為這是在他以外的世界，是治療室的一個部分。這也就是所謂的第三空間（see Winnicott 1965），既非個人內在的，亦非完全不屬於個人的，而是存在於個體與重要他人——此例中即是身為治療師的佛登——之間的空間。在治療室裡，佛登費心帶著對客體的感覺做事，這即是治療。並且，佛登所給予的澄清與詮釋，幫助了艾倫也運用自己的心智來理解自己的感受，這些感受剛開始主要透過他運用水所展現出來，未能安頓在他自己身上。因此，當嬰兒的尿液被連結到海洋中的巨大暴風雨，開啟了關於他嬰

兒式全能自大的概念化歷程。因此，這個分析基本上是由佛登所主導的歷程，他一直密切跟循著艾倫所呈現的素材，並且在艾倫自己迷失其中時予以澄清。當他無法好好澄清時，艾倫會陷入焦慮，在遊戲中變得更為暴力。他在佛登體貼的關注下而得到涵容，而在這樣的環境之中，艾倫跟循著自性的導向，開始將原本分裂出去的內涵重新帶回自己的身體／心靈之中。具體地說，佛登的做法與克萊恩學派兒童分析方法的不同之處在於：其一，在分析的早期階段，不會去分析病患的防衛結構；其二，將自我不協調（ego-dystonic）的素材理解為自性的解體歷程，如果這些內容伴隨著諸多焦慮出現，唯有透過詮釋，才得以令它們再整合時才需要予以回應。

在理論上，這個想法背後的考量是原型是一組功能，如果我們讓原型的功能運作，那麼它們便會以其自身的運作來療癒兒童，例如，它們會發揮其補償的功能，就如同在成人的生命中亦會如此。

（Fordham 1957a, p. 169）

根據佛登的自性理論，艾倫的衝突以諸多不同的形式表達，這證實了自性解體歷程的存在。將艾倫的治療素材看成是自性的展現，究竟是否代表著佛登與榮格在自性的觀點上漸行漸遠？在思考這個問題時，他發現其中與煉金術師用水的方式之間有著許多共同點。水作為原始物質（*prima materia*）的象徵，這同於水之於艾倫的意義。這個的重要性在於，根據榮格的理論，煉金術是「起源於自性的個體化歷程的前兆」（Fordham 1976a, p. 212）。因此艾倫的行為同時呼應了榮格與佛登的理論：呼應榮格的部分在於個體化

93

歷程中會浮現出特定的象徵，呼應佛登的部分則在於原初自性的解體，展現出自性的動力具有貫穿一生的連續性，這是個人個體化歷程的一部分。

在《兒童原型心理學》（*The Psychology of the Child Archetype*）關於神話意象的討論，經常環繞於將孩童想像成神聖的或如同英雄般的，並將此視為個體化歷程的前兆，展現出某種與艾倫素材的相似性（Jung *CW* 9, i）。神話與艾倫的幻想中，兒童的起源是很奇妙的；當時，他被拋棄了，展開英雄式的任務，既是無比脆弱，同時又所向披靡。這些感覺都在艾倫的遊戲與幻想中有所表達，尤其是被拋棄的感受。因此，對艾倫來說，其幻想世界的原型特徵必須要從他的個人經驗去解釋，畢竟正是這些個人的經驗令他陷入困境。佛登與榮格不同之處在於他對於自性象徵的理解，佛登認為自性象徵有原型的質地。榮格則認為孩子還在等著個體化歷程的發生，這些象徵直指自性的起源，但並非來自於整合過的核心。佛登則將這些象徵視為是兒童自性的原初狀態的證據。

如果將艾倫的經驗與解體／再整合的歷程連結，可以看成是自性解體的那部分因為防衛機制的運作而被留在分裂與投射的世界裡。艾倫將他的衝突丟到外界，把它們當成與自己無關之物。他不接受那些將這些投射連結至其內在世界的詮釋。他的困難來自於未能進行再整合，而非解體歷程的失敗，他在遊戲中依循著他的感覺來使用客體——例如水，有的時候他反映內在的方式看起來相當有創造力，像是他撫摸著水，稱之為「媽咪柔軟的乳房」，也有的時候，當這些連結到嬰兒式的全能自大以及想要溺斃母親體內的嬰兒的願望時，他玩水的方式則蘊含著某種如同嬰兒尿液那般的危險

意義。分裂的目的在於保護他自己免於感覺到自身攻擊所伴隨而來的罪惡感與憂鬱心理的痛楚。然而，在分裂機制的底下有著自性持續不斷的運作，這讓無意識中個人的、受到壓抑的與原型的內涵能夠都被一起保留下來，而這樣的歷程促進了成熟化的驅力。然而，佛登工作概念中至關重要的一環是：原型是雙極的，其中一端是身體層面的（即艾倫的行為），另一端則為心智層面的（即佛登的語言──他指稱行為的方法）。大多數時候，他的行為受到全能自大所主導，意思是他會依著自己需求的想像性表徵來對待客體，包括他的治療師，而非依循與現實有關的方式。艾倫的防衛機制與他自我發展的特定階段或失敗有關。

根據我在工作中所使用的自性理論，解體導致自我核心的形成，尤其是在口腔、肛門與性器區域。在逐漸成熟的過程中，他們會逐漸在複雜的進程中連結起來，以形成身體意象，雖然在身體結構上這些區域都是分開來的，並且具有相當殊異的功能，不過嬰兒並不是這樣感覺它們的，這些知識是後來學習而來的。一開始，我們可以假設所有的經驗都是以愉悅或痛苦的形式被感覺到，鮮少會被定位在空間或時間中，因此類似的經驗會被經驗成是相同的。因此，這些區域的興奮狀態基本上是彼此融合難辨的，這在艾倫的遊戲活動與幻想中有所展現，要能夠區分不同的興奮狀態，無疑需要在重複的經驗中才逐漸發生，然而在身體意象形成之前，它們仍未能完全被定位與區分，這牽涉了皮膚表面的知覺與宣洩，在艾倫的案例中，很有可能這點上出現了困難。　（Fordham 1976a, p. 218）

這段分析最重要的部分在於考量了艾倫身體意象的漸進發展。艾倫看起來對他的身體不太敏感，他的行為看起來好像他並不擁有身體，就連有一次他在下公車時摔了一大跤，「他看起來好像什麼事都沒發生那樣」，直到佛登開始處理這點好一陣子之後，艾倫才開始因為公車司機沒等他完全下車便發動而感到生氣。接著，艾倫開始會提及在公車事件後他的心臟不時會感到疼痛。同樣地，在遊戲中，他不曾將故事當中明顯與他身體經驗相關的意義連結到他自己的身體，好像一直以來總是其他人擁有種種感覺。佛登詳盡地描繪了這段治療過程，包括艾倫是如何改變的，甚至還整理他在治療艾倫的過程中拼湊起來的經驗和從艾倫的過往經驗中發現到的素材，形成對病源的說明。這個歷程很難在三言兩語的總結中說明白。簡單來說，佛登所做的是基於他與艾倫的經驗，以及艾倫的過往經歷的重新建構式的詮釋，他詮釋了艾倫早年便學習到透過狂暴的尖叫，他可以引發父親支持他對抗母親，而且在母親到醫院生下弟弟——受幽門狹窄症所苦的約翰——之後，艾倫就陷入了憂鬱。一直到他四年之後前來治療，他都仍未脫離這份憂鬱。隨著治療，伊底帕斯情境發生逆轉：剛開始治療時，艾倫愛著父親，對母親則懷有埋恨，沒過多久，他便對父親發展出強烈的恨意，轉而深愛著母親。回顧這個歷程，佛登認為也許在六歲時，透過在移情中展現前伊底帕斯衝突，便能夠漸漸修通、啟動他在三歲半時顯著退化停滯的發展歷程。

艾倫的分析是很成功的，後來他一路讀上大學，走向專業的人生旅途。在這段治療工作中所展現的細節是，透過仔細關注兒童的自性運作以及治療師思考關於它們的象徵意義，只在必要的時候給

予詮釋，如此人格中嚴重的分裂便可以得到療癒。這很近似於榮格所描繪自己治療已過中年的病患的治療歷程。同時，這也證實了佛登的理論，即認為存在著原初自性，而當原初自性與環境接觸交流時會發生解體，這個原初自性可能在解體或再整合的運作歷程出現問題時，是成熟化歷程的主要推動力，同時，原初自性也和榮格在他成年病患中所描述的那個自性是相連的。

　　唯有透過成熟化與良好的母性照養，嬰兒才得以逐漸體認到自性與非自性的不同，原初自性也才得以轉變成為象徵表徵。這也在艾倫身上發生，但是表徵是心智層面上的——在艾倫的心中，就好像自性的整體狀態被永久保存下來了，他以自性或非自性的方式對待客體。如果客體不符合他全能自大的自性感受，便對被當成是外來異物，因此，需要動用暴力來主導一切，以便能夠試著摧毀或戰勝那些外來物。　　　　　　　　　　　　（Fordham 1976a, p. 223）

　　在佛登與榮格的治療工作中所見的，如果說兒童的精神病是起源於自性，那麼嚴重退縮的兒童——例如完全不開口說話的緘默兒童——則展現著解體歷程的失敗。懷著這樣的思考，他繼續描繪了詹姆士這個案例。

詹姆士

　　詹姆士在八歲時被轉介過來，在他出生的五天之前，他的父親在戰爭中喪命。從他母親的陳述中聽來感覺，她絲毫沒有哀悼這

份失落，相反地，她的一舉一動看起來像是在避開憂鬱。在帶詹姆士前來治療時，她顯得相當控制、直接、能幹而執著。詹姆士的治療持續了八年。在詹姆士接受佛登的治療之時，她則與另一位精神科社工進行會談，社工表示她從不展現任何感覺，隻字不提任何親密或個人的內容。她對診所提供的治療有一個想法，她認為他們是要讓詹姆士在現實中摧毀對她來說很重要的那個家。佛登評論道，「這就是她感覺自己如果放鬆對詹姆士的控制，將會發生的事，也許她覺得如果放鬆對自己的控制亦會如此。」（Fordham 1976a p. 261）。詹姆士的繼父——他母親在丈夫去世之後的兩年內便再婚——是一名已經退休的男人，有時候他會被詹姆士惹到發狂。這對父母給人的感覺是難以溝通、相當強迫且相當孤獨的，他們的強迫也因為他們家異常僵化的時間管控而影響了治療的結構。佛登試著想像一個嬰兒會如何經驗這樣的母親，他詮釋道：

她的嬰兒會被塑形成得以服膺她的權力，而在這樣的狀況下，由於母親並未將他視為一個獨立的個體，於是他沒有空間發展自己的自性表徵；她在情感上的枯槁使得她仿佛將嬰兒當成動物一般予以訓練。　　　　　　　　　　　　　　　　（Fordham 1976a, p. 264）

雖然詹姆士的預後並不樂觀，佛登仍寫道：

我想要繼續檢視這是否是自閉症，我認為自閉症也許是與整合有關的疾病，並且可能代表原初自性的持續性，起初是為了讓嬰兒得以避免與母親之間的關聯。無疑地，在喝奶的時期他一定有出

現各種尖叫、哭泣與其他不舒服的跡象，顯示出整合不尋常地完成了，嬰兒並未感覺到不可避免的挫折，他也沒有顯示出任何度過這個早期發展危機階段的跡象。　　　　　（Fordham 1976a, p. 257）

　　詹姆士一開始呈現出的是發展落後：他已經兩歲了仍不會走路，也不太有爬行的興趣。他是家裡的獨子，生產過程相當正常，也很好餵食。他在八個月大時漸漸斷了奶，大概在兩歲時接受如廁訓練，他從未學會講話，但會靜悄悄地做出一些類似「嗚咿」（wee）與「啦」（lav）的嘴形。他很被動、意志搖擺不定，也不會與其他小孩玩在一起。佛登試了幾種不同的方法來與詹姆士互動，包括他讓自己也變得非常被動、跟詹姆士玩躲迷藏，或玩追逐遊戲。有很長一段時間，他僅是安靜地坐在詹姆士背後，接著有一段時間裡詹姆士會坐在他的膝蓋上、挪動他的手臂，彷彿他們是一組機械輔助設備。詹姆士讓自己的內在完全被無生命的客體佔據，或用無生命的方式對待這些客體。他迴避眼神接觸，最終他習慣於倒退著走進治療室中，這麼一來就可以避免看到佛登。他的行為大多很像是「一個正常、但在心理上非常防衛的小孩。」（Fordham 1976a, p. 268）

　　有好幾個小時的時間裡，詹姆士都在玩著重複性的遊戲，他會把玩具丟出窗外，或者將水盆灌滿水，再全部倒出來，每一次他都很興奮地等著滾滾流淌的水聲，將這樣的遊戲詮釋為他身體裡的聲音、糞便與臭屁，以及它們可能會產生生命。這樣的詮釋似乎對他具有意義，看起來能幫忙他稍微消化自己吵雜、又髒又臭的內在感覺，他看起來相當愉悅。之後，佛登能夠在一次又一次的治療中深

97

入發展這些詮釋，並將這些感覺連結起來。他不再迴避視線了，每當被理解的時候，看起來也放鬆多了。他的行為產生改變，他花較少時間待在廁所與辦公室裡。這些進展都發生在治療進行了十八個月時的一次假期之前，但是在那次假期中，詹姆士又退行了，在家變得相當難搞，例如他不斷地對母親感到失望難受。回到治療時，那些之前能夠與佛登有的簡單接觸都消失不見了，他撤退回到舊有的模式之中。

　　每一次的狀況都不太一樣。有時候他會到處畫得一團糟，有時候則會將玩具排列得整整齊齊；他會執意咀嚼自己的手，偶爾會不舒服，並總是對於打量所有物品的底部與內部擁有極大的興趣。他的遊戲展現出他具有記得、也具有心理韌性與初步問題解決的能力，他在非語言相關的智力測驗項目上分數還不錯。在整個治療歷程中，有好幾度佛登開始忖度他是否已經開始感覺到些什麼，允許自己了解內在的感受，不過這並未持續。他總是會出現一個新的行為，然後不斷重複，直到這些新的行為就跟之前的行為一樣變得儀式化、毫無意義。當佛登詮釋了詹姆士對他身體內在感到興趣，之後有好長一段時間詹姆士都會進行探索性的遊戲，會去仔細端詳佛登的臉、打開他的嘴巴、扭一扭他的鼻子、拉扯他的頭髮。他常常會變得極具攻擊性，接著跑到外面去看看有沒有人在那裡。這時，如果簡單地介入，試著描繪出好的人們在哪裡，以及是什麼讓好人們變壞了，這會幫忙緩解他的焦慮，但這麼做並未能引導他進入更進一步的發展。佛登曾經很希望能讓這個小男孩在不受侵擾的狀態下體會到自己的自性，但這最終並未發生。他身上缺乏解體與再整合的經驗，以至於他無法感覺到自己存在的連續性。此外，隨著他

98

賦予治療室越來越大的重要性，他的防衛便一直維持很強迫性，他將治療室區分為安全的與不安全的兩個部分，這似乎是一個內在的阻礙，起源於核心裡他將好客體與壞客體分裂開來的衝突模式。

　　這段治療最終以失敗收場，當詹姆士長大，脫離了兒童指導診所所正式認定的兒童年齡範圍，他們的治療便停止了。在詹姆士、環境、家庭與其照顧者之間的阻礙實在太強烈了，這導致了詹姆士身邊的人都感到相當憂鬱，可能會引發他的行為模式的那些問題仍然持續存在著。相關領域的他專業人員——著名的涂斯汀（Tustin 1972）與梅爾徹等人（Meltzer 1975）——強烈主張詹姆士母親的憂鬱可能是重要的導因，她內在的憂鬱已經被她分裂並投射到嬰兒內在，但在那時，嬰兒的自我仍太過脆弱，根本無法承接這份憂鬱。佛登覺得詹姆士與他母親在強迫性防衛中交互運作，對他母親來說，這個過程讓她得以擺脫憂鬱。佛登也認為：

　　詹姆士所展現的阻礙系統比較不是自我的防衛系統，而是原始的自性防衛系統，乃從他嬰兒期便持續至今，終而形成強迫性的結構組織。　　　　　　　　　　　　　　　　（Fordham 1967a, p. 287）

　　詹姆士的困難源自於生命之初解體活動的失敗，終而形成了整個防衛系統，任何嶄新的經驗都會是異己而需要被殲滅的。在討論為什麼這個案例最終沒有成功時，許多因素可以拿出來思考，包括希望能住院治療、日間照護治療、得到更好的詮釋，較少與身體互動等等。曾有一段時間，詹姆士看起來幾乎與正常人無異，能夠理解事物、投入於遊戲與真實的互動之中，這段治療正向的部分也許

說明使用教育性的治療方式會比心理治療的方式更有希望。但是佛登嘗試使用教育性的治療方式，卻讓這個疾病的重要核心被落在一旁，未得觸及。詹姆士所展現的正是佛登後來所說的自性防衛，起初，這個概念是來自於他關於移情之妄想面向的研究，後來，他開始思考防衛也許能被歸類為兩種類別：

其一，心靈有許多部分乃處於無意識的、隔絕的狀態之中。其二，整個有機體似乎受到了威脅、拋棄或陷入碎裂崩解的危險之中，於是自性的防衛開始運作。可能的分裂也許是（一）自我的防衛：隔絕、反向作用、抵銷、理智化、轉化、壓抑、局部退行、戲劇化、轉移；（二）自性的防衛：投射性認同與內射性認同、某些形式的行動化與退行、理想化、身體化等等。

（Fordham 1985b, p. 20n）

屏障假說

以分析的觀點探究次級自閉（secondary autism）——也就是主要導因於精神退縮的自閉症狀，而非腦部缺陷造成的自閉特徵——幾乎所有學者都假設在孩子的生活之中隱存著某種屏障（see fordham 1976a, p. 77-78）。有些學者認為這個屏障是小孩對於侵擾的敏感回應，目的在於保護內在世界，另一些學者則認為這個屏障是在孩子長大一點後才發展出來的。為了要了解這個屏障的本質，這個領域裡的專業人員特別研究了自閉症孩童與客體的關係，在所有研究中，孩童重複出現的特徵都是客體必須要配合孩子所想要的

模樣，如果客體不從，孩子便會暴怒或者丟棄客體。

　　自閉症孩童的行為往往是很強迫式、重複而解離的，每當試著詮釋他們行為的意義，他們大多會點頭同意，可是他們的同意並不會如我們期待的促發任何整合或洞察，他們的同意反而看起來是因為無法進行象徵化，進而導致的強迫重複行為。這些孩子的解離是如此嚴重，以至於如果要與他們溝通，唯一可行的作做法似乎只有去談論他們身體的各個部分，彷彿它們是各自獨立而非人化的實體。針對這個現象的解釋眾說紛紜，其中包括：貝特罕（Bettelheim）認為孩子需要去防衛母親心裡希望孩子死去的無意識願望（Bettelheim 1967）；涂斯汀則認為自閉症的發展源自於嬰兒期精神病式的憂鬱（Tustin 1972）；班達（Bender）認為這是一種關於內在子宮生命的疾病（Bender 1953）。所有學者都注意到自閉症孩童運用客體的方式彷彿把它們當成是自己的延伸，同樣地，自閉症孩童與世界的關聯之間的強迫控制面向也被充分闡述。

　　也許自閉症早在生命早期即已根深蒂固了，有不少母親會在第一次餵奶的時候便發覺孩子不太對勁。這個觀察支持了佛登對艾倫、詹姆士與其他曾接觸過的孩子的看法，即退回到內在世界的說法不再可信，事實上問題與自性的動力有關。這是因為佛登認為，第一次喝奶經驗在內在世界形成之前發生，第一次喝奶經驗當中的解體與再整合歷程，區分出好的（滿足的）與壞的（挫折的），隨著自我開始發展，經驗逐漸接管一切，這是未發展完全的意識所導致的結果。當這個歷程展開之後，理論上來說，孩子便開始能夠談論內在世界。由於自我其他功能的運作，例如記憶，讓內在與外在的經驗成為孩子區辨的能力之一。但是，如果再整合的經驗質地中

痛苦多於快樂——舉例來說，一個嬰兒一邊喝奶，一邊浸泡在母親的憂鬱之中——此一經驗將可能引發強大的防衛反應。

然而，佛登確實很想了解自閉症孩童對真實客體的興趣，以及他們對於環境想要掌控、希望它保持一成不變的需求。正如他觀察到的：

我們必須謹記防衛雖然是我們在精神生活中不樂見到的特徵，不過它們卻對心靈的成長具有相當大的貢獻。這裡可以反映出，曼陀羅的圓形外框是一個牢不可破的神奇圓圈，因此它既是一種防衛，也是涵容的象徵。　　　　　　　（Fordham 1985b, p. 20n）

他認為傳統的屏障假設預設了有一內在世界的存在，但這並沒有充分的證據。畢竟就他的觀察，艾倫、詹姆士和其他病患的行為並不像是他們活在某個所謂「他們的內在世界」之中，他反而認為，自性的運作更有助於我們理解這個屏障的發展始末，乃是對於外在刺激所產生的防衛反應。

101　　　我們舉個例子來看，如果一個嬰兒不得不暴露於病態的環境（在子宮內、出生過程之中或被生下來之後）、不斷接收有害的刺激，可能會導致防衛系統持續過度反應；這可能會透過投射性認同而與自性的各個部分交織在一起，於是形成一種自動免疫反應：這特別能說明何以在特定的有害刺激已經不復存在了，防衛系統仍然持續運轉而未能止歇。於是自己以外的客體便會被感覺成是相當危險、甚至會對生命造成致命的威脅，因此必須要發動攻擊、摧毀或

消弭其影響。　　　　　　　　　　　　　　　（Fordham 1976a, p. 91）

　　因此，一般尋常的刺激會產生適得其反的效應：完全不能開啟通往自閉核心的大門，反而是讓這扇大門緊緊關閉。這些刺激皆會激起強烈的防衛機轉，讓個體力圖泯滅被誤認為勁敵的那些對象。有些時候會發現，孩子能夠聽懂詮釋，隨後也出現了一些證明詮釋是正確的行為反應，可是這最終並不會導致成熟化的發展，這些經驗似乎並不足以得到象徵化，因此也未能被整合到孩子的自性之中。事實上孩子所展現的這些行為其實是一種強迫式的重複，實際上孩子在做的是變相地試圖掌控一切，因為這些經驗被感覺成是對自性的侵擾。

　　每次會談時，詹姆士會記得他上次把東西放在哪裡（這證實了自我的運作），但客體缺乏象徵表徵。同樣地，他對鬧鐘很著迷，並會去注意佛登手錶上的刻字，他會畫下這些，不過如果要從他對外在世界逼真的描繪中探尋內在意義，則是徒然。沒有跡象顯示他的計時、對規律與一成不變的需求被他當成是內在時鐘的表徵，時鐘的指針也不具有陽具的表徵意義，他的興趣似乎反而呈現出他對於自性─客體的強迫控制。自閉症孩子還遠不及擁有內在世界，他們活在一個這樣的內在世界：

　　自閉的基本核心以原初嬰兒期整合的扭曲形式展現，先天的自閉症乃是關於整合的疾病狀態，使得自己的自性原封不動，未能進行解體歷程。　　　　　　　　　　　　　　（Fordham 1976a, p. 88）

技術

　　與精神病孩童工作的其中一個面向是去觀察他們的語言使用。

102　佛登注意到文字語詞的意義通常並不是最原始的意思詞義，因為這
是溝通歷程的一個部分，他會去感覺哪些語詞是屬於涵容性的，或
是迫害性的經驗，並從這些反移情感覺中拼湊出對病患的理解。
在接近自閉症孩童的核心時，他發現要去忍耐與處理被孤立並被
視若無睹的感受是很重要的。他開始思索一些不那麼仰賴詮釋類的
技術，而是在孩子遊戲當中關注反移情與同理心的理解。這讓他
相信那些能夠接近自閉症孩童內在核心的詮釋往往不會引發明顯
的反應，這是因為佛登假設「孩子對於正確詮釋的反應是，將此
詮釋感覺成是與他自己相同且合而為一的。」（Fordham 1976a, p.
147）。因此，這些詮釋不會被他們視為敵人，反而這些詮釋被他
們感覺成是相當理所當然且平凡無奇的，因為他們覺得那都是他們
早已知道的事。這呈現出，當自性全副武裝地動員起來時，就會變
得像是免疫系統中的白血球細胞那樣。（在我看來，佛登的這個觀
點與當代後克萊恩學派對於病態自戀的思想架構相當相似，西格爾
〔Segal 1983〕指出克萊恩的投射性認同概念，是一種入侵並控制
客體內涵的機制，在本質上是自戀狀態用於對抗嫉羨的防衛。）

　　佛登在詮釋上遇到的困境，與他描繪自閉症患者自性未能進
行解體歷程的思考脈絡是一貫的。由於對孩子來說，其自我必須要
已經發展出自我的結構之後，才能夠運用詮釋。當早年受到口腔期
或肛門期的內容及其中情感所掌管時，佛登發現最好的做法就是以
自己同理的感受出發來與小孩說話。這就像是母親與嬰兒之間的互

動。這與他過去經驗所習慣的詮釋方法是相反的。多年之後，他以不同的角度重新思考這點，他認為在每一次治療會談之前保持「不事先知道任何訊息」是很重要的，這樣才能對當下的情感歷程保持開放，尤其是在與那些已經與其他治療師進行過心理治療的病患工作時。

發現共振移情以及對童年期進行分析的重要性

歷史脈絡

　　歷史上來說，榮格學派的領域中一直很難好好討論移情這個主題，因為沒有什麼文獻探討分析師究竟是怎麼做的，而之所以如此，是因為榮格尤其不喜歡討論方法與技術，他認為那「侵擾了分析歷程的個別特性」（Fordham 1969d, p. 96）。有些當代榮格學派分析師則解釋道，自己之所以不說明具體做法，是因為這會侵犯了病患的個別性。此一思考的脈絡，源自於認為分析歷程有如獨有的化學反應作用於分析場域中，外在他人的檢視會干擾了化學反應的結果。佛登的觀點是，如果大家對此避口不談，不僅不能做出關鍵的評估，同時這樣祕而不宣的行為也滋長了移情與反移情焦慮的不善風氣，後來他也寫道「這源自於嬰兒期的焦慮」（Fordham 1974k, p. 261）。他的做法乃立基於榮格的觀點，榮格認為移情即是原型歷程，並且如果一開始初期明顯缺乏移情，那麼可能與分析師無法覺察到移情有關，如果是後期缺乏移情，那麼便可能是因為病患無法覺察到移情，而不是因為移情沒有發生。

　　佛登於 1957 年開始書寫關於移情的重要著作，出版了《關於移情的筆記》，在這篇文章中，他發現了榮格在《移情心理學》（*The Psychology of the Transference, CW* 16）中假設移情的臨床現象已經被透徹了解，無需再多做討論。榮格在《移情心理學》的前言寫道：

　　讀者不會在這本書中找到太多移情的臨床現象，這本書主要不是為了讓初學者可以從中找到這類實務的指引。　　（*CW* 16）

可是初學榮格取向分析的人往往很難在這個領域中找到討論這些臨床現象的文獻，佛登希望可以改變這樣的現象，讓治療室裡究竟在發生些什麼可以被看見。在 1957 年當時，他的創見相當高瞻遠矚，即便現在大家已經將此視為理所當然了。

他澄清，分析師人格的治療性內涵乃處於其無意識之中，因此：

（榮格的）超個人原型理論也許可以為我們提出指引，讓我們得以解釋為什麼個案得以在分析中召喚出治療師具有適應力的療癒反應，這與個案適應不良的反應，共同形成了許多強烈移情的重要素材。　　　　　　　　　　　　　　　　　（Fordham 1957a, p. 64）

他重新檢視了移情現象是否真的如榮格所說的是自然發生的現象，他的結論是，分析的現象是主動釋放出來的，而不是被刺激誘發而得的，並且：

尤其是在每一段治療的開始階段，分析中「刻意為之」的部分比回應病患內在扭曲的部分來得多。　　　（Fordham 1957a, p. 71）

他首先概述了在初次接見新病患時，兩個基本的考量點：

（一）病患會帶著他當前的症狀來到治療室，他正在尋求解決方法，分析師的目標在於釐清這點，此工作歷程的結果之一是移情的發展，這會使得病人將先前投注在症狀上的能量得以轉移到分析

師這個人的身上。（二）接著，重點就在於要如何處理、最終解決移情。

（Fordham 1957a, p. 72）

他討論了依賴移情（dependent transference）的本質，並與原型式移情（archetypal transference）相互對比。前者是「受到潛抑的嬰兒期內容被釋放出來」，首先，這些內容必須先被注意到，讓投射可以從分析師身上退卻，於是才得以透過分析原型移情，使得「自性浮現，並在意識上的實現」（詳見第九章，將有對此更完整的闡述）。他發現榮格學派對依賴移情感到不自在，並認為依賴移情會導致不理想的心理退行狀態，他則認為運用榮格的「實際情境」（the actual situation）概念──榮格用實際情境指稱導致其病患身上所展現的當代神經質（精神官能症）衝突的因素──就可以避免毫無益處的心理退行。

然而，如果將實際情境定義成當前狀態的整體成因以及與其有關的衝突，那麼，個體所經歷的（歷史的）成因就被帶入這幅圖像之中，就如同它們在當下依然活躍地作用著，促成眼前的衝突。

（Fordham 1957a, p. 82）

這段看起來不太起眼的論述對榮格學派來說是很重要的，因為榮格在特定的歷史脈絡下與佛洛伊德各奔東西，而特別強調無意識具有前瞻性的本質，並不偏好針對問題或症狀進行回溯性的歷史探索。榮格將重點放在現在而非過往，佛登則希望在不被當成「異端」的前提下將個體經歷（亦即個體型態發生學的概念）的因素囊

括進來，他重新詮釋了榮格的「實際情境」這個概念，這大力促成了分析心理學的現代化，同時又不失與其根源的連結。佛登在這點上——在分析心理學領域中其他部分亦是如此——搖旗帶頭以批判的眼光重新檢視了榮格的觀點，不過，卻也同時緊緊依傍著榮格分析心理學思想的核心本質。

移情的角色

移情是分析致力處理的核心，關於其重要性的討論，在分析心理學中密切涉及了不同的詮釋方法。其一是還原簡化法（reductive approach），也就是將童年期視為移情的一部分來分析，並簡化情結的（complex）結構。榮格認為這個做法相當重要，並將之與精神分析與分析潛抑的理論併為一談。他過去之所以批判這個做法，主要是因為佛洛伊德學派要求「非如此不可」，且將性學理論奉為圭臬，彷彿這些就是全部。他認同移情在任何分析的早期階段都佔有重要地位，只是如果持續太久，便會產生破壞性。他認為內在世界是起源自他所謂「情感」的現象，因此他對此更感興趣。他認為情結——他在對病患進行字詞聯想的實驗中所發現的——是由情緒所連結起來的。這些情感乃是心智的流轉，是幻想的物質型式。因為他認為力比多是一種中性的能量，他不認同佛洛伊德學派的昇華理論，將昇華視為性能量轉換到非性欲形式的機制。榮格將昇華比喻成「鍊金術師將基質轉變成高貴物質的手段」（*CW* 15, para. 53）；他也不認為無意識單由個人所潛抑的素材所組成，對他來說，「神經質症患者的真正成因往往就在當下眼前」（*CW*

106

10, para. 363），雖然他也對於繞進病患的過往經驗相當感興趣，不過在他看來，尋求原因的詮釋並不是心理治療的「療癒」最重要的事，無意識富含潛力的本質才是他心理治療技術的重點，為了進入無意識的世界，他採用不同的做法。

這個不一樣的做法將對原型意像的擴大法（amplification）與積極想像（active imagination）結合起來，稱為合成（synthetic）或前瞻（prospective）式的做法。擴大法做的是細細闡述對於意象的非個人聯想，舉例來說，透過援引文學或神話來拓展意象的非個人意義；積極想像則是榮格所提的概念，意指「透過刻意專注而創造一系列幻想」（*CW* 9, i, para. 101）。在分析中，「這是一種向內觀望的做法，觀察內在意象的流變」（ibid., para. 319），這需要分析師與病患共同關注病患所創造的夢境與意象，沉思其中非個人的原型特徵。這些素材被視為是象徵性的，而非侷限在具體層次，用意在於開創心靈的前瞻性。原型不需要被還原或化約，分析的目標在於從舊有的僵局中探尋出嶄新的道路，就彷彿身為解釋學者的榮格，收起病患原本記憶的下錨，引導病患駛向生命下一階段的航道。他認為，這個做法不適合年輕人或尚未整合自己童年經驗的人。

分析心理學發展早期，在制定許多訓練與課程計畫時的特色在於討論前瞻性方法，以及其他榮格學派分析與佛洛伊德學派分析的區隔之處。佛登是倫敦分析心理學會的創始成員，他參與了這一切的發展，他嘗試在各式各樣的成年病患身上運用積極想像的技術，在治療會談中，佛登將病患所創造的意象與歷史、煉金術與神話有所呼應，反倒與個人的歷史或經驗無關，這麼做的目的在於將

這些意象整合到自性之中，他的做法與戈德溫·貝恩斯（Godwin Baynes）──是他第一位分析師──相似。關於這點，佛登曾在1993年寫道：

移情的議題從未得到重視。我起初一週會去接受三次分析，我
在一本書上記錄下我的長夢，貝恩斯會花上許多時間討論這些夢，有時候會分析它們，後來曾有一度，我遁入某種恍惚狀態，貝恩斯告訴我最能捕捉我的幻想的做法就是試著將他們畫出來，我發現這麼做很簡單，而且有一長串圖像浮現了，這大約持續了大約七年之久，之後仍定期會發生。我發現我可以透過繪畫來主導自己的情緒危機，我與其中所出現的形象進行想像對話。

（Fordham 1993e, p. 71）

貝恩斯對佛登的素材主要採取教育性的做法，他會建議佛登去讀一些書，甚至告訴佛登他想要將佛登的素材寫在自己的書中。而由於佛登當時身上錢不多，貝恩斯提議可將佛登的素材作為「會談費用」，這使得佛登與貝恩斯的關係變得複雜，尤其是如他所說的，他後來「覺得似乎必須要為了維持付費而創作圖像！」（Fordham 1933e, p. 71）

對前瞻性做法與移情分析的研究

儘管佛登將貝恩斯理想化，又忠誠於榮格，但他決定要親自試試看前瞻性做法，這樣才能從分析對偶關係中另一端，以科學的方

法來描述前瞻式技術的局限性是什麼。因此，他用這個做法與許多病患工作。一開始，他先描述了積極想像的標準，如下：

（一）積極想像要能夠發生，在原型意象浮現到意識的層次時，主體的意識態度必須要允許它擁有自發或客觀的特徵。（二）接著，自我必須要做出反應，讓原型意象成為有價值的經驗，於是能夠引發創造力的活動。這些標準將導致幾項必然的結果：（一）一系列的意象會出現一小段或一長段時間；（二）它們並不需要帶有聖祕或神奇的質地；（三）雖然理論上它們被理解為屬於內在心靈世界之物，但它們並不一定帶有處於內在的感覺；（四）為了要讓積極想像能夠發生，個人並不需要刻意認定或思考這一連串意象的心理意義。」　　　　　　　　　　　　　　（Fordham 1967b, p. 51）

108　　佛登的病患在類型、病理狀態或人格特質上各有不同，他會讓病患坐在他的對面，與他們一起工作：

強調自己與病患之間基本上是處於平等位置，這可以讓雙方一起馳騁於理解無意識的旅程。在每個案例中，移情並不是那麼顯著的特色，如同我後來所瞭解到的，這是因為強調此時此刻的關係，我與病患都把我當成是一個真實的人來看待；這遮掩了移情，但並沒有完全消弭移情……解決方法應該會從內在世界產生，象徵性將兩極對立結合起來，使得人格更為連貫而一致，從而可以更妥善地因應現實的生活。　　　　　　　　　　　　　　　　　（ibid., p. 55）

他認為積極想像是自我對自性的分解物所做出的回應，然而，他發現他不得不調整這個技術，以便可以在分析中進行簡化還原分析。他發現在某些案例身上，這個做法的結果更具綜合效果。問題則出自於榮格對於這個做法提出了一個小警告，也就是這樣的做法只適用於嬰兒期情感不那麼活躍的狀況。佛登對兒童的情感生活越來越熟悉，越來越善於辨識出這些情感，他開始忖度，這些情感勢必會形塑成人分析早期階段的樣貌，如同其他分析設置與其他因素所帶來的影響。與兒童工作的經驗讓他知道，與榮格想法正好相反的是，父母也會將自己尚未解決的衝突投射到小孩身上。兒童以及成人的內在小孩，皆會在「如同父母般的」分析師身上撒下投射，這讓他引入了更具移情內涵的分析方法。

　　他本身接受分析的經驗也與這個發現不謀而合。在寫到接受貝恩斯分析的經驗時，說到那釋放了他的想像力，讓他「堅信無意識歷程的真實性，以及無意識的產物乃具有其自主性」（Fordham 1993e, p. 73），他說道：

　　雖然我的無意識所生成的東西令人驚艷，他告訴我：我的創作與昆達利尼瑜珈（Kundalini Yoga）、練金術等等有所對應，對此我雖然感到受寵若驚，不過似乎只有兩個女人的主題與我有切身關聯（當時，佛登的第一段婚姻正面臨危機，他有了外遇）。然而，同樣地，他的做法比較是教育性的，而非分析性的。他詳細地告訴了我許多榮格類似經驗的細節，我覺得這不過是讓我因為做了與榮格相同的事情而感到情緒激昂與自我膨脹，但是我成功保有了現實感。　　　　　　　　　　　　　　　　　　　　　（ibid., p. 72）

109

佛登在他自己的實務工作中發現，前瞻性做法民主開放的態度無法解決妄想式移情（delusional transference）。要說的話，它還會助長這樣的移情（妄想式移情的特徵，是病患會建立起固定而無法被任何理性或證據所影響的特定想法，如果對較嚴重的病患進一步探討妄想，將會喚起病患在妄想中的感覺，也就是會揭露妄想如何開始發生）。坐在病患的對面往往會帶給他們比較大的壓力，使得他們迴避說出他們實際上在想些什麼，他認為這個前瞻式技術之所以遇上瓶頸，乃是因為這使得分析師與病患都接受了對分析師的妄想式移情是客觀的事實（例如，分析師就像是病患一樣）。他發現，正在發生的是他和病患都接受了病患在他身上的投射（他像是某個樣子，或他是那樣想的），好像病患所認為的分析師就是如此。而病患無法意識到這些是自己的一個部分，那些部分只屬於別人的。這麼一來，嬰兒期的正向移情感受就消失了，而開始暗中破壞著分析工作。

　　在我最近的一次會談中，一名中年婦女向我描述她如何難以兼顧母職與工作，而工作於她而言意味著在公眾場合的表演。她本身是家中的獨生女，她一直相當爭強好勝，喜歡與人比較，無法容忍任何身邊的人擁有比她更好的能力或特質。近期生下孩子之後，她甚至想方設法說服她先生也暫停工作，因為當她的世界因為嬰兒的需求而處處受限時，她無法忍受先生仍能繼續活躍地投入於其職業生活中。我們大致討論了她人格中巨大的矛盾分歧，一端是作為一個萬眾矚目的焦點，她需要受到身邊他人的欽佩，另一端則是作為一個母親，對她來說，成為母親意味著她不再是那個集萬眾寵愛於一身的孩子了。循著這個脈絡繼續往下探索，她變得越來越難

受。隨著會談持續進行，我注意到她開始對我品頭論足。藉此，她將聽到自己的需求與競爭性時的不舒服歸咎到我的身上，她開始懷疑我為什麼沒有每次都與她對眼相視，或者安坐在自己的椅子上，閃躲她的節節近逼。這與佛登關於擴大法的假性民主經驗相關之處在於，我開始接受了她對我的評斷，於是這一切給她的印象是，她個人的評斷成了客觀的事實——如同佛登與他相對而坐的病患所發生的狀況。透過大聲地說出「嗯，是的，我不知道你為什麼對我在看哪裡這麼感興趣？」我已經部分認同了她的投射。於此，我偏離了重點。更適切的做法，應是繼續留在她所推到我身上的這些令人難耐的恐懼感上，因為那麼一來，我便接觸了她內在無法忍受的部分，也就是她在自己身上感覺到的易碎與脆弱，她內在深深的斷裂，少了被聚攏集中的感覺，這些都被投射到我身上。這就是我對她所提出的那個問題的答案，而這只是一次會談的例子。佛登注意到的是，一旦這個歷程在他與病患之間被建立起來就很難有所改變，特別是他們就這樣面對面地坐著，很難忽視他們關係，而只是思考所欲分析的內容。

還原分析作為走向共振移情的途徑

針對移情所做的簡化還原分析乃是「闡明複雜的情結結構，並且將他們分解成較為簡單的內涵」（Fordham 1967b, p. 54）。相比之下，確實解決了一些病患的分裂問題——也就是他們所投射與否認的內容。這個做法澄清了在病患的精神結構中心理內涵的所屬來源、屬於誰。最好的做法是讓病患躺在躺椅上，這麼做只會降低無

意識結構的複雜性（而不會使得病患從成人退行到兒童狀態），他的病患所需要的是透過關於他們個人無意識的詮釋，而與其自身的發展產生連結，這也是探索他們心靈的集體特徵的先決條件。當他轉向簡化還原的分析態度，他發現：

　　（一）在所有案例中，合成（前瞻）做法都被病患認可為有收穫的，雖然在過程中，往往因為未能立刻發生改變、要歷經漫漫長長的分析、未能分析移情現象等等因素，而使得這個方法與分析師飽受批評，而且通常是猛烈的抨擊。這些資料顯示負向移情很容易被忽略。（二）在所有案例中，很明顯地，在分析剛開始的第一部分中幾乎沒有仔細分析移情，導致病患不僅潛抑、更是有意識地壓抑（也就是刻意隱瞞）自己人格中的基本面向，那些被有意識或無意識地感覺為太邪惡、具有毀滅性或羞恥而不能被展現出來的面向。（三）這些內涵中，最明顯展現出的是嬰兒期的需求、攻擊性、貪婪或性衝動與性幻想，其中有許多在早期分析階段不僅是被潛抑，同時也是被意識壓抑的，儘管分析主張以「民主」為宗旨，但仍無法杜絕病患對分析投射一種「權威專制」的想像。

（Fordham 1967b, p. 57）

　　我們當然可以辯稱佛登的案例與榮格的案例是不一樣的，不是典型個體化的案例──也就是說，典型的個體化案例是心智成熟的年長之人，需要的並非探討人格中嬰兒期的弊病。因此，佛登檢驗他成年病患在分析中對於積極想像的意象的使用，結果發現，這往往是被用在掩藏「唯有透過深入分裂的源頭才可能得到解決的自

性的病態分解物」（ibid., p. 60）。換句話說，這意味著病患內在感到崩解，因而透過切斷這些感覺的來源，把這些感覺放置在別的地方，以便避免知道這一切。當他從自己與病患之間情感關係的角度來予以分析時，他便成了這些意象的承載體，這些意象不完全是屬於個人的。這麼做之後，分析便會有所進展了。佛登把運用病患將自己的心智狀態投射在他身上這點，稱此為共振移情／反移情（syntonic transference / countertransference）。這與榮格處理「個體化案例」的方法相當相似。

病患透過將自身活躍的無意識內涵讓醫生能意識到，而在他身上形成了相呼應的無意識素材，這或多或少出於投射中總會發生的感應效果，。醫生與病患因此而發現他們正處於一種建立在共同無意識（mutual unconsciousness）的基礎上的關係。

（Jung *CW* 16, para. 364）

佛登將他分析兒童的經驗與他對榮格擴大法的研究結合起來，得出了一個類似於榮格後期對於成人分析工作的目的論取向的立場，但其中佛登包含了對童年時期經驗的分析。

共振移情／反移情

共振移情／反移情一詞所指的是，分析師經驗到的其實是病患的一部分被投射到他身上的感覺，因此這可以被當成理解病患心智狀態的線索。於此，佛登更進一步仔細探究在分析歷程中的那個

112

小時，分析師的內在究竟發生了什麼。他的做法包含了兩個主要的重點，都源自榮格，且現今在分析工作的所有派別都認可這樣的理念。首先，榮格開創性地指出，分析師必須從自己的無意識中為每一位病患創造出嶄新的詮釋。再者，榮格是首位認為在病人與其無意識缺乏連結之處，分析師與自己的無意識產生連結，可以成為分析療癒（ananlytic cure）的治療元素。在這個範疇中，榮格寫道，分析師要以身為一個人的狀態去回應他的病患。佛登認為，這與移情不同，因為它並沒有那麼具有強迫性，且可以較容易被整合。舉例來說，一個分析師注意到自己在與某位病患互動時，行為舉止有些反常，他就這麼繼續下去，直到他搞清楚他們之間正在發生的是什麼。佛登很早便已體認到這是分析工作中相當基本的一點，但這需要更多澄清，特別是：

在分析中，分析師的有些反應是共振移情，並可以讓病患對此更有意識覺察，然而這些反應與反移情錯覺是有所不同的，如果是反移情反應，就只有透過分析師檢視自己本身的反應，才可能增加病患對此的意識。　　　　　　　　　　　　　　（Fordham 1957a, p. 91）

佛登關於自性的運作——亦即解體的歷程——的研究讓他會從這個角度去觀察自己對待病患的行為反應，他注意到，如果他同時仔細傾聽病患所說的話以及他自己本身內在正在經驗什麼，他將對自己內在浮現出的適切反應，變得更為覺察。

有兩種行為反應的方式：（一）盡可能企及「整合」狀態，並

　　　　　　　　閱讀佛登：從兒童個體化研究開拓自性的探索

藉此試圖將自己與病患分離開來；以及（二）揚棄上述這種態度，單純傾聽並觀察病患，以便聽見與看見自性對與病人活動有關的事當中產生出什麼來，再依此作出反應。這似乎涉及了解體歷程的運作，彷彿分析師將自己的各個部分擺放在病患面前，為他所用，並會自發地依照病患的需要而做出回應，而這些部分正是自性的展現。　　　　　　　　　　　　　　　　　　　　　　　（ibid., p. 97）

　　佛登從這些經驗中了解榮格何以將分析描述成是一種辯證對話的歷程：

　　不論是我或病患，皆無法有意識地掌控分析的歷程，分析所仰賴的是分析師本身相對較豐富的**解體的經驗**，而能回應病患的自性**分解物**。　　　　　　　　（ibid.，粗體字是我所標註的）

　　在最深的層次上，這個歷程可能會引發病患與分析師之間的認同狀態，它之所以被認為可以接觸到部分自性，乃因為這個歷程大多是在無意識的狀態下發生的，分析師尊重無意識歷程的自發性，而不會在上面強加任何「知識」。

　　在以下關於共振反移情的臨床案例中，佛登描述這個分析會談與辯證歷程有關。分析的對象是一名女性病患，在童年時其父母不讓她擁有任何與性有關的知識，而她對此深惡痛絕（Fordham 1974k, p. 279）。這名病患的行為帶給他一種部分共振的、同時也部分失能的反應，因為他無法對病患進行分析，直到他首次分析了發生在自己身上的反應。在這次會談中，病患描述她幫兒子洗澡以

113

及兒子玩小魚和大魚遊戲的過程，這創造了一個機會，讓她與兒子談起關於嬰兒的事情。然而佛登注意到，她隻字未提性交與陽具，她兒子則對此異常感興趣，並要求觀看母親「下面的小門」，而她拒絕了兒子的要求。佛登以一種相當防衛的態度做出回應，將她教養孩子的方式（充滿誘惑的）以及她父母對她的教養態度（相當嚴格僵化）做了比較，這引發了這名病患的反應：「想看的人根本就是你！」她把她兒子的要求套用在佛登身上，彷彿佛登就是那個想要看她性器的小男孩。佛登回想起他們曾經談過，她丈夫只要看她一眼就會對她燃起慾望，並提起這件事來迴避掉她剛才對他說的這些話，佛登所無法處理的是這段故事中的移情反應，也就是此刻她在當個能教導孩子的好母親，但佛登的行為舉止卻像是她的父母，隱瞞那些她在發展上必須了解的基本資訊。

於此所發生的是，在聽著這個故事的同時，佛登失去了他身為分析師的位置，不再對無意識的歷程保持關注。因此，他沒有接到病患在這個故事中所丟出的責備意味，從這個病患對他的反應可以看出，她在無意識中已知道這點了。佛登撤退到其自身，乃是他共振反移情反應的其中一個部分。在他對這個病患難以捉摸的行為舉止理解得更多之前，他往往先撤退。這是共振的反應，因為他從過去與這個病患的互動中發現，從最初他經驗到來自於這位女病人的侵入性時，他騰出空間而得以用辯證的方式描述這些互動的意義。然而，反移情中病態的部分在於，他對她的受虐式順從，這讓他不禁懷疑起是否她其實是對的，他確實如她所說想要「看一看」她的性器。換句話說，這個受虐式的反應混淆了他，讓他無法區分來自她的投射與自己的立場。

他明白到，像這類的經驗，病患在無意識中會被分析師當成父母。佛登把病患對他（分析師）的認識涵蓋在共振移情的概念當中，病患可以透過發動攻擊來讓他沉默噤語。透過發表這些經驗，他闡述著他對榮格所謂有必要為每一位病患創造出個別反應的這個歷程的理解。他也為榮格抽象的論調中加入了實質的內容，病患與分析師正處於一種共同無意識（mutual unconsciousness）的狀態。

共同無意識的價值

在許多次會談之後，分析師發現他自己以某種特定的方式與病患互動，他一開始並不能理解，但就允許這種情形繼續存在，慢慢等待自己從他們持續的互動中醞釀出理解。佛登舉了一個例子，一名病患接二連三地問他問題，他發現自己特別不想回答，而且不只是因為一般分析中不太會單純回答問題。後來有一天，她開始談起她的父親，她父親同樣不會回答她的問題，於是他恍然大悟了。她使用他來體現出她與父親之間的關係，待在一起時，他們唯有一起經驗到這個情形才有可能從中找到情緒層次上的解決方法，他必須讓自己被她無意識的感受所影響。她抵抗著知道這一切，而佛登的反應是既知道、又不去知道，以便讓她所投射出來的異己感受能夠以一種合成的方式在他的心智中找到容身之處。漸漸地，他更清楚地覺察自己的行為（不給回答）相當不理性，因此病患所擁有的感受——也就是她所抗拒覺察到的對父親的憤怒——便開始投射到佛登身上。而後，她提到許多關於父親的事情，他於是能夠將這一切拼湊在一起，並讓她看見她一直在移情中重演她與父親的關係。

如果在第一次分析時就知道並告訴她這一切，那麼就阻斷了她在移

情中修通這些感受的機會了。佛登相信分解物終將抵達意識層次之中，他讓自己不要被一定要去知道病人真正想說什麼的感受所淹沒，而從中真正聽見並理解病患所試圖傳達的。能夠在分析的僵局中持續思考，並將之看作是真正進入分析工作的起始點，幾乎可以說是這個做法最大的特點。

普勞特（A. Plaut）博士是佛登的同事，他在 1950 年中期這段期間致力於研究移情，當時反移情的議題正躍上檯面，他提到分析師必須為病患「化身為」原型意象（Plaut 1956, p. 15）。他指出有些分析師接受了來自病患的投射，

　　全心投入在這些投射之中，似乎並未嘗試幫忙病患釐清什麼是屬於他自己的，什麼是屬於分析師的，又有什麼是皆不屬於他們兩人的。相反地，他們會允許自己真正成為這個意象的實存，用自己的肉身為病患演出這些意象。　　　　　　　　　（Plaut 1956, p.15）

佛登將此狀態連結到原初認同，以及自性的解體運作，並堅稱只要「分析師能夠維持情感的穩定性」，他「勢必會找到正確的形式或回應，只要反移情投射不要阻礙了其發展。」（Fordham 1957a, p. 99）

反移情的錯覺

對於那個在幫兒子洗澡時說故事的女病患，佛登的反應包含了

反移情的錯覺（countertransference illusion），這與共振移情的經驗形成對比。這發生在分析師尚未檢視自己對病患的反應，可是已經覺察到在與病患的互動中自己內在有些不對勁之處。佛登了解到，如果他持續不關注這點，他要不是如同前述例子所展現的——真的聽不見病患所在說的——要不就是依著直覺提出一些評論，這些評論也許看似「絕妙明智」，但實際上卻是分析師以全能的態度向病患投射出自己尚未消化的內容。在這個例子中，佛登對病患——一名十一歲的小男孩——的攻擊阻礙了他的理解，使得他錯失了這個孩子隱微在溝通的內容（這段會談曾被錄在錄音帶上）。

約翰：為什麼他們要把那扇門封起來？（指著房間牆壁上的某一個116
　　　　區塊，那裡的門框被砌填起來了。）

佛登：我們來想像一下。（長長的沉默）我想那是為了把人擋在外
　　　　面！

約翰：我不覺得是這樣。（他猶疑且坐立難安，過了一下子之後）
　　　　那裡還是要有扇門會比較好。（他所指的地方現在就有一扇
　　　　通往走道的門）

佛登：我猜你認為我的想法不太合理，我從你變得那麼安靜感覺到
　　　　的。

約翰：他們大可以輕易地從那裡走進來呀。（指著現在確實有扇門
　　　　的位置）

佛登：我還是覺得我剛才說的沒錯，你覺得你的想法比我的更合
　　　　理，你不認為我會同意你的想法，你也沒想到我會說出這麼
　　　　愚蠢的話！

約翰：真是不好意思。（接著陷入長長沉沈默）

佛登：（將剛才的話重新說了一遍）

約翰：其實也不是愚蠢，雖然也有可能滿蠢的，但是你說的想法不
　　　太可能會發生。（接著又是一陣沉默，而後他繼續談起電力
　　　火車，藉由問了幾個問題，確認我對此一無所知。）

佛登：你一定覺得我是一個什麼都不懂的笨蛋，我連麥卡諾
　　　（Meccano）模型玩具都沒聽過，沒有人不知道那是什麼。

　　佛登逐漸停止繼續說這類的話，轉而更嘗試接觸約翰所擔心的
事，這讓帶給他以下的反思：

　　我對這個男孩的攻擊性妨礙了我真正了解他心中正在發生什麼
事，我錯誤地詮釋了他的感受，有些隱微的感受被我粗魯的回應給
取代掉了，這可能與我本身潛抑了童年期特定的回憶有關。兒時，
我經常說我母親「愚蠢」，以此來攻擊她，這個詞不斷重複出現於
我對約翰的詮釋之中，顯然，我已經認同了回憶中的意象，而約翰
代表著兒時的我，我離開分析師的位置，而成為了我母親的翻版。

（Fordham 1957a, pp. 91-92）

評估共振移情／反移情的價值

　　佛登為關於共振移情的研究列舉了許多臨床案例，並援引了
許多榮格著作中概述的理論，即分析工作會牽涉著分析師的整體人

格。他區分出被認為與病患的困難相共振的反移情情感與反移情錯覺的不同，反移情錯覺唯有透過分析師檢視自己來理解他的病人，才能有所解決。這項關於反移情的研究為榮格學派開啟了大門，得以初步了解克萊恩學派所談的投射性認同概念（詳見第十章）。也許分析中的反移情概念在讀者看來相當稀鬆平常，或者讀者如果有著精神分析的背景，這些關於移情的論述可能會聯想到寶拉‧海曼（Paula Heimann）或羅傑－曼尼‧克爾（Roger Money-Kyrle）的概念。不過，在榮格取向分析心理學的脈絡中，這些概念是以不同的方式被引進的，並且填補了榮格理論中相當重要的留白。榮格本身相當看重這個概念，他在《分析心理學的新發展》（其中發表了關於移情的論文）的前言中讚揚佛登所提出的「對必要本質的感受」，以及佛登的發現「移情的問題在分析心理學的辯證式歷程中佔有極為重要的位置」，他還補充道，「這不只對於醫生的知識與技能提出相當高的要求，同時也包含了醫生道德倫理上的責任。」（CW 18, para. 1170）如同榮格，佛登也認為雖然在分析中被激起的情感是任誰也不樂見的（這也是反移情這個詞彙最原初的意義），但是它們也往往是了解病患相當重要的線索。在區分反移情時，要如何知道哪些是由病患需求共振的，或者哪些是分析師本身的病理狀態的呈現，佛登發現榮格在一段話中道出了事實：

由於原型的存在，分析師不可避免地早晚會涉入病患的無意識歷程之中，這首先需要透過投射來經驗，接著才能夠進行分析。

（Fordham 1957a, p. 96）

這種觀點將會朝向一個結果，意即分析心理學認為幻想內容是過往固著點受到重新激發而出現的，同時認為這些內容是具有特定目的，是為了解決存在於治療室中此時此刻的衝突。如果這與當代精神分析的實務做法聽起來理念相投，那麼有趣的是，何以當今精神分析並不認同榮格早期開創性的貢獻？那是因為當榮格在 1912 年提出這點的時候，他正大受佛洛伊德學派的抨擊，繼而他的作品都被佛洛伊德學派全盤否定。

不僅如此，榮格學派認為分析不僅關注自我與意識的層面，更著墨於自性。自性的實現——也就是榮格所談的個體化歷程——會發生在分析歷程的後期階段，但現在佛登將它往前推移，包含在分析早期的還原階段中。理論上來說，這意味著在分析過程中，需要針對個人的整體性有更多作為，而不僅僅處理在分析歷程中所活化的意識層面，這即使是在分析童年經驗時亦然。

在首次發表了這些著作的十二年之後，佛登總結他對共振移情／反移情的觀點上的轉變如下：

我開始認為，最好將這種臨床經驗理解成是一個無法回攝（reprojected）的內攝（introject）經驗。投射與內攝這兩個無意識歷程很重要，與傾聽和觀察一起構成了相當基本的分析技術。因此，共振移情是更複雜狀態的一部分，因為內攝機制在那時沒什麼效用，它使分析師偏離了維持在病患所在之層次工作的這個目標，變成是負面的效果，它只與在表層之下，且病人相當防衛的那些內容有關。分析不只要承載病患所抗拒的無意識內容，同時也要承載抗拒本身，我們可以問的是為什麼分析師擁有這樣的經驗？如果透

118

過內攝，分析師間接擁有了他平常所不理解的經驗，如此一來，是否有可能是分析師的自我對病患的防衛產生了防衛機制，因此才感覺自己早已知道病患在防衛的內容？分析師對於自己擁有的經驗究竟從何而來，並沒有任何證據。我得出的結論是，他已經停止聽見病患在說些什麼，因為他的無意識已經對病患希望溝通給他的內容產生防衛性的敵意了。換句話說，他對待病人的態度就好像將病患的防衛當作不存在似的，這個錯覺讓他自覺擁有精準的「直覺」，以及覺得自己可能會創造令人興奮的結果。這麼一來，這已經不是在對病患進行分析了，因為病患的防衛已經被忽視了。

（Fordham 1974k, p. 276）

透過帶領讀者一同回看自己切身學習的歷程，佛登為深受榮格的啟發卻繼而在臨床工作中產生了不少疑惑的分析師學徒們，鋪陳了重要的墊腳石。在分析之途上，他們需要站上堅固的基礎，以便好好選擇自己即將要前行的道路。在這個過程中，他們也會學習到理論其實遠遠不足以負荷實務所需，需要透過臨床的經驗不斷更新。

內在小孩，作為成人的陰影

在佛登的努力之下，榮格學派社群也開始關注在分析會談中，分析師內在心靈共振的經驗，現在，佛登繼而談到的是童年分析對於陰影（shadow）的同化過程（assimilation）的重要性。他早期關於移情之還原分析的論述已將讀者的目光拉到個體型態發生學因素

的重要性上。然而，在榮格關於心靈理論的脈絡之下，並未清楚說明為什麼這點很重要。

　　在榮格取向中，陰影的概念（「一個人所不想要成為的那些樣子」）（Jung *CW* 16,para. 470）是用以描繪一個人的人格中（通常是受到潛抑的部分）被感覺成難堪、怪異、羞恥、具攻擊性、狹隘吝嗇與不會被愛的那些面向。佛登描述了在榮格理論的脈絡下，分析嬰兒期移情將有何益處。在整體社會的層次上，那些具有反社會傾向、受到拋棄與排拒的邊緣族群構成了社會的陰影，對於那些未曾接受還原分析的病患來說，大部分的陰影乃由嬰兒期的感受所組成，唯有透過分析嬰兒期移情，才能夠將這些陰影的面向同化進入人格之中。因為如果達到整體圓滿的人格是個體化歷程的目標，那麼成熟的反面，也就是嬰兒期的內容，就必須要被同化到人格之中。佛登強烈認為不能只把這個層面留給精神分析學派來處理，他表示榮格學派需要自己的個體型態發生心理學，因為如果陰影未受到足夠的關注，其影響力將會放大，並增加陰影變得無法控制的可能性。也許更重要的是，他認為透過了解陰影的本質與內涵及其原初的情感模式，可以將病患的退行狀態轉變成向前發展。這樣的方法觸碰到了一個議題，即還原分析是否能夠與個體化歷程相提並論？有人認為個體化歷程與還原分析是相衝突的，這真的是長久以來的誤會。佛登後來有說明他對此的觀點，總結如下：

　　個體化歷程的本質究竟是什麼？想當然爾，它是我們逐步實現自身價值的歷程，同時包含了積極面與消極面，關乎精神現實與生物本能等等這些內在世界的內涵，以及由人們與所處社會所組合而

成的外在世界。　　　　　　　　　　　　　　（Fordham 1979c, p. 108）

　　分析移情的嬰兒期面向是差異化（differentiation）歷程中相當重要的一環，因為：

　　（一）促發了心智基本流動的狀態。（二）當另一個人的反應基本上是安全的時候，便會產生情感，進而，那個人還能在必要之時——視情況而或多或少——提供同理性的詮釋。（三）當那些極具破壞性的幻想或衝動不斷地加諸在分析師身上時，分析師依然屹立不搖，沒有因此死亡或受傷。（四）在這樣的情況下，這些原始的情感得以透過分析師的反應而得到測試，於是，當它們足夠整合了之後，便可以被運用在外在世界。這樣的條件讓這些心智中的基底狀態——如原始的、內在衝突等——能夠被重新檢視，或者，被反映出來，所有被強加而來的集體標準都不能再繼續未經檢視或不受到評判。　　　　　　　　　　　　　　（Fordham 1979c, p.109）

　　整合陰影是通往自性的途徑，由於一般認為是自性的整合功能使得這整個反應得以發生，這讓我們得以個人化的方式回應我們的經驗。佛登曾描述他的第二位分析師——希爾達·克許（Hilda Kirsch）——將這點身體力行，他覺得她「有著很好的涵容能力，讓我感到相當安全，而且她所說的話似乎都直接來自於她自己的經驗：它們反映出她所接收到的真實情緒經驗」（1993e, p. 73）。他認為，作為陰影整合的一部分，佛洛伊德學派所談的固著點可以被理解為「發展中的意識核心，在這些核心的外圍則圍繞著原型

主題，就如同自性的分解物，其核心也具有吸引力而內容富饒豐沛。」（Fordham 1957a, p. 83）。這點很重要，因為這讓榮格取向能運用更加具體的語言來描述病患的衝突，因為佛登明白，如果詮釋脫離了實際外在現實層面的經驗內涵，那麼其效果是很有限的。因此，榮格感興趣於母親的雙重面向，這與早期對於乳房的感受有關聯，乳房要不是被感覺為有愛的、滋養而哺育的，要不就是被感覺成像巫婆一樣具有飢餓、迫害與攻擊的特徵。

佛登將移情關係具有特殊性的這個經驗——也就是構成親子關係的方式——與榮格的思想連結起來，亦即榮格曾描述分析師的人格是病患與真實世界的橋樑（Jung, *CW* 16, para. 290）。藉此，他將榮格學派所討論的焦點集中在因為分析歷程所產生的抗拒動力。這樣的討論是有風險的，可能會變成是在討論分析師的人格，而讓一些奇怪的行徑得到合理化。透過這麼做，佛登對於榮格原本的立場與作法擁有了更深的分析式理解，分析師的人格具有治療性的價值。榮格相當看重病患需要一份真實的關係，對此，佛登從中萃取出治療性洞察的精華，他強調榮格體會到分析師在分析過程中的全神投入與這段治療最終是否成功有關，現在精神分析界對此相當習以為常，但是他們卻沒有將此歸功於榮格。

討論關於分析師自身的人格，其中一個特徵在於有些分析師發現自己在不需要的時候頻繁提供資訊給病患的狀況，因為這並未在心智的脈絡中得到充分的檢視。佛登認為移情現象在這些時候仍持續發生著，即便有些人認為我們必須要給予更「人性化」的回應，但這似乎反而是「非人性化的」。他對此的回應如下：

121

分析師之所以是「非人性化的」乃因為移情，而我們必須要知道如何做到「非人性」的反應，這當然是分析師去體驗經歷分析的主要原因之一，這麼一來我們才可能了解病患的需求，而於此同時又保持我們的人性。　　　　　　　　（Fordham 1957a, p. 94）

　　舉例來說：

　　假設有一個病患，他在分析師身上喚起了溫暖與同情的感受，這是需要仔細檢視的，因為如果分析師就這麼提供了相應的反應，可能會鑄成大錯。這是因為分析師的感覺可能是出於病患的投射性認同所引發的反應，而分析師的工作便是去將這些回應給病患，好讓他能夠擁有這些感覺。　　　　　　　（Fordham 1985a, p. 216）

　　與此同時，他注意到移情關係的原型本質，他大多以「互動」來指稱這種關係，這個概念他後來更精進、並與反移情做出區隔。

結論

　　佛登關於移情分析的著作呈現出，還原分析與針對嬰兒期移情的分析將會推動個體化歷程，其意義在於我們可以從理論上來理解榮格在《移情心理學》中所提到分析原型式移情的合成方法，其實是對立於與精神分析傳統的還原分析法。在研究榮格的做法時，不論是在「我是刻意不按條理進行研究的」這段話中所揭露的軼事，或者細細研讀他的文字，或者針對病患分析師之間互動的微觀探究

122

中，佛登皆將榮格的思想與當代精神分析實務做法相提並論。雖然在不同實務工作者眼裡，都可以在描述的層次同意這些受到檢視的現象，佛登卻從未忘記自己屬於榮格學派，因此他最終在必要之時澄清了精神分析與分析心理學在理論上的差異。直到現在，在實務工作上也許已經大同小異了，卻往往沒有人承認這是榮格所引入的洞見（see Fordham 1985a, p. 95; 1995, p. 26）。

　　單就現象上來看，佛登闡明了分析工作中透過投射／內攝歷程，既需要整合原型式，非個人的內涵，也需要達到更好的現實適應。這促成區辨分析師所產生的認同是共振而來還是妄想幻覺這兩者之間的差別。後來，隨著他在臨床工作中更加了解投射性認同，便改變了上述這種區別。在佛登剛開始引入關於移情的思想時，此一早期的區辨曾大幅拓展且澄清了榮格關於移情的論述，使得榮格往往相當精闢卻不夠完整的思想骨幹，有了血肉與外衣。

反移情，互動與不持先見

123
佛登對榮格在成人分析中移情研究的推進

　　榮格對於移情與反移情做出了兩項顯著的貢獻。首先，是他早期辨識出分析師如何受到病患無意識所影響是很重要的一件事；再者，則是移情與個體化歷程的關聯性，探尋出原型式移情中的超個人元素是很重要的。他寫道，彷彿他的病患分成兩種類型：一些病患會希望更融入集體生活，而另一些病患則以個體化為目標。對於那些希望能夠更適應集體的病患，榮格認為適合的做法包含精神分析，而這是與分析心理學不同的。儘管他認為移情在分析中是非常核心的議題，他對移情的態度卻很複雜：

　　移情是病患嘗試要與醫師建立心理連結的方式，如果病患要能克服疏離隔絕的狀態，他便需要這份關係。這段連結越是薄弱，例如醫生與病患越不了解彼此，那麼移情便會越強烈，而移情的形式也將更為性欲化。　　　　　　　　　　　（CW 16, p. 276）

　　榮格構想在分析中會有個時刻，分析師會將焦點從嬰兒期移情轉向到「個體化關係的問題」上，這是他的分析心理學與佛洛伊德的精神分析的區別之一。

124　　不論分析是在片面的成功之後仍繼續進行，抑或因為毫無進展而陷入僵局，每一段分析的試金石始終是人與人之間的關係，這是一個病患得以以平等之姿向醫師提出面質的心理情境。

　　　　　　　　　　　　　　　　　　　　　　　（ibid., para. 289）

200
　　　　　　　　　　　　　閱讀佛登：從兒童個體化研究開拓自性的探索 ┤

榮格所想提倡的，是希望大家了解到病人也與其分析師擁有一段關係，對他們雙方而言都包含了對自身人格的認識，他強調這是在非個人框架之下的個人關係，榮格經常使用以下這個化學比喻：

　　兩個人格的相遇就如同兩種化學物質的混合，如果產生了任何結合，那麼兩者都會轉變。在任何有效的心理治療中，醫師勢必會對病患造成影響，只是這唯有在病患也對醫生形成對等的影響之時才會發生，如果你如銅牆鐵壁般不受影響，那麼你也不可能影響他人。　　　　　　　　　　　　　　　　　　　　（ibid., para. 163）

　　此外，他也認為醫師必須將病人視為真實的個體來對待，「病患對於……人際關係的需求仍然存在，我們應該認真看待這點，因為如果缺乏關係，他將會陷入虛無。」（ibid., para. 285）

　　榮格經常把他的病患描述為獨一無二的；他的意思是他們是社會適應良好的（甚至在世人的目光中是相當成功的），但是他們前來尋求幫助的原因往往是他們的生活缺乏意義。面對這樣的病患，他認為不能用他們過往的生命經歷來做出分析，相反地，需要著重在他們的個體性。對這些病患來說，「治療師必須要揚棄自身所有的成見與技術，讓自己留在純粹辯證性的歷程之中，採用這種不使用任何方法的態度。」（ibid., para. 6）

　　此處的辯證歷程主要指的是自我與原型之間發生的事，積極想像的過程即為一例。他對移情之原型層面的理解是，分析中將會有一段時間，意象（imagos）需要得到分析師象徵性的回應。他舉了一個例子，也許這是他最為著名的女病患，她曾夢見榮格是一個巨

人，而她自己是在他臂彎上的小女孩，夢中巨人榮格站在一片麥田裡，微風吹拂著，他隨著陣陣來風搖擺。

125　　她感覺自己彷彿身處上帝、神性的懷抱之中，而我在想著「現在莊稼都已成熟了，我必須告訴她，」於是我跟她說，「你看，你並沒有意識到，你所想要的以及你投射到我身上的，其實都是你並不擁有的神性概念，於是你在我身上看見這些……」但是神性概念並不是智性的想法，而是原型式的想法……她並沒有基督教上帝或舊約聖經中耶和華的概念，那是一個異教的神，一個自然之神、植物之神，是小麥本身，是小麥的靈性，也是風的靈性，而她則在此一聖祕（numen）的懷抱之中。這正是鮮活的原型經驗。這在這個女孩心中留下了深刻的印象，一下子就點醒了她，她看見自己真正遺失的內涵，而她將那個部分投射到我身上，並將我視為不可或缺的。接著，她認清我並非不可或缺的，因為，如那個夢所揭示的，她其實是在原型概念的雙臂之中，那是一種聖祕的經驗，亦是人們所追尋之物，原型式的經驗帶著一種永垂不朽的內涵。

（Jung 1978, p. 346-347）

佛登認為，對移情之原型本質的理解，會在分析中充分處理了嬰兒期移情之後才發生。最初他關切的是確保在英國受訓的分析師們不會過早去決定這個階段已經到了。他質疑將那些希望變得更「正常」的病患與追求個體化歷程的病患區分開來的做法是否有意義，這是因為移情關係同時包含了原型元素與個人的元素，他認為這也可能讓我們忽略一個重要的事實，也就是那些前來尋求個體化

的病患往往覺得自己需要更能適應。佛登指出，辯證歷程可能是相當尋常的，泛指分析師著墨於處理病患本身的個體化經驗，以及與病患互動的過程。

　　由於榮格尊重個體，以及他需要將自己的做法與佛洛伊德做出區隔，他在文章中反覆抨擊使用技術是不可行的。不過從佛登的觀點看來，榮格之所以反對技術，主要是因為他與佛洛伊德的過往糾葛，他認為佛洛伊德所使用的技術其實與他所差無幾，只不過精神分析最終變成是在分析病患的嬰兒期性慾。同時佛登也注意到，「迴避任何技術的態度」其實仍是一種技術。

　　佛登覺得不能對分析師的人格過分依賴，因為這可能會導致將分析師理想化，且分析師可能「侵入式地展現其人格，或者大肆將反移情行動化」。他希望在學會中的分析師訓練能建立在分析嬰兒期移情的紮實基礎上。此外，透過與自己的自性運作產生連結，他說明這樣的做法其實擴展了榮格個體化的概念。為此，他針對分析師反移情的開創性研究開啟了討論空間，促使分析師們思考自己對病患究竟做了什麼，也讓未來得以在培訓過程中教導下一代受訓者一些分析的技術。技術再也不是強加在病患身上的做法——這正是榮格一開始擔心演變成的局面——而是「從眾多經驗中提煉出分析師對不同類型病患的習慣性做法。」（Fordham 1974k, p. 270）。技術的目的在於「增加病患自我反思的能力，首先是他與分析師之間的關聯，進而推演至他與其環境與內在世界的關聯」（ibid., p. 271）。關於榮格主張分析師人格的重要性，他從分析之中得出進一步的論點——因為他與病患一樣都在進行他自己的分析，分析的經驗讓他認為，也許並非是分析師本身的人格特質具有治療性，

126

而是分析師如何處理自己的人格才是重點，他與病患之間的溝通交流既是意識的，也是無意識的。不過——如同榮格有時候會暗指的——這兩者並不是一模一樣的。分析師因為受到訓練與經驗的薰陶，比較清楚究竟在發生些什麼。因此，佛登對於技術的理解所提供的貢獻是：

> 如果說所有有效的技術都發生在分析師與病患的個人互動之中，那麼個人因素便成為詮釋與其他分析歷程的基本要素。但這並不代表所有案例都是一樣的。事實上，榮格所做的區辨仍是成立的，他是以宏觀的視角來做出區辨。唯有在針對分析情境進行仔細的微觀分析時，他的區辨才會變成是量化的，而不再是質性的。
>
> （Forgham 1974k, p. 271）

他澄清道，榮格強調分析師的人格對治療的重要性，主要指的是無意識的層面。這是何以榮格相當強調分析師在與病患進行分析工作之前，必須先接受過其個人分析。榮格認為所有病患都理應向分析師要求人與人的關係。佛登從中認為這個理念的意義是，分析師必須避免躲在其權威的背後，分析師不得不體認到他的病患也會對他產生影響，病患對分析師的心理了然於心、並且會形成潛移默化的影響。正如我在第八章中所討論的，佛登的立場很清楚，他認為具有人性的關係指的並不是向病患提供自己的個人資訊：

127 　　當我表明自己反對這種做法，或是著呼籲分析師關注自身的動機意圖時，我一直被質問：「為什麼你覺得必須要向病患隱瞞關於

自己的資訊？」 （Fordham 1957a, p. 93）

　　他想知道的是，為什麼這些分析師會認為自己「更人性一點」，或犯些錯誤，對病人會有益處？這種行為似乎很可能掩蓋了反移情的幻覺。為了要闡述他的不認同，佛登認為，病患並不是以分析師看待自己的方式來看待分析師，因此如果分析師向病患提供了自身的資訊，將會阻礙了病患的投射歷程。由於榮格取向仍試圖與佛洛伊德學派之間做出區隔，因此他們混淆了源自自性的自發反應與不恰當的自我揭露。在這種狀況下，佛登發現自己必須要解釋「因為有移情作用，分析師不是一般人性化的，我們必須要知道如何維持非人性的狀態。」（Fordham 1957a, p. 94）。他的目標不在於讓他的病患更正常化或更適應，而是增進他們思考自己的能力，首先是思考他們與分析師的關係，而後擴展到思考他們在其生活環境中的各種關係。

處於未知的狀態

　　佛登與兒童和成人工作的臨床經驗讓他更確信榮格的說法，也就是分析師的整個人格都會涉入於分析的歷程之中，其中包括了非理性的部分。舉例來說，正是為此，他習慣先與病患見面，之後才去閱讀關於病患的相關資訊，他不希望在見到病患之前就已經充滿對他們的先見與假設，他希望先見一見病患本人，而後再加入他們的過往歷史以作為補充的素材。在兒童指導診所工作時，他習慣走到等候區，向孩子的家人們介紹自己的名字，接著，他會唸出孩子

的名字，並提議孩子獨自與他一起進到治療室中。這勢必會激起某種反應，接下來就要隨機應變了，有時候孩子會跟他走，有時候母親也會一起跟過來，不論發生什麼狀況，其中都充滿許多關於他們的關係與如何因應壓力情境的重要資訊。

佛登一開始接觸兒童個案的這種做法，是將自己看作孩子幻想的一個部分。這讓他得以觀察醫師這個角色本身充滿著什麼樣的預設移情內涵。如果母親事前並未告訴孩子來看醫生的目的，無意識的內涵會更豐沛。醫師——不管是生理上或心理上的層面——主要工作是從病患的內在找出發生了什麼事，並會採取一些相當侵入性的做法，由動手術、乃至問診皆是如此。我們也預期醫師會糾正出錯的事，不論是內部的腐壞，或者糟糕的想法，初次問診時也會聚焦於病患所遇到的問題提供說明。透過這樣的過程，佛登讓自己與病患都能如實經驗到移情的原型本質。

榮格曾描述過醫師在一開始與病患互動時，其權威將會如何受到考驗與動搖，因為他並不希望符合一般病患對醫生的期待，而是要讓他們之間發展出一種彼此都能夠學習與成長的空間。在《自性與自閉症》中紀錄著艾倫這個案例的長期研究（Fordham 1976a）（詳見第七章），其中是這麼闡述的：首先，我們認識這個孩子，到了最後才了解他的生命經歷與背景。同樣地，在治療室中，佛登希望孩子能一起經驗自性，發現並整合他們人格中導致當前困難的不同面向。這樣的態度背後的基礎包括了榮格關於原型運作目的的觀點，以及「疾病」中包含了心靈試著療癒自身的意圖。

在治療室的互動之中，這種態度導致了一種取向，乃體認到移情之中帶有「創造力的元素，其目的在於從神經質病症（精神官能

症）中形塑出一條道路」（Jung *CW* 16, para. 277）。實務做法即是立基於這種創造性的元素之上，有些實務工作者會鼓勵他們的病患繪畫創作，或者從藝術作品中找到表達自身衝突的空間。佛登雖然不反對這樣的做法，但他了解到這在成人分析的工作中可能會遮掩了移情，而非澄清移情。這可能與病患的防衛共謀，也可能會傾向鼓勵病患認同這些素材中的集體面向，而不利於差異化。此時如果分析師將這些素材與他預先得知的資訊或神話與傳說連結起來，那麼這個問題將會變得更嚴重。佛登更偏好立基於與病患互動的辯證歷程，而非那種彷彿在視察病患無意識的歷程。這也就是說，例如在分析兒童期精神病的工作中，或者也許在所有探尋到心靈深層的分析之中，皆同時有一種主導歷程的做法，也有促進歷程的做法。這是因為實際的分析情境對於探索心靈而言，是一個如此強而已有力的工具，一旦條件到位，這個歷程便會在原型的引領之下開展其動力。

構成這種探索的其中一個要素即是分析師本身的反移情，在前一章中我描述了佛登如何運用自己的反移情來區辨何者為他本身的病態結構，何者為病患加諸在他身上的，而屬於病患的部分即是分析師必須要努力讓病患明白的內涵。後來，他逐漸意識到相互投射性認同的歷程意味著病患也「知道」分析師的無意識。這個實驗性的態度早一步引領他體會到，儘管他已經可以對病患做出各種詮釋，他往往會先按兵不動，直到他更清楚為什麼自己抗拒這麼做。舉例來說，在艾倫的案例中，當艾倫處於分析的狂躁階段，佛登了解到他在治療室中的運作是在處理他的內在衝突，但卻沒有將這一切視為是內在的經驗。對艾倫來說，這一切帶有某種英雄式的功勳

129

感，因此，如果以一般慣常的分析方式來詮釋之，將他的外在行為視為是內在世界的展現，那麼就會：

　　確認我對他一無所知，於是我所說的話失去份量。只有大人才能夠將他的經驗當成其內在世界來思考；對艾倫來說，那是一個充滿想像力與遊戲的世界，每當他走進治療室便沉浸其中，而那個世界一直都與治療室中的物品有關聯。　（Fordham 1976a, p. 207）

認識論的反思

　　佛登體認到，以及未來繼續發展的是，分析師經常出於自己的意圖說話，而非出於病患的需要。同時，他們所說的話經常是基於他們所受的訓練或理論的假設。榮格發現病患會影響分析師，這是無可否認的，他描述了這是如何從對病患素材的部分認同中發生的，但是他註記道，由於這伴隨著「內在失和」的狀況發生，因此，分析師從細探自己的感受與想法中所得到的額外資訊，將會是理解病患的途徑。在上述的艾倫案例中，佛登的假設應該是艾倫擁有內在世界，因為佛登從自己內在感受到艾倫的衝突。不過他認為將這樣的假設引入到分析之中並無益於促成榮格所描述的分析目標。然而，必須區分清楚的是，此處佛登之所以先暫緩詮釋，並不是為了迴避對病患來說不愉快的事實。

　　這些反思讓佛登思考分析歷程中的互動本質究竟為何。以更為廣義的概念來看——辯證式歷程作為一種開放的系統，這是否即為榮格在關於原型的理論裡所思索的？這代表由於人們所共有的內

在基底將會讓人們將彼此之間的差異降到最低，而正是這個正在運作中的辯證歷程，讓分析師得以承接起病患身上存在衝突的那些部分。由此可見，如果分析師關注在病患特定的困難之上，那麼便會強化了病患與分析師之間的不同，例如他們之間各自的個人特徵，並因此促進病患同化了所有人普同共有的原型形象，而更能適應（想當然爾，這個思路的前提是針對神經質症的狀態，也就是說此狀況中分析師的心智並未因為病患而癱瘓失能）。

到目前為止，佛登針對治療室中動力的研究形塑了他關於共振反移情與反移情錯覺的研究，後來他對這些研究做了修正。爾後，他的兩位同事也更進一步闡述了佛登所稱的反移情錯覺，這個概念可以被理解為病患使分析師以對病患來說正確，但對分析師來說卻不太尋常的方式做出回應。因此，這也是屬於合成反移情的一部分。

不抱持先見作為一種辯證的技術

隨後，佛登重新思考了反移情錯覺的重要性。他指出，這讓分析師被放在與病患相同的水平之上，且這讓分析師維持警惕，因為他必須確保這個狀況不會持續太久。如果分析師否認這點，這便可能會讓他在分裂的狀態下使用分析技術，以便能夠抵禦他從病患身上內攝的情感內容。他關於反移情錯覺的文章澄清了一些分析師有必要從病患身上收回自己投射內容的情況。對此，佛登在關於反移情與互動的文章中舉了一個例子。

當我走進等候區時，一位年過六旬的病患從她的椅子上起身。她看起來相當機靈，她的目光如同小女孩一樣炯炯閃爍。我對她身上某種飢餓感感到惱火，並覺得她會希望我以擁抱和親吻來迎接她——這些舉動似乎並不適切，而我也不想要這麼做。她在躺椅上躺了下來，什麼都沒說，我感覺越來越挫折，並開始覺察到事實上飢餓的人是我，她並不打算拿任何聯想來餵我，而我伸手去拿了菸斗。接著，她開始說話，我便將菸斗放下了。在接下來的談話中，我都能夠舒適地聽她說話。

131　　　如果我沒有清空自己的思緒，這些現象與反思便不會進入我的意識之中，這位病患已經接受分析一段時間了，其實我很清楚這當中發生了什麼。我大可以記錄下她的每一個行動。她具有些微自戀人格的特徵，很容易因為自己的優點未得賞識而感到生氣。我對她的童年經歷有一定程度的了解，足以了解為什麼她來治療會談時會出現退行現象，並且能夠輕易地詮釋這點。不過如果我只是這麼做，在治療中的所有情感內容便不會被感覺到了，我對她潛在的惱火感受會被我忽略。此外，我的投射性認同，以及在撤回投射性認同之時發現我自己所感覺到的飢餓感，也將被置若罔聞。最後，我很可能便不會觀察到她之所以開始說話，實則是為了和我的菸斗較勁……總而言之，如果我沒有處理好我本身的心智狀態的話，我將會發展出一種隱藏的反移情。　　（Fordham 1979c, pp. 201-202）

正如佛登所理解的，在這個例子中，呈現了他確實對他的病患產生了投射認同，以及他如何努力精準地辨識出自己的認同，以便能夠繼續有效地分析他的病患。這既提供了他對自己的認識，也提

供了他對病患的認識，因為正是病患引領他對她產生不同的理解。透過持續在心中處理這些感覺，他對反移情得出了不一樣的體悟，他強力主張：

除了分析師的適當反應之外，分析師瞬時之間的投射與置換（displacement）不該再被稱為反移情，因為它們都代表著分析師在回應、對病患做出反應……當互動系統開始受阻時，才會需要特別去予以標示，在我看來，此時反移情這個詞彙才是適切的。

（ibid., p. 208）

這項工作在治療室中開始於分析師清空自己的心智，在每一次會談之前都保持未知。

如同我在第二章中所提到的，榮格在描述心靈的歷程中曾提到他稱為補償作用（compensation）的概念，他將之定義為：

一種心靈器官（psychic apparatus）與生俱來的自我調節，在這層意義上，我認為**無意識**的運作自然會平衡**意識**功能所產生的單方向片面的一般態度……意識的運作是有選擇性的，選擇意味著有方向性，而方向性需要排除一切與其方向**無關之物**，這勢必會使得意識變成是片面的，那些被選定的方向所排除與抑制的內容將會沉入無意識之中，於焉形成一股與意識反向的抗衡力量。這股反作用力的力道與意識片面拉力的力道是共同消長的，直到最後產生了顯著的張力……最終，這股張力變得如此劇烈，以至於受到壓抑的無意識內涵爆發出來……一般來說，無意識的補償作用並不會與意識形

132

成對立拉扯，而只是針對意識的方向提供平衡或補充罷了。

（Jung, *CW* 6, para. 694）

　　佛登將此概念應用於描述分析師與病患互動時，分析師對意識上已知內容的補償作用。榮格提倡，分析師應該為每一位病患找到新的理論；佛登則認為，應該為每一次的治療會談找到新的理論。他心中的理想是分析師每一次見到病患之前，都忘掉他既已所知的，而以嶄新的狀態重新開始。因為雖然分析師確實有許多意識層面的技術，包括了他對病患的知識，不過無意識的互動同樣會提供許多關於病患與分析師的資訊。他研究著一種可以運用無意識所提供之資訊的方法，不過那不完全是一種技術，因為它主要包含了消化無意識的素材。他研究在單一一次會談中發生了什麼。如同所有方法的精進，唯有當想要做的事情變得困難時，我們才會更加了解它的複雜性。在他名為〈論不抱持先見〉（On Not Knowing Beforehand）的文章中，他提供了一些他自己在採用這種「無為方法」成功與失敗的例子。

　　一位身形高挑、相貌高雅的年輕女性來到我的治療室門前，那是一扇玻璃門，她輕輕敲門，走進來，舒適地躺在躺椅上，以愉悅的雙眼看向我。為了讓她能看到我，我並沒有坐在她的正後方。她的神情相當友善而親切，這相當愜意，我對此感到驚訝，因為以前並沒有發生過（記憶的侵入），不過我知道這是真實的（這是我的所知），我想要享受她這樣的狀態（慾望的侵入）……我成功地抵擋了這些素材，不過得相當警覺才做得到。為了能夠很快累積足以

　　　　　　閱讀佛登：從兒童個體化研究開拓自性的探索 ┤

做出許多詮釋的素材，我不再費力解決未知的狀態。我的想法是如果我開始介入一切，我便會形塑了會談的狀態，而非將這個空間保留給病患。最終，事實證明我的記憶、所知或慾望都是她所發展出來的，並形塑出治療會談的樣貌。 （Fordham 1993b, p. 130）

　　佛登針對這個例子提出了三個觀點，首先，如果進行分析的方法乃是分析師所習慣的做法，那麼這一切只是源於分析師的所學所知；再者，如果我們要認識病患，那麼勢必得將先前所蒐集到的資訊擱置一旁，這些資訊都被收在心智的檔案夾中；第三，雖然在會談中使用檔案夾裡的資訊沒什麼不對，不過如果能根據病患當天的狀態來決定是否使用這些資訊是更好的。

　　在上述這個例子中，隨著治療會談的持續，逐漸與檔案夾中的資訊脫離關聯了。那些資訊並未消失，佛登說道它們「在我的心智中」存在著，並未被壓抑，需要處理的時候隨時可以提取。基於以上的考量，佛登嘗試做出了一個「她今天很高興能過來」詮釋。這是源自於前一次的會談，她所擁有的感覺反映出她越來越能夠愛與信任分析師，否則，如果以混合了「知識、理論與揣測」（這乃佛登所寫的）為基礎而做出的詮釋「將會具有侵犯力」。

　　如同佛登所說的，分析師也可能在治療會談開始時努力讓自己不抱持先見，不過在結束時卻依循先前對病患的認識而做出評論。例如，一位他所熟識的病患在五十分鐘的會談中沉默了四十五分鐘，在這之中，佛登覺察到這份沉默有著很特別的質地，即聖祕性，因此，他在病患離開前告訴他，他的沉默是傳達內在感受的最佳方式。早在之前多次會談中，佛登都與這位病患談到他沉默的前

語言本質、他破碎的想法，或者他過於沉悶、羞恥或私密的念頭。在這次會談中所說的話，其實是出自他對於自己感到必須說點什麼這個欲望的理解。這並不來自他先前與這位病患會談的記憶。佛登依循著一道細線，既要傾聽病患無意識所溝通的內容，同時又要保持關注，試著避免將過往分析的素材強加於病患身上。要做到如此，他必須摒除任何與當次會談無關的內容。

佛登摸索著此一歷程，其中的核心經驗是儘管他可能在每一次會談的開始時皆已經努力淨空心智，但隨著會談的進行，進入他心智的內容依然會持續發酵，分析師必須盡可能降低自己在病患身上強加些什麼的可能性。當然，病患可能會向分析師溝通一些相當難以承受的內容，此時，即便分析師知道那是什麼意義，病患的意圖也許僅僅是要對另一個人產生影響。如此一來，此時分析師會感覺必須要將那些被病患填滿在自己心智中的內容傾倒出來，當發生這種狀況時，分析師所說的話乃實則出自於自己的慾望。另一個例子是，分析師對於病患在治療之外的真實生活感到焦慮，這影響了治療裡面的狀況，而開始詢問病患如何因應生活。上訴這些是佛登所覺察到的狀況，但他並不覺得這些與他想要嘗試保持不抱持先見的理念相抵觸。

在我看來，佛登的這些論述乃是關於榮格所談的力比多的轉化（transformation of libido），他繼而進一步發展，形成了這些總結與臨床概述。力比多的轉化這個概念所指的是個人放棄了自我的位置或成就，以便允許更多內涵進入意識，這是一種心理上的以退為進。榮格曾描述了在個體不同生命階段所發生的轉化，以及這些轉化的不同目的。佛登則接續描述他如何達到這種「未知的位置」，

　　　　　　　閱讀佛登：從兒童個體化研究開拓自性的探索

這乃源自於他努力整合他的兩種分析：他在病患身上經驗到的妄想式移情，以及他對榮格與投射性認同的研究與理解（Fordham 1993d）。這些皆合力幫忙他「發展出一套無關乎既定理論，而是出自於自性的詮釋，這牽涉了對個體無意識的信任，在其中，投射與內攝認同的機制活躍地運作著。」（ibid., p. 637）

　　要以這種方式工作，需要有意識地努力，實際應用中有許多與比昂概念相近的特徵（see Bion 1970），〈論不抱持先見〉展現了佛登相當成熟的分析立場，而儘管要明白地辨識出特定取向的淵源影響是相當困難的（see Fordham 1993d, pp. 636-637），佛登對自己的臨床工作、榮格的文獻、關於自性的思想如此沉浸鑽研，都證明了他的思想主要並非源自比昂，雖然他一定也發現比昂與自己所見略同。在我看來，佛登覺察這些分析歷程，其來源包括佛洛伊德「自由懸浮的注意力」（evenly suspended attention）、榮格的「未知」（not knowing），乃至比昂的「無憶無欲」（absence of memory and desire），他的貢獻是以更細膩的描繪填補了榮格的思想。這項後期的研究與他早期關於移情與反移情的論文中所傳達的嚴謹科學態度大相逕庭。在早期那些論文中，他努力建構他身為分析師的實證主義，而在後期關於分析歷程的論文中，他把自己的「所知」擱置一旁，轉而著墨他對於無意識的信任。在他早期的文章中，他一直將自己的立場與其他精神分析取向的同事做比較，這些都是他經常在英國心理學會醫學部門中相互討論的同事。這篇論文中，他在談的是他認為分析與心理治療的不同之處，榮格指出個體於晚年所發生的力比多轉化是一種犧牲（*CW* 6），佛登這篇文章中，則描繪了個體放棄了知識與記憶的優勢自我功能，允許無意

135

識進入意識之中。

然而，也有一種情況是分析師發現自己只是在依著病患做出反應。有一些軼事中記錄了榮格就有一些這樣的例子，凸顯了他會依照不同的個案採取個別做法。舉例來說，韓德森（Henderson）曾描述榮格在進行治療會談時，會在房間中來回走動，然後俯下身子，坐得離他很近，仔細端詳他，令他感到不舒服。此外，榮格還曾為了回應他的一個夢境，而帶他參觀自己的房子，以試著用他家的現代建築風格來彌平他家族的殖民主義思想（Henderson 1975）。佛登在他所發表的關於榮格取向心理學的論文中，強調行動與歷程之間的關聯。舉例來說，有一個眾所皆知的例子，即榮格有一名病患習慣賞她的員工巴掌——也包括她的醫生們：

她是一個很有威嚴、氣勢強大的女人，身高超過一百八十公分——我可以告訴你，她甩的巴掌是有力有勁的。她前來治療，而我們相談甚歡。接著，有一刻我必須講些在她耳裡勢必很不中聽的話，她勃然大怒，立刻站了起來，揚言要賞我巴掌。我也站起身來，向她說「很好呀，你是女的，女士優先！不過，等下我也會賞回去的！」而且我是說認真的。她往後跌回椅子上，在我的眼根子底下龜縮了起來，「從來沒有人對我說過這種話！」她抗議道。從那一刻起，治療開始邁向成功。　　　　　　（Jung 1963, p. 140）

雖然之所以提到韓德森的例子主要是意在討論榮格在分析中相當有彈性，不過，佛登認為這個例子中榮格的情緒反應形同他對病患提出了一個限制，而且唯有確立這個必要的限制，治療才得以

進行。他認為這即是涵容，一如榮格寫道的，「從那一刻起，治療開始邁向成功」。他將此與利特爾（Little）關於分析師的整體反應（total response）的描繪做比較，她以「大寫 R」表示之（Litter 1957）。利特爾有名病患，在治療中不斷講著一件小孩來拜訪她的事，而這名病患無法阻止這些小孩的來訪，她無法拒絕這些小孩。利特爾告訴病患，她再也不想聽到這些故事了，這對病患來說是一個很大的釋放，她之後便能夠拒絕這些小孩了。然而，並不是所有回應都必然是這麼輕易與治療的進展有關。佛登觀察到有時候他出於挫折在無意識說出的一些話語，其實是一種言語上反移情的行動化，他寫道：

136

　　在某一次的分析時間裡，我感覺特別挫折，那名病患在講述她想要更平靜一點，並抱怨著她的業障，在當次治療的尾聲，她變得越來越絕望並開始對我說的每一句話挑三揀四。我們經常以她在會談結束時的狀態討論她的困難，我已經多次向她詮釋了其中的意義，但是都徒勞無功。這一次，她堅持說我搞混了，執意糾結於我究竟是說「冷靜一點」（calmer）或「業障」（Karma，與 calmer 英文發音相近），她追問著「你到底是在說哪一個詞？」對此，我在意識恍惚不清的狀態下，特別加重語氣地回答道「業障」，並將這個詞逐字母拼出來。在我這麼做的同時，我意識到我為了滿足自己，而開了一個惡意的玩笑。　　　　（Fordham 1978b, p. 129）

　　我們很難確切猜測這對病患形成什麼樣的影響，佛登在談及此事時說，病患將佛登的反應看成是他發怒的一個例子。隨著時間，

這可能會幫助病患認識到佛登對自己的惡意是不帶評價的，而這可能有助於她整合她自己的惡意。

他反思了自己的這個反應以及其他的反常行為，他將它們歸結為在治療會談中的開放系統（病患與分析師在渾然不知的狀態下所發生的互動）與封閉系統之間的內在震盪。而當分析師做出詮釋，便形同指出了病患與分析師之間的那道界線，此時治療中劇烈的動力即是一個例子。上述例子中帶有惡意的玩笑在開放系統中激起了這個效應，當分析師內心的感覺無法透過自己的分析而受到修飾，在絕望中，他釋出了他自己的挫折。

隱含在佛登這些經驗之下的態度，是他持續關注與思考著分析師對病患的責任與分析的歷程，為此，他舉了一個榮格在實務上的例子。榮格發現自己對他的一名女病患感到越來越困惑（*CW* 16, para. 549–64），接著，他做了一個關於她的夢，夢裡揭示出了他對她的無意識態度。在做了這個夢之後，這名女病患開始出現一系列身心症狀，榮格向她坦承自己對此摸不著頭緒，也許另一位知道怎麼回事的治療師能夠帶給她更多幫助。女病患對他的建議感到相當詫異，她表明雖然自己的夢與症狀都相當瘋狂，不過就她的感覺而言，治療進行得相當順利。此時，在因緣際會之下，榮格接觸到一本關於關於昆達利尼瑜珈的書籍，其中描述了意識的中心，密切呼應著這名女病患症狀的發展。透過研究這本書，他心中逐漸將病患的症狀型態理出了頭緒，於是他能夠幫忙她整合這些經驗。對此，佛登的看法是，病患其實是相當能夠容忍分析師對自身症狀的不了解，等待分析師可以逐步靠近，並且從中學習。這樣的看法實則是在反駁一些庸俗的成見，也就是有一些人認為病患的發展頂多

137

只能達到分析師的水準。

　　他的取向對分析心理學所提供的貢獻，進一步完善、填補了並更新了榮格關於分析師處於分析之中的思想，也就是分析師必須為每個病患創造新的理論。同時，心靈具有近乎生理特質的自我調節機制。佛登的著作讓這些思想有了實務應用的內涵，它們也為投射性認同的無意識歷程能夠進入分析心理學的領域作了預備，這雖然是精神分析取向所發現的重要概念，不過也是佛登最近期理論中的重要核心，同時也密切連結榮格對於同理共情（empathy）與神祕參與（participation mystique）的應用。

自性的防衛、投射性認同與身分認同

自性的防衛

　　1974 年，佛登寫了一篇後來成為分析心理學領域受到最多引用的論文《自性的防衛》（*Defences of the Self*）。在這篇文章中，他以類似榮格的方式描繪了一種現象，他將之描述為「病患在移情的精神病狀態下所展現的整體防衛」（Fordham 1985am p. 152）。這引起了不少人的興趣，因為他描繪了這一種情境：不論他向病患說了什麼，病患都會「根據當下所主導之投射性認同的渠徑」重新解讀而被扭曲。

　　一開始，我用一般慣常的做法來應對，我以為只要指出投射，並且說明這個現象是如何產生的——即便我無從證明，便足以讓分析繼續進行。然而，因為我所做的詮釋本身被病患扭曲、重新解讀了，所以這麼做沒有用……從病患的觀點來看，這形同是分析師拿著專業技術作為盾牌，讓自己躲藏在後。　　　　　　　（ibid.）

　　這篇文章描繪了病患如何持續攻擊著分析師，嘗試要將他分裂成「糟糕的技術工具」與「躲藏起來的良好部分」。時間感——意即何者為過去，何者為現在——消失了，童年的記憶的情緒內涵與其原本的情境脈絡斷製了，從本質上來看，這名病患無情地惡待分析師，讓分析師彷彿變成他自己。如此的後果是，如果沒有人發現這點，「分析師—病患的混合體被建立起來，這將會變得很難解除：這是一種有害的反移情形式。」（ibid., p. 155）分析師可能會變得相當受虐、困惑、挫折，很想要放棄分析工作。

在這樣的情況下，唯有當分析師能夠迴避來自自身的無望、絕望與憂鬱，才得以開始思考在這些感覺之外，自己內在是否涵容著病人之心理狀態。實在無法更強調病患會如何無情地玩弄著任何他從分析師身上發現的弱點，而這會破壞分析師成熟、滋養、感受與創造的能力。　　　　　　　　　　　　　　　　　　（Ibid., p. 156）

　　佛登宣揚遵循這個方法的重要性，要不惜任何代價地維持分析的態度，不要因為罪惡感而屈服，並且謹記著這些痛苦實為「病患正在奮力掙扎著，並且展現著存活下去的意志」。病患正在試著與分析師連結，只是這種連結乃是以帶有惡意的形式發生著。

　　這篇論文對分析心理學的重要性在於，它將極端的妄想式移情行為與佛登對嬰兒期的研究，饒富創意地結合在一起，讓其他人在遭逢相似困境時也可以引為借鏡。佛登所描繪的是當自性的分解物發生分裂與扭曲時所會發生的狀況。他呈現出這些分解物如何以強大的能量強行進入分析師。但是分析師需要謹記在心的是，他本身的自性是不會被摧毀的，即便有時候他感覺自己的自我已經快被擊垮了。因此，隨著經驗的累積，分析師將能轉化投射性認同，並且透過精進自己的詮釋能力，將能幫助病患找到走出僵局之途。在病患的妄想中，有著「意圖重新建立關聯的原型形式」。這篇論文為分析心理學家們提供了研究投射性認同的橋樑，同時，也與榮格的個體心理學同調一致。佛登解釋道：

　　分析工作包含內攝各式各樣的人們這部分，也許不一定都能找到得以消化，或將這些部分投射回病患身上的做法。當有大量投射

性認同在運作時，這又更加困難了。當這樣的投射性認同佔據主導地位時，自我的認同感會受到威脅，界線會變得不安穩，而我也可能會被置於一種「必須為生命而戰」的位置。我在《自性的防衛》中記錄了這項發現，開啟了我將病患視為一個整體進行治療的大門，至於那些向病患敞開自身，進行個別化分析工作的做法，我認為這實在是非常危險的作。　　　　　　　　　　（Fordham 1988d, p. 12）

140　　　　關於投射性認同的研究起源於佛洛伊德，繼而由亞柏拉罕（Abraham）到羅森費爾德（Rosenfeld）、克萊恩與比昂，乃至近代關於這個主題的研究如雨後春筍般地出現。以下是佛登在他近期發表的論文（Fordham 1994b）當中比較了佛洛伊德與榮格，梳理了這兩位先驅者分別如何看待發展中的認同歷程、防衛與後續的溝通，他僅以佛洛伊德的《群體心理學與自我的分析》（*Group Psychology and the Analysis of the Ego*, 1921）、《達文西對童年的回憶》（*Leonardo da Vinci and a Memory of his Childhood*, 1910）與《哀悼與抑鬱》（*Mourning and Melancholia*, 1917）為文獻。

身分認同與心理認同歷程

在佛洛伊德取向精神分析中，認同歷程（identification，或稱認同作用）的重要性是眾所皆知的，佛洛伊德認為認同歷程是非常重要的心理發展歷程，他將認同歷程描述為「與另一個人情緒連結的最早展現」（Freud 1921, p. 105）。跟隨佛洛伊德的精神分析師認為，人格是透過認同歷程而形塑而成的。

另一方面，榮格則認為認同歷程對個體人生的意義有限，他認為個體皆是以其本身的真實存在著，或者，個體終將渴望從源有童年或教養經驗的認同歷程中脫離出來。他寫道：

　　如果個體無法走上其本身的生命之途，認同便是有好處的，然而，一旦有更好的可能性出現時，認同便會顯露出其病態的特徵，如同其原先無意識帶來了幫助與支持，此時則搖身一變成為同樣強大的阻礙。　　　　　　　　　　　　　　　　（CW 6, para. 738）

　　這兩種觀點之間的重大差異，被認為是佛洛伊德與榮格最終於1912 年分道揚鑣的原因。從根本上來說，隱含在佛洛伊德取向思想底下的觀點是，心靈除了超我（super-ego）之外，沒有其他的內在來源。而在榮格的理念中，心靈具有其本身的內在泉源，那是某種內在組織原則，涵納著非個人的無意識節點，而這些節點都具有其自身獨特的行為模式。然而，傳統的精神分析派典所關切的是外界如何與個體有關聯，因此，舉例來說，兒子對母親的認同歷程在同性戀的發展中是很重要的。後來的分析師——特別是克萊恩——接手發展並精進了認同歷程的概念，更描繪了投射性認同的現象，比昂（1959, 1962a, b）、羅森費爾德（1987）、喬色夫（Joseph 1989）與梅爾徹（Meltzer 1992）都對此做了更進一步的研究。 141

　　但是榮格對於原型和自我所建構的內在客體之間的關係更有興趣（對此佛登加入了發展的觀點，他說明了在原型的基礎上如何透過解體與再整合的歷程形成內在客體）。榮格對內在世界深感興趣，他將之稱為客觀心靈（objective psyche），在他談到積極

想像時，他指的是與從無意識中浮現的人物進行對話，有時候，如果個體的意識自我認同了其中一個無意識所浮現的人物，那麼這人可能會出現精神病性的症狀，而更常發生的則是一種自我膨脹（inflation）的狀態，意指一個人開始認同來自集體無意識的意象，榮格認為這是「意識往無意識狀態的退行」的（*CW* 12, para. 563），這要不是導致憂鬱，便是導致極端的躁狂。佛洛伊德主張認同歷程是令心靈得以建立起來的早期原初歷程，而榮格則強調是在主體與客體之間的身分認同（identity），他們之間存在根本上的差異。拉普朗盧（Laplanche）與彭塔力斯（Pontalis）將認同歷程定義如下：

　　當主體同化了另一個人的某個面向、特徵或品質，並且，依著對方所提供的模式，主體或完全、或局部發生轉化的心理歷程。

（Laplanche and Pontalis 1973）

　　榮格認為身分認同是一種無意識現象，他認為這是我們「原初主體與客體之間尚未差異化的狀態，也就是原始無意識無分別的狀態」的殘跡（*CW* 6, para. 741），他認為這是心理認同歷程（identificatory process）的前身，同時也是嬰兒期的特徵：

　　對父母身分的認定（identity），提供了後續對父母特質的認同歷程之基礎，認同歷程也取決於投射與內攝的可能性。　　（ibid.）

　　因此，從發展的角度來看，榮格認為身分認同的發生先於心理

認同歷程。那麼投射性認同呢？這個詞彙在榮格追尋他的研究興趣時，還沒有被發明出來，不過他相當明瞭這個現象蘊含著什麼，他曾經用許多不同的方式描述過這個現象。舉例來說，他對神祕參與（participation mystique）的定義如下：

這代表的是一種與客體的特殊心理連結，其中隱含著一個事實，即主體無法清楚地與其客體做出區分，而是透過一種直接綁定的關係達到部分身分認同的狀態（partial identity），這樣的身分認定來自於主體與客體合為一體的先驗狀態。　（*CW* 6, para. 781）

142

榮格在《美學中的類型問題》（*The Type Problem in Aesthetics, CW* 6）一文中提及同理共情（empathy）時，進一步闡述了這種一體性。他將同理共情描述為：

一種感知的歷程，其特色為透過情感，一些基本的心理內容被投射到客體之上，於是主體同化了客體，並與之融合在一起，以至於主體感覺彷彿自己在客體之中……　（*CW* 6, para. 486）

之後在同一篇文章中，他描述同理共情類型的人會擁有如下的生活：

他對客體感同身受，因為所同理的內容是他自身重要的一部分，於是他可以支配客體，他變成了客體。透過對客體產生認同，他反而脫離了自身。藉由將自己變成客體，他去除了自己的主體

第十章　自性的防衛、投射性認同與身分認同第十章　自性的防衛、投射性認同與身分認同　227

性。 (ibid., para. 500)

上述這些例子一再展現出榮格相當熟悉這個於今被稱為內攝與投射性認同的無意識歷程,不過他卻更認為那是某些人格類型的特徵,並未將此當作分析歷程中的一部分。他在描述煉金術師試著將基礎物質轉變成黃金時,基本上是在描繪這些早期科學家與心理學家正在思考著自己對這些物質的投射。他對於這些投射的理解相當近似於當代在描述投射性認同中帶有排除與控制的面向,話雖如此,透過榮格來理解投射性認同這個精神分析的概念,恐怕是一種誤導。

投射性認同

於今,這個概念是克萊恩取向精神分析的核心,克萊恩在1946 年首次將此描述為一種無意識的歷程,意在將自我或自我的一部分強加於他人身上,以便能夠控制這些部分。在 1950 年代與1960 年代早期,比昂更新了這個概念,以區隔出正常溝通中的投射性認同歷程——例如母嬰之間若沒有充斥著無意識的暴烈情感的時候,便可能會發生的那種正常溝通中的投射性認同——和另一種投射性認同的不同。另一種投射性認同的特點在於強迫地將情感排出,並且轉移加諸到另一個人身上(Bion 1959, 1962a, b)。越是著墨鑽研這個概念,反而越難以精準定義它是什麼。大多數克萊恩學派的精神分析師透過說明自己與病患之間所發生的事情來說明這是什麼,從而能夠分開投射的與身分認同的(identificatory)

143

228　　　　閱讀佛登:從兒童個體化研究開拓自性的探索 ├

的面向。不過，由於它乃發生於病患與分析師之間富含情感品質的經驗，因此，有些人會以促發投射性認同的幻想來描述之（see Rosenfeld 1983）。如同榮格所體悟到的，投射性認同本身並非病理化的機制，而是所有同理共情溝通的基礎。不過，對於一般的心智功能來說，投射性認同能夠逆轉是很重要的，也就是說投射可以被撤回，而可以自己本來的身分與他人互動。

　　榮格學派針對這個概念的發展有賴於佛登關於自性動力的想法。佛登早期研究了自閉症發展中與自性客體（詳見第七章），其中展現出由自體分裂出來的部分會被投射到另一個人或客體的身上，並且將之視如異己般地與之產生關聯。作為一個接收這些投射的分析師，他將他的反移情描寫出來。榮格學派對投射性認同的興趣主要源自這個觀點，最早針對這個主題發表論文的分析心理學家之一是蘿絲瑪麗‧戈登（Rosemary Gordon 1965），她的論點是投射性認同是一種「走向融合的動力」，她將此描述為「奮力實踐達到整體圓滿與合一的狀態」，這個將投射性認同視為渴望融合的想法，也可見於精神分析學派的論述中。不過榮格學派在使用這個概念上認為這個現象乃出於良善的動機。在戈登看來是個體達到整合的努力，在羅森費爾德眼中則是自戀的行為、混淆而分裂的客體關係，根據戈登的描述，投射性認同的內容是源於原初自性的分解物，並且：

　　　由於投射性認同涉及了個體要擺脫某些尚未真正摒除掉的東西，自我發現自己仍必須面對那些亟欲拒絕或否認的情結；而這可能會促進自我更有效地重新融合與整合，這是投射性認同的次級功

能。我相信，當榮格強調投射歷程在意識化的持續過程中的重要性，他指的正是這個投射性認同的次級功能。

（Gordon 1965, p. 131）

　　學者們無不同意，當病患感到不被理解時，投射性認同會更加強烈，病患感覺自己與分析師之間的鴻溝越大，投射性認同的內容便越多。由此，我們可以推敲出作為正常溝通形式的投射性認同形成了移情—反移情的其中一部分，這與克萊恩一開始所描述的那更為侵略性、驅除的面向有所區隔。

　　在佛登所寫的〈自性的防禦〉中，他對此的研究結合了一些投射性認同中驅逐、毀滅特徵。在這篇文章中，他描繪了一種可以透過分析而勉強轉變的病態組織，哈伯德爾（Hobdell）的文獻裡指出，佛登後期的研究也繼續探究這個現象，佛登以榮格對於身分認同與認同歷程的公式來概念化投射性認同這個現象（Fordham 1994b）。在這本書中，佛登提供了許多臨床上的描述，指出身分認同的狀態將會在投射性認同之前出現，就如同榮格所說的那樣。這方面的臨床證據部分來自於嬰兒觀察，而部分來自於在分析中發現的，當修通投射性認同的同時，有些病患會達到一種身分認同的狀態。這可以被描述，並且與投射性認同區隔開來。在佛登〈認同〉（Identification）這篇文章的臨床描述中，他介紹了一名努力想要讓自己擺脫痛苦的男病患，他與佛登都可以詳細描述這種痛苦，但是他們卻不明白為什麼這份痛苦並沒有被分析所修正（Fordham 1994b）。後來，佛登意識到它起源於何處，而這個發現影響了他的分析技術。這名病患做了一系列的夢境，夢裡他身處

一個遙遠的國度，那裡受到一個獨裁者所掌管著，這系列的夢境不斷持續發展，直到蘇聯解體之後，他夢見他擁抱了戈巴契夫。埋藏在這些素材底下的，是病患對佛登深深的嫉羨，佛登在面對接二連三對分析價值的毀滅式攻擊時，依然從中存活下來的能力，對此病患感到非常嫉羨。

　　於此，佛登向這名病患描繪了他是如何讓病患覺察到自己所加諸在病患身上的一種假設，也就是分析是具有療癒力，分析師只對病患的「內在世界」感興趣，特別是分析師所看重的那一種內在世界。由於這名病患特有的病理狀態（強迫抵銷機制），他傾向堅持認為，儘管他很看重佛登為了要幫忙他所做的努力，不過這些努力實際上並沒有什麼幫助。在夢到戈巴契夫的不久之後，有一次治療會談是在沉默中度過，在那次會談之後，病患曾經在半夜裡醒來，寫下對於佛登《自性的防禦》（Fordham 1985a）一文的批評。那次沉默的會談之後，病患嘗試用「一事無成的白天時光」（這是病患所使用的詞彙，意指他浪費了許多日子）來處理他對佛登的批評攻擊，這兩者都非常重要。佛登總結道，在那次沉默的會談中「他幾乎把他自己的狀態和我連結起來」（Fordham 1994b, p. 67）。病患的批評是，他認為佛登並沒有充分體認到他的全能，「並且佛登假設自己（佛登）是對的」（ibid.）。佛登將此連結到分析是要為病患帶來益處的這個假設，佛登是如此表達的：

　　儘管我對這一切究竟是怎麼回事有著非常好的理解，也能夠針對每次特定會談中的素材提供一些分析，不過，我實在不明白為什麼我無法觸碰到他最核心的痛苦。唯有在我領悟到問題出在正活躍

145

運作的身分之上，一切才豁然開朗。實際上我們處在一個任何一般的理解或洞察皆派不上用場的處境之中，我們所處的乃是一個與意識（以及無意識）無關的狀態。我認為榮格在他寫道「醫生與病患於是發現他們正處於一種建立在共同無意識當中的關係」時，也許即在描述這種狀況。〔CW 16〕　　　　　　　　（Fordham 1994b, p. 68）

　　對此，榮格的解釋是，這個現象其實是由病患與醫生的無意識中相呼應的內容所匯聚結合而成的結果，榮格認為這種層次的無意識溝通是由原型所組成。然而，對這種共同無意識的現象，佛登的看法與榮格有所不同。他認為這是發生於病患與分析師之間的身分認同狀態，而這是更為原始層次的功能，近似於更為早期的嬰兒狀態。伴隨著此一發現，佛登調整了他的分析技術，在向病患溝通他所知道的內容時，較少出自於分析師的理解，而更著重於從情緒信念出發。這樣的轉變展現出詮釋重點的不同，之前做詮釋乃著重於滿足病患想要理解的需要，而後者則是告知病人他所了解的內容。

　　佛登似乎在這名病患心中留下很深的印象，他發現佛登既不是全能的，也非無所不知，這讓他擺脫了對分析幽閉恐懼式的依賴。先前他在分析中一直感覺自己彷彿被囚禁。於此，重要的不是詮釋，重要的是承認這個現象，病患所回應的乃是佛登所新發現的狀態，而非他在其日常上所投注與關切的焦點。此一描述拓展了榮格的思想，即榮格認為分析師必須以一個完整的人、從自己的情緒經驗出發來回應病患，這包含了如何能夠接觸病患的無意識防衛，並且讓病患聽見分析師所想要表達的。佛登體悟到分析所遇到的阻礙，實際上是身分認同，也就是共同無意識的狀態所致，這讓他與

146

他的病患陷入僵局。他認為，透過細細闡述佛登其實「無法處理他的痛苦」，這讓病患感到解脫釋放，他觀察著病患的「無意識信念，也就是他認為我堅信自己是無所不能的」。於此，佛登在做的乃是出自於他關於嬰兒期自性的想法，並且將它們連結到病患頻頻發生的尚未差異化（non-differentiation）的心理狀態。他認為這種經驗會發生在投射性認同之前，而且這是投射性認同的機制能夠發生所需要的結構。

在佛洛伊德的模式中，認為早期近乎妄想的全能自我認同狀態有助於人格的發展，而榮格對尚未差異化狀態是嬰兒早期的心智樣貌的早期論點，與畢克（Bick 1968）對嬰兒人格的想法相近，也就是嬰兒感覺自己並未被皮膚所被動涵容、抱持並聚攏起來（此即榮格所談的身分認同狀態〔state of identity〕，畢克所談的未整合狀態〔state of unintegration〕）。不過，畢克以人格的解體來描述嬰兒沒有形成心理皮膚的狀態，而在榮格的人格模式中，人格並不會因為這樣的經驗而解體，因為他認為這是可逆轉的，榮格的理念出自他那些從精神病中康復的成年病患。對榮格來說，這些身分認同狀態是嬰兒發展歷程中的一部分，佛登則持有不同的看法，他認為這些狀態是偶發的，不是嬰兒時期主要的特徵，這是自性的動力使然。

在佛登的模式中，像這樣的原初自性是不會解體的，對他來說，這些早期的心智狀態偶爾會被自性組織起來，並且唯有在成熟過程中沒有被放棄才會具有意義。

特別在精神分析學派之中，對於嬰兒究竟多早能夠區分兩個客

體之間的差異，因而內攝、投射與認同的機制得以發生，依然眾說紛紜。畢克在針對嬰兒所做的研究中所發現的結論是，起初，嬰兒有對主體與客體原初身分認同，不過很快地，嬰兒便發現皮膚，而這使得嬰兒分別在自己與母親的內部與外部皆產生了一種接合與空間，在這個空間裡，思考的機制得以開始運作。而如果未能充分擁有皮膚的經驗，那麼便會出現黏著性認同的病理條件。這是一個很重要的主題，因為它展現出再更複雜的過程發展起來之前，榮格所稱的身分認同狀態確實佔有一席之地。我應該要補充說明一下，從理論上來看，如果關於原初自性的想法是正確的，那麼自性便透過組織情緒與知覺訊息來構成嬰兒的經驗，這就會如同畢克所說的那樣。　　　　　　　　　　　　　　　　　（Fordham 1994b, p.66）

147

　　某種程度上來說，佛登原初自性的模式將這些不同的觀察彙整在一起，特別是如果我們認為那是一個兩階層的模式。首先是存在著一個抽象而沒有特徵的自性，一個類似於 DNA 的概念，接著，隨著身體的發展以及個體的特質在與環境母親交互作用之下逐漸成形，產生了自性一客體，繼而則產生了自性的表徵，這將使得嬰兒首次覺察到自我與他人，也是初級自我發展的開端。

　　佛登這些對早期客體關係的詳細研究，使得榮格與成年病患工作中所得到的想法有了扎根於嬰兒期與童年期的基礎。舉例來說，榮格在描繪婚姻關係的心理複雜度時，他用了「被涵容者」（contained）與「涵容者」（container）這樣的詞彙來描述，而後又檢視了投射與認同之間的來來回回，他認為是這些歷程使得維繫婚姻關係變得如此複雜與困難（Jung, CW 17）。榮格在這篇文章

中許多隱微的觀點之外，他描繪了「單純本能式的擇偶」——他稱之為「一種非個人的連結」，是「全然受到傳統習俗與偏見所制約，這是每一樁傳統婚姻的原型」，其中乃因「無意識導致尚未差異化或無意識的身分認同」——而後進展到奮力（「沒有痛苦，就沒有意識的誕生」）解開存在於伴侶之間，在涵容與被涵容之中，極為複雜的投射與認同歷程。（CW 17）

索努・山達薩尼（Sonu Shamdasani）為佛登分析技術的論文集撰寫了序文，其中他寫道，佛登對榮格思想的琢磨與澄清「比只是去處理分析心理學中的內規瑣事還要有意思多了」。

由於錯綜復雜的的政治與制度脈絡至今仍是難解，榮格的思想在精神分析界中形同法外禁地，被劃入族譜名份之列更是想都不用想，精神分析師們往往得暗地裡鑽研或應用榮格的理論……因此，佛登澄清了榮格對於治療的想法，對於當今廣泛的心理治療讀者來說，無疑是一件意義重大的事情，因為有許多榮格對分析互動的開創性見解，後來都由精神分析學家接手進一步發展，但是其中卻隻字未提榮格。 （Shamdasani 1995）

關於此事，其中一個例子是榮格對於涵容者—被涵容者的概念，這與後來比昂在《專注與解析》（*Attention and Interpretation*）（Bion 1970）中所提到的概念極為相似。在這本書中，比昂詳盡闡述了榮格關於涵容者與被涵容者的論文，比昂將此概念從婚姻關係拓展到治療中，意義在語言中得到涵容，而病患也在其分析師的心智中得到涵容。相較於榮格，比昂以更加具體也更詳盡的方式描

148

繪了涵容的容器會如何侷限成長。梅爾徹關於幽閉恐懼的研究又將此主題往前推進，他描述了一份臨床素材，病患居於那樣的心理狀態之中，以此區分了侵入式的認同（intrusive identification）與投射性認同的不同（Meltzer 1992）。史坦納（Steiner）描述了一個心理撤退避靜之所以及其病態組織，這空間存在於病患的內在，也在分析師與病患之間，並且史坦納表明修通哀悼的歷程是邁向復原很重要的一步（Steiner 1993）。上述這些克萊恩學派的精神分析師們所做的，是將容器與認同狀態區分開來，容器是思考與轉化可能會發生的地方，而認同狀態則指的是客體對於通常是充滿敵意，帶有驅逐毀滅意味的動機充滿認同感，而且幾乎總是處在精神倒錯而且毫無進展的狀態，其中投射歷程的僵固特徵可由無法撤回投射內容的阻抗中顯而易見。

臨床實例

在佛登的〈詮釋應有的限制〉（The Supposed Limits of Interpretation）此一論文中，他以一則臨床實例來說明自己是如何體認到投射性認同的現象，以及他如何以分析的態度回應（Fordham 1991a）。他描述了一名女性病患，在分析剛開始時，她提到了許多令她滿意的國外生活。接著，她將那些回憶與現在待在英國的生活對比。現在的生活顯得快快不樂，她在英國沒有工作、沒有同伴也沒有家人，她很孤單而憂鬱。佛登聽著這些，他將浮現在他腦海中的想法說了出來，但這些回應似乎都沒能與她在他心中灌入了那種急切感接上軌。他意識到自己必須給出某種回應，

於是他完全聚焦於回應移情，從這種感覺出發，他回應她說，她希望讓他對於她的感覺同感深受，這麼一來他才能夠幫得上忙，讓她脫離這份痛苦。然而，不論他怎麼做，他都無法滿足她的期待。這只是部分的詮釋，是為了回應病患沒能得到更為完整的理解，也反映出在分析當下的氣氛。這樣的詮釋乃處於母性移情之中，而且佛登體會到，病患感覺這個移情中的「媽咪」無法承受她的痛苦，如果她未能將這些痛苦疏散到另一個可以為她轉化這些經驗的容器中，那麼她內在不斷累積的不舒服、急迫、醜陋難堪的感受將會持續迫害她。佛登在論文中完整地描繪了這一切，他指出這種特殊的投射性認同在本質上是肛門式的。

在同一篇論文中的第二個例子，他從自己的實務經驗中闡述了投射性認同，不同的是，雖然同樣也是發生於病患持續負向移情的脈絡之中，不過這個案例處於立意良善的溝通狀態。這名病患在分析會談的一開始經常沉默不語，佛登發現自己腦海中浮現了他曾經觀察過的一名嬰兒，每當這個嬰兒在哭啼不休時，只要有人對他說話他便會立刻停止哭泣，究竟說了些什麼並不重要，重要的是要有人去跟他說話。他認為病患在分析中的沉默實則是病患在溝通著他的心理狀態，他回憶起這個病患經常說自己聽不懂佛登所說的話，而這會讓佛登繼續說更多話。佛登在描述他與這名病患的互動中，呈現出他是如何從與病患的內在小孩說話（他的內在小孩喜歡這些說話的聲音，但不理解這些語句），進展到與病患這個成年人談論這個內在小孩、以及這一切何以是如此。他以這種方式繼續分析，因為在這名病患身上，成年的他（「也是我所真正必須談論說話的對象」）展現出源自兒童狀態的情感內涵，主要不是為了排解或控

制，而是為了溝通。

〈詮釋應有的限制〉這篇文章詳述了佛登為《榮格取向分析心理學：前景與脆弱性》（*Jungian Analysts: Their Visions and Vulnerabilities*）（Spiegelman 1988）所做的貢獻，佛登的這篇文章與斯皮格曼書中所摘錄的一小段對話，都是為了寫給榮格取向讀者看的，因為佛登閱讀了當代榮格取向的文章，特別是那些受到蘇黎世訓練的學者所寫的文章之後，這讓他試圖重新將焦點放回他們所談的投射性認同上。佛登所關切的是，（一）有一些分析師將那些源於身體、與性有關的、極為幼稚情感的投射內涵，看作是在分析師與病患之間的空間裡，產生了某些隱微而近乎神祕的身體與心靈的結合，同時（二）另有一些分析師對投射性認同的理解侷限於投射的內涵，並將認同的內容當成是事實，而不認為那是某種妄想。

佛登在〈詮釋應有的限制〉一文中檢視了前述的那個案例：（一）透過檢視一名在蘇黎世受訓的分析師所發表的臨床素材，該名分析師在分析中處理一名女性病患對他的愛戀移情（erotic transference），他的做法看似精緻而直截了當，然而其實這本質上是放棄了分析，轉而採取禁令與行為來回應（Fordham 1991a）。佛登所關切的重點在於，不只是分析師在病患最需要分析之時揚棄了分析，而且分析師還依著自己的認同而行動化了，結果導致他並未聆聽病患實際上在傳達些什麼，反而去告訴病患應該要怎麼做。且當他在將這些歷程撰寫成文章時，他以抽象的表述強加在這些分析的片段之上。由於病患正在分析中描述她性興奮的情慾經驗，使得這個不進行分析卻反而依著認同而行動化的行為尤其醒目。

在斯皮格曼書中摘錄的第二個例子，（二）佛登再一次著墨

閱讀佛登：從兒童個體化研究開拓自性的探索

於分析師的回應，不過這一次，他主要在感受病患投射在他身上的感受，他成了一無是處的父母形象，無能照顧自己的小孩／病患（Spiegelman 1988）。於此，佛登所談論的主題是，病患經常會詆毀他與分析，但是仍持續來談。斯皮格曼指出，如果他是分析師，他會針對投射性認同——意即他似乎沒辦法提供任何有價值之物給病患——做出回應，他會向病患描述他感覺到病患似乎將自己內在的感覺放到他的身上。斯皮格曼說，他會對病患這麼說：

> 當你說我什麼都沒給你時，我感覺自己好像是一個乳房乾癟匱乏的母親，並且覺得受傷與罪疚，不論我怎麼做都無法滿足你。我的反應讓你有什麼感覺？ （Spiegelman 1988, p.18）

佛登對斯皮格曼的說詞做出回應：

> 如果我感覺到一些相當原始直接的情緒——這不常發生——我不會將它直接回應給個案，而會把它轉化成一份詮釋。 （ibid.）

根據佛登的觀點，這個案例展現出的是分析師未能妥善分析投射性認同的內涵，反而再次將這些情緒投射回去了——例如，「我的反應讓你有什麼感覺？」——並將認同的部分當作是事實，而非妄想。以佛登的方式回應，會要更考量到這些素材在分析中的脈絡以及它是如何從病患身上浮現的。我對於佛登的態度的理解是，最原始而最少以語言來作用的移情會透過行為來表達，而分析師的任務就是找到可以涵容與轉化行為的語言，而不是冒然說出一些事實

上是將病患所投射內涵付諸行動的言語。

自我感

　　佛登關於投射與認同狀態研究的基底，乃是他認為自性在整體生命中是連續而活躍的存在。榮格大多與成年病患工作，沒有特別研究嬰兒期自性的重要性，雖然他曾以許多不同的方式描寫自性，但綜觀他的文章，從中可以感受到榮格認為較好的狀態是在中年過後，個體的自性應該要超越自我。蘿絲瑪麗‧戈登（Rosemary Gordon）曾區分了榮格所談的「大的我」（big self，意指「心靈的全體，同時包括了意識與無意識的心靈範疇」）、佛登所談的「原初自性」（primary self，「有機體之所有潛在能力的基質，有待解體與再整合的歷程，以便能夠變得可以運作、進而實現自己」）以及小的我（little self，意指「個體對於自身身分認同的覺察」）（Gordon 1985）。因此，戈登的「小的我」乃是在佛登對於榮格概念的修正之下產生，是自性的分解物，實際上就是部分的自性。

　　佛登的工作結合了嬰兒期的原初自性與榮格的「大的我」，而與自我感「小的我」沒有太多關係，自我感（小的我）與作為抽象與想像概念的自性（原初自性）之間的差別在於，自我感是我們可以經驗到的，因為它屬於自我的一個面向。批評佛登思想的人並不認同他將自性與個人連結起來，而榮格對自性的描繪則是強調它如何超越於個人之上，這些批評者所沒有看到的是，其實佛登也反覆強調著自性如何超越於個體之上。舉例來說，當他描述那些具有「做我自己」這種感受的經驗時，他稱這些為部分自性，因為整

體自性會超越於這些個人感受（Fordham 1979a）。一位英國榮格學會的重要成員路易斯・辛金（Louis Zinkin）則不認同佛登的觀點，他認為自我感是在做我自己這類經驗當中更重要的特徵。

在我看來，比起討論是否有一個客觀的自性存在於任何特定的年齡，討論自我感似乎更有意思。　　　　　　　　（Zinkin 1991, p.43）

我認為辛金的這番言論使得他背離了榮格取向的淵源，如果否定了自性是「與生俱有」、能夠引發原型活動、能夠整合經驗、產生得以超越自我的經驗，那麼榮格心理學最為獨特原創的特徵便蕩然無存。辛金幾乎是在說抽象的自性屬於哲學探究的範疇，而唯有自我感才是心理學應該關切的事。

大多數探究嬰兒發展這個主題的學者——不論是精神分析師或分析心理學家——都描繪了一種早期尚未差異化的狀態，而後才浮現出更加差異化的內容。舉例來說，溫尼考特曾以我（self）從意識自我（ego）中浮現而出來形容這件事情（Winnicott 1965），這與佛登所想的相反，佛登認為嬰兒是一個差異化的單元，他寫道：

正是這個自性的統一性導致了早期客體關係是由所有自性的片段（分解物）所組成。起初，個體的世界裡沒有任何外在客體的存在，也沒有所謂的內在客體……唯有隨著逐步成熟、良好的母性經驗，嬰兒才漸漸體認到我與非我之間的差別，也正是透過如此，原初自性被轉換成象徵式的表徵。　　　　　　（Fordham 1976a, p.223）

152

佛登建構了自性理論，也描繪了在臨床實務現場自性是如何發生的，其理論的特殊價值在於，它提供了一個得以概念化病患與分析師之間互動的框架，這些互動究竟誰對誰起什麼作用，起初無所區別也不清楚，但這些互動是發生於涵容、抱持、調整與轉化的狀態之中。佛登所談的自性，究竟對於為精神分析學者談到成熟自我（mature ego）時所提到的特質與面向添加了哪些內容？佛登的理論模式當中有一個特質是以自我為基礎的模式所缺乏的，即其模式以自性為基礎，因而更能體認到在經驗的連續性中有程度次第的差異。以榮格的話來說，這即是超越特質（transcendent）。對立面整合所激起的強烈衝突，涉及了個體內在心智中嬰兒期的面向會感覺到好的內在客體似乎無法免於自性的毀滅力量、無法受到保護。佛登在上文所描述的分析技術以及自性防衛有關的分析方法都隱含著，他認識到必然要在自性不可毀滅（死亡除外）的脈絡之下，才得以修通依賴與失落。教會他這點的病患，在分析中花了很長一段時間否認自己對於失去好客體的恐懼，固執而強硬抗拒將這些部分整合進來，並且在這麼做的過程中將自性邪惡的那個面向，透過相當頑固、執拗而偏差的行為展現出來。

基督教經驗、神祕主義與自性

　　眾所皆知，榮格對基督教深感興趣，在生命最後將近二十年的時間裡，他致力於解釋基督教的歷史、儀式、靈修與教義，他毫不避諱地投入於這個主題，並寫了《答約伯》（*Answer to Job, CW* 11）：「如果要說這世界上還有什麼事情像是幽靈讓人得去完成的，那麼這本書的誕生即是一例。」（Jung 1973-6, vol. 2, p. 20）

　　他書寫這些文章的初衷乃是希望幫忙基督教改變，動機是渴望轉化基督教。他認為基督教的核心象徵需要重振旗鼓，他覺得基督教已經迷失了方向，在現代人的心中失去了意義，因為它缺乏一個統一的象徵，去調和其中的分歧與矛盾。基督教意義的喪失與榮格的家庭生活息息相關，在榮格的家庭經驗中，他的父親是一名瑞士的牧師，在晚年失去了信仰、終而在幻滅中離世。因此，榮格對於了解基督教的渴望一部分是來自於他希望了解他的父親發生了什麼事，這其中也牽涉了伊底帕斯式的幻想，包含了他想要療癒內在父親形象的願望。不過，如果把他關於基督教的重要成就簡化成僅是如此，那麼實在太不識泰山了。儘管榮格發覺自己必須要了解自己與父親，以及與佛洛伊德的關係，然而他也意識到（在《答約伯》一書中）基督教中的上帝也與凡人一樣需要歷經轉化的歷程。他認為以心理學的角度來看，基督教彷彿是一個相當片面武斷、僵化教條而脫離現實的病人，而他所寫成的重要研究就形同是他所下的診斷，包括《三位一體教義的心理學考察》（*A Psychological Approach to the Dogma of the Trinity, CW* 11）、《彌撒中的轉化象徵》（*Transformation Symbolism in the Mass, CW* 11）、《煉金術中的宗教與心理問題概述》（*Introduction to the Religious and Psychological Problems of Alchemy, CW 12*）、《基督教時代》（伊

雍）（*Aion, CW* 9ii）、《答約伯》（*CW* 11）與《神祕合體》

（Mysterium Coniunctionis）（*CW* 14）。他的理論基礎源自於他所搜集的證據，證實了基督教的基礎特徵在其他的文化中——包括非基督教的與前基督教的文化——也能找得到，他認為這意味著他所觀察到的模式乃屬原型式的，並且反映出人類心理與其發展，或未發展。

他認為，基督教不能被當作是理性思維的產物，或者服膺於社會組織且維持與促進文明影響的系統，他表明，基督教是說明無意識歷程的意識化產物：

> 三位一體的歷史呈現出原型漸進結晶的過程，在其中父親與兒子、生命，以及不同的擬人化概念被形塑成原型或聖祕的人物，即「神聖的三位一體」。　　　　　　　　　　　　　　　（*CW* 11, para. 224）

更仔細地說，由於原型具有結晶作用（crystallization）的性質，早期的基督徒感覺它似乎帶有啟示，這呼應了他們的經驗，對榮格來說，「神聖感」（Holiness）是其聖祕內涵的證據，因此也是它原型本質的一個徵兆。問題出在兒子身上，他太完美了，凡人本質中那黑暗的一面在神聖的三位一體的結構中絲毫沒有存在的空間，因此基督始終都是一個理想，從未化為現實。對此，榮格的其中一個分析是，他認為應該以四元論來取代原本的三位一體，他詳細描述了這個想法，他認為第四個必要的元素是父親那個放蕩不羈的兒子——惡魔。榮格這個想法的目的不在於將心理學強加在宗教信仰之上，而是運用心理學的視角來更為清晰地看見信仰的真理。

榮格相當重視宗教體驗，宗教體驗讓人們得以以非理性的方式經驗到自己的內在，而這正是心理學所致力企及的。根本上，榮格認為原型意象與基督教義是同一件事情，可以用同樣的方式探索。幾乎像是要闡述這點似的，他的《答約伯》是從對約伯與上帝的認同的「精神感染」（psychic infection）之下而寫成。在他看來，問題出在上帝——父親——需要有所改變，榮格認為上帝相當嫉妒凡人，因為凡人在意識的發展上超前了祂，於是祂將自己的兒子派來當凡人。他認為基督教要有所推進，就必須要將墮落天使與非基督徒（也就是那些將科學、知識與藝術成就看得比信仰更重要的人）涵蓋進來。他認為約伯最大的貢獻在於他看出了上帝結合了兩極對立面，尤其是正義與不義、忠誠與背叛。在這部作品中，他幾乎可說是描繪了他自身心理成熟上之困境的解決之道，彷彿這便可以解決他所看到的人類破壞性。如果不加以控制這份破壞性，那麼世界將會毀滅，何況現在人類發明了核子武器可以真正摧毀一切。

　　一開始，佛登對基督教的興趣也是從心理學的角度出發的，不一樣的是他沒有牧師父親與相關的衝突。佛登的家族是地方鄉紳，而在佛登成長的背景中，上教堂主要是參與社會網絡中一個環節，反而與個人的信仰關聯不深。上帝遠在祂的天堂，而紳士們則坐定在教堂的長凳上。他曾讀過榮格對基督教的研究，並對其欽佩讚歎，但他認為這些研究被誤用來塑造出一種從分析心理學而來的個人崇拜與教派。他聚焦於榮格這位科學家身上，由此開始探索。佛登描述了宗教體驗中的三個現象：其一，透過信仰而相信上帝形而上的實存；其二，實踐的儀式，例如禱告與告解；其三，靈性的體驗，例如幻視與夢境。他認為，第二種與第三種現象可以受到心理

155

學的檢視，不過第一種現象則仰賴信仰。就他的觀點看來，信仰是一種妄想，如果明明挑戰了這份信仰的事實既已擺在眼前，信仰卻依然置若罔聞地屹立不搖，那麼這就屬於妄想。依照佛登的觀點，組織化的宗教即是一例，它是受到社會認可的妄想，它是設計來涵納人格中較難受到管控的無意識歷程。佛登並非無神論者，他也不否認信仰的妄想具有相當重大的文化價值，畢竟人類從犧牲祭祀與食人習俗走到彌撒的儀式，已經是宏偉的文化成就了。只不過他認為，宗教理解是一種無法受到證實的體會：

宗教信仰有賴於對上帝先驗實存的虔信，立基於一種超越一切經驗的現實之上。宗教信仰——特別是神學——從其形而上的視角來看待各種現象，進而歸結出關於上帝之本質的定論；而心理學則從集體無意識的視角來看待這一切，並得出關於人類本質的結論。

（Fordham 1958a, p. 115）

他將心理學觀點建立在人類生物學的基礎之上，這意味著在他看來，沒有身體，人類這種動物便無法實踐心理意義。這一點的言下之意在於，人死後靈魂的續存乃不屬於心理學的範疇。他探究這點的方法是將彌撒儀式視為一種整合活動的視角來探究。更具體地說，參加彌撒的教徒對上帝做出奉獻，這牽涉了捨棄自己的某些東西（他們的自我主義），卻反而矛盾地感覺到自己被這樣的經驗（自性的經驗）所增強了。

156

同樣地，他探究了《心靈的黑夜》（*The Dark Night of the Soul*）所描繪之西班牙修士聖十字若望與上帝神祕結合的歷程，他

將此理解為人們逐漸放棄自我本位的需求，因而創造了神祕而豐富的狀態。影響聖十字若望這個經驗的因素起源於母親的意象，對分析心理學家來說，這會被理解為是阿尼瑪在調節著自我與無意識。因此，在這個描述中，上帝同等於無意識，阿尼瑪的出現則同等於投射的收回。上帝的話語是知識的乳汁，是智性的乳房。佛登對神祕主義特別感興趣（但只針對一位神祕主義者），他未曾在任何地方真正給出定義，最接近的是他總結了聖十字若望所採取的步驟，不過這更像是一種描述：

> 《心靈的黑夜》描繪了靈魂尋求上帝的旅程。這趟旅程是一個內傾的歷程，牽涉了放棄世界、肉身與魔鬼的基本教條，由此靈魂受到信仰、希望與慈善的美德所保護。從人類的層面開始，它逐漸變得越來越遠離人世生命，攀登上基督教義的階梯，終而達到頂端，並在肉身死亡之後與上帝成為終極的神聖連結（拉丁語：the unio mystica）。雖然終極的連結唯有在死後才會發生，不過在這個世界上，靈魂能夠與上帝擁有親密的關係，而透過這樣的關係，據說會產生許多崇高的結果。 （Fordham 1958a, p. 131）

在我繼續闡述之前，我想思考一下「神祕體驗」（mystical experiences）這個概念，因為它常被應用於心理學，也經常意指神祕化，而非只是與一般經驗可辨識的特質做出區隔。關於神祕體驗，首先要說明的是，它是一種意識的形式，具有調和的特性。所有關於神祕體驗的描繪都包含著此體驗所帶來的影響，其真切確鑿以及重要性，然而，同時也蘊含著一些語言難以表達的內涵。

威廉‧詹姆斯（William James 1902）談及這些神祕體驗的四項特點：不易言喻（ineffability）、僅存在於心智之中的特性（a noetic quality）、暫時性（transience）、被動性（passivity）。不易 言喻本身是一個負面的特質，是首要而且是一種較屬於感覺，而非智性的狀態，必須要被個體親自經驗過才知道。而至於僅存在於心智中的這個特性，則描述著這些經驗會帶來一種領會了些什麼的感受，一種揭示、一道洞見、一份嶄新的真理。第三點，暫時性表達著這樣的狀態鮮少會持續很長一段時間，儘管它會伴隨著發展而重複出現。最終，被動性這個特徵指的是這個經驗會伴隨著一種被高等力量所控制的感覺。

詩人、科學家與富有想象性的人們經常留下許多關於神祕狀態的紀錄，他們體驗到的是一種非理性的意識形式，通常是具有啟發性的內容。這些狀態所傳達的真理並不完全是宗教性的：舉例來說，突然理解了艱澀難懂的內容、預測到未來發生的事件，甚至是關於這個被神創造的世界的真理，例如某些特定藥草與植物的醫療效用。基督教神祕主義是神祕主義之中的一個特別的版本，其中有一個想法認為虔誠的人透過天職使命、訓練與實踐嚴苛的捨己修行，便得以超越肉身的限制，一步步接近上帝。作為一種歷史現象，這種神祕主義在中世紀的歐洲很盛行，教會在同化神祕主義者方面有著相當大的困難，對非正統教派的人也會嚴厲的懲罰，大多數人並未被封為聖徒。

我們能如何評斷這些經歷？畢竟，我們也許不能去說擁有這些體驗的人太有想像力，或患有妄想？從我的觀點看來，我們對這些人的態度最好能比照我們對創意與藝術的態度。如果我們自己從來

未曾體驗過世界的美好，那麼便很難知道體驗過美好的人所在描述的是什麼。不過我們可以注意到一些它所創造的結果。對於那些體驗過的人來說，那是真實的經驗，並且讓他們對這個世界擁有正向的感覺。這種神祕主義傳統的特殊之處在於，它是透過否定來定義的，透過說明它不是什麼，而能在語言的限制下描述它是什麼。它的真相在於，它見證了一種非理性，且僅立基於領會與感官覺受的意識，就像詩人對美的體驗一樣，它擴大並挑戰了已知事實，增加了另一種真理，也就是個人的體驗。

　　佛登用比較法去比較了神祕主義與心理分析，他的研究對象是聖十字若望對《靈魂詩篇》（*Stanzas of the Soul*）的評論。佛登的第一篇論述發表於 1958 年，後來，在 1985 年時，他重新修訂了這篇文章。我將列出他在第一個版本中所闡述的論點，並且評論第二個版本中的差異所在。在神祕體驗中，上帝是主動的，靈魂是被動的，靈魂必須要得到淨化。第一個階段是準備階段，處於這的階段的人被稱為初學者；第二個階段則是第一個黑夜，此時感官被淨化了；第三個階段則是第二個暗夜，靈魂已在種種靈性活動中得到淨化。在每一個階段之間，都有著一段安靜期。

　　首先，聖十字若望用嬰兒吸吮乳房時的感官愉悅來描述初學者的靈魂受到攪動的狀態：

　　　　那麼，必須要知道的是，靈魂在確實轉化成為上帝服務的狀態之後，通常受到上帝的靈性滋養與愛撫，就像幼童受到慈母的愛撫一樣，在慈母的懷中得到溫暖，在甜美的乳汁與柔軟而愉悅的食物中得到滋養，並沉浸在懷抱與愛撫之中。

（St. John the Cross, Cited in Fadham 1985a）

　　對聖十字若望來說，初學者在第一個黑夜之前所擁有的愉悅經驗反而構成了問題。享受上帝在靈魂上的工作是一個危險的狀態，就像喝醉酒一樣。佛登將此與分析心理學做對比，認為這像是自我膨脹的狀態，這個狀態對神祕主義學徒與初學者的後果將是使他們會變得冥頑不靈，用聖十字若望的話語來說是「像孩子一樣乖戾易怒」。佛登認為，這是對移情的嬰兒期面向的描述。聖十字若望進一步針對初學者將會遇到的問題做了詳細的介紹，而佛登認為這與分析相當相似，因為聖十字若望嘗試從內在衝突的角度了解他的學生所遇到的困難，他主要強調的是，在靈魂修煉時所得到的愉悅是相當危險的狀態。佛登將此連結到精神分析的享樂原則，並說初學者信徒開始步上攀登神祕體驗階梯之途的方法，與精神分析並無二致。這兩種經驗顯然是不完全一樣的。這一點並不影響我們看待佛登說法的態度，因為我們可以從榮格的說法來確立自己的方向，他認為神學家與心理學家的不同在於：

　　兩者似乎都講著同樣的語言，但是兩種語言在他們腦中喚起的是兩個截然不同的聯想範疇，兩者表面上都能套用相同的概念，但之後卻不得不承認，令人詫異的是，他們在講的是完全不同的事情。
　　　　　　　　　　　　　　　　　　　（Jung, *CW* 11, para. 454）

　　下一個階段，是上帝收回乳房；這預示著第一個感官黑夜的起始，聖十字若望寫道：

159 隨著孩子長大，母親逐漸停下了對他的愛撫，並把她溫柔的慈愛隱藏起來，在她甜美的乳房上塗抹了苦澀的蘆薈，將孩子從她的雙臂中放了下來，讓他用自己的雙腳行走。如此一來，孩子脫離了嬰孩的習性，轉而從事更重要與實質的任務。

（1953, vol. 1, p. 330）

　　佛登在 1958 年的文章中對此作了解釋，其特點在於他將佛洛伊德的概念與榮格的概念做出區隔，他特別強調在此斷奶經驗中的「分離焦慮」。

　　聖十字若望在描述初學者的困難時，常會提到在實踐靈性修行的過程中所感受到的愉悅，佛登從精神分析的昇華概念來理解這份愉悅，即在宗教修行中與性相關的念頭、感受與慾望會受到潛抑與昇華：

　　在聖十字若望的經驗中，靈魂被分成了兩個部分，即靈性的部分以及感官或者說是敏感的部分。心理－性慾的行為從感官的部分升起，這類活動最為執著和頑固，毫無疑問，性欲感受也會出現在最神聖的儀式之中。　　　　　　　　　　（Forham 1958a, p. 135）

　　佛登繼續引用聖十字若望的話語，「即使當精神深深沉浸於祈禱之時」，「不潔的行為與行動」也會侵入其中。聖十字若望再次將此歸因於靈性修行中的愉悅感受，而神祕主義者對此的回應則是試著壓抑這些感受（這與分析的做法相反）。佛登認為，雖然精神分析（有別於分析心理學）似乎相當排斥神祕主義，不過

他曾在 1958 年表達了自己的觀點，認為精神分析與神祕主義之間有著重疊的共同領域，而這些領域確實共享著同樣的原型基礎。因此，他將佛洛伊德的死亡本能（Thanatos）與神祕主義連結起來，死亡本能乃出自於身體，其目標是走向死亡，而神祕主義的概念則認為身體的死亡乃是為了要與上帝終極結合。接著，他將生之本能（Eros）與神祕主義中的永生概念連結起來，由於生之本能旨在持續保存自身，因此可以被視作永恆永存。

佛洛伊德的這兩個推論（死亡本能與生之本能）都包含了神祕主義的元素，儘管眾所皆知的是，佛洛伊德相當批判宗教在文明發展中的功能。針對這一點，佛登強調佛洛伊德與榮格之間的差異，並且特別著墨於榮格的原型心理學，原型心理學的特徵便是強調靈性掙扎的內在經驗整合，同時，相對不會將內在經驗連結到外在世界的現象上做解釋。後來，佛登於 1966 年為《神學》（*Theology*）論刊撰文，他在討論榮格與佛洛伊德之異同的段落中，不僅加入了更多他們相似的例子，同時也強調他們之間在神祕主義上的差異乃源自於他們兩人的個人經驗與文化脈絡（Fordham 1966f）。

榮格曾在自傳中提到他那失去信仰的瑞士牧師父親如何影響了他對神祕與宗教的經驗，佛洛伊德則身處於與榮格大相徑庭的文化傳統：猶太人，並且他本身並未經歷過任何與上帝有關的直接體驗。這樣的差異根本地導致了他們對於宗教體驗的不同立場，然而，如果將佛洛伊德與榮格對神祕體驗的看法擺放在一起，佛登寫道：

整個發展過程（與分析）是很相似的；與嬰兒期的主導者分

離，就聖十字若望的理解即是與上帝的乳房分離，也就是在移情關係中處理嬰兒期的那部分。不過最引人注目的是靈魂的體驗，如果先褪去神學的解釋，那麼這與榮格對阿尼瑪的描述完全相同。這兩種情況下的靈魂都是純客觀的，是一位女性「人物」。我們在《心靈的黑夜》中所關注的並不是一個發生在活人身上的事情，而是發生在被視為是獨立實體的靈魂身上的事情。

（Fordham 1958a, p. 138）

　　一旦我們走到這一步，黑暗之夜的最後兩個階段便即將展開。在第一個階段，靈魂「依著感官體驗」而有所淨化，也就是它與外在世界所有的關聯，尤其是愛情關係，同時也包括想像的對象。在第二個階段，淨化是靈性的，而靈魂是「受到壓抑的，並且預備著與上帝之愛有所結合」（St. John of the Cross 1953, vol. 1, p. 349）。佛登相當欣賞聖十字若望詳細地描繪了靈魂如何託付在上帝上，放棄了心智活動、欲望、想法與爭辯，取而代之的是沉思。佛登將此與積極想像相比，並提到對心理學家來說，這個歷程的目的在於擁有更廣闊的意識，而對神祕主義者來說，這個歷程理想的結果是在與上帝幸福的聯結中完全地沉浸於無意識裡。在後來對這些文本的研究中，他將這些經驗與積極想像做出區分，他指出在這些體驗中，靈魂是全然被動的，因此在進入「未知的暗夜」時，靈魂並沒有主動的干涉（Fordham 1985a）。這與積極想像是相當不同的，積極想像會鼓勵主動的交流。除此之外，聖十字若望還引用了大量《聖經》裡的故事，但他並不是用來作比較，而是用來說明闡述，以便從神話與故事中看見真理——也就是他致力於描繪的無意識歷

程中的真理。在這個關頭上，佛登寫道：

讓我很驚訝的是，當聖十字若望的做法可以與榮格在研究中所使用的擴大法相提並論，這等於是在說早在榮格之前，人們便已經思考到榮格的客觀心靈與集體無意識概念。

（Fordham 1958a, p.141）

從佛登的觀點看來，黑夜的第二個階段——即靈魂的淨化——是分析心理學與神祕主義開始分道揚鑣之處，聖十字若望稱此體驗為祕密智慧（Secret Wisdom），這種經驗一定符合威廉・詹姆斯對於神祕體驗不易言喻的標準，因為聖十字若望認為祕密智慧是：

它如此簡單、如此普遍、屬於靈性的範疇，以至於它無法被任何形狀或意象所包裹或隱蔽，因此，感官與想像無法解釋或想像它（因為祕密智慧未曾透過它才來發生，也未曾採用它們的形態或顏色），於是人們也無法闡述任何與它有關的事，儘管靈魂清楚覺察到它正在經驗與分享那不可多得的美好智慧。

（St. John of the Cross 1953, vol 1, p. 429）

佛登沒有因為這個經驗的難以理解與神祕性而打了退堂鼓，他回到源頭，忖度著為什麼人類會想要創造出某種教義，例如基督教。他認為耶穌之所以成為歷久不衰的形象，源自於祂被公認的歷史性存在，使得基督的客觀性擁有了無意識的價值。且這麼一來，（一）避免了自我認同無意識，（二）將宗教體驗的力量放置在教

會的手中。這個主題的發展讓佛登重述了榮格的論調，也就是榮格堅信無意識具有深刻的神祕性質，我們所知甚少，對大部分的人來說，無意識是駭人可畏的，在對其的崇敬之中具有神的影子。

　　不論是採取心理學的或神學的途徑，所欲探求的目的理應是相同的：即非理性的元素——或本能的、或精神的——對於個體命運的形成究竟有著什麼樣的重要性？但正如佛登所言，就聖十字若望的神祕修行而言，要捨棄本能的滿足，必須仰賴他們對於極樂天堂的信仰，因為修行者在肉身生活中無法獲得滿足。最終，我們應該如何看待「神祕合一」（unio mystica）？佛登認為神祕合一與「化合」（conjunctio）相近，化合是意識與無意識的結合，不過，神祕合一不可能完全等同於化合，因為神祕合一是一種先驗存在的現實，而化合乃是以心理學與生理學為基礎。此外仍有一個未解的主題，即魔鬼。在上述這些探求中，魔鬼這個主題似乎不見蹤跡，不過我們都知道這仍然是存在的，而佛登認為這正是榮格所體悟到的，即便儘管經驗已經有所轉變（中世紀時的基督教神祕主義觀點早已世易時移），無意識中的原型卻是古今一轍。上帝不再高不可攀，而勢必已經降臨在凡人的身上。

　　神學上對於這種心理學取徑的反駁，可見於一些爭論中，即當心理學家自認已然解決了無意識中兩極對立的內在衝突時，宗教人士的體驗於焉展開。而後，宗教人士接續用詳盡的神學論證，來說明凡人與上帝的靈魂關係純屬他們神學的範疇，而不是心理學所能涉及的。舉例來說，布伯（Buber）曾說過，他認為榮格自述為一名經驗主義者，其實是為了遮掩更大的企圖，即傳佈純粹內在心靈的新宗教觀點（Buber 1957）。在這個時節點上，這場討論變

162

成了——以比昂的語言來說——各自不同的「頂點」（vertex）。換句話說，雖然兩種範疇對現象擁有同樣的觀點，不過在詮釋上卻意見分歧，這取決於探究者本身的頂點。這使得論證直接回到了前面引用的榮格關於神學家與心理學家的區別：他們「也終究體認到，完全出乎他們意料之外的是，他們在談論的是兩件截然不同的事情」，因為這些現象激發起了不同的聯想。然而，問題在於榮格，以及緊緊跟隨榮格的佛登是否接受這個現象的本質？就我看來，他們兩人都沒有接受上帝超越性的本質，而這正是基督信仰的根本。不過，佛登很清楚榮格的心理學方法是「個體化宗教」（individualized religion），所以這成為人類進化的一部分，也是對無意識持續的探尋。

在佛登後來修訂的關於神祕主義與暗夜的作品當中，他將暗夜的象徵意義分析得更為透徹，雖然他說他不認為神祕主義與嬰兒期有關聯，不過他將之導向到嬰兒期的根源。他將上帝翻譯成自性，並將神祕主義者的大部分經歷理解為自性解體的展現。他更強調神祕主義者受苦的歷程，佛登將此理解為在透過解體與再整合的經而實現自性的過程中，逐漸邁向成熟時精神所承受的痛苦。解體的行 163
為樣態相當於上帝在淨化之夜對靈魂起的作用，再整合則發生於這些恐怖夜晚之間，以及淨化成功後安靜沉思的期間。

佛登在 1985 年的文章中對這些經驗進行反思，他在語氣上較不那麼「榮格取向」了，而是更為沉靜描繪著他對於自性的經驗，那是他在那將近二十七年之間所醞釀與消化的結果（Fordham 1985a）。因此，他將聖十字若望的經驗描寫成是在處理他內在的原型，而不再將他看成僅是一名神祕主義者努力體現基督教教義而

已。此時，他更清楚地提出了他對上帝作為自性的想法，以及這個神性在三位一體中的各種表現形式。

關於魔鬼與邪惡的問題仍存在著爭議，心理學與神學的觀點有著根本上的分歧。佛登認為惡魔對上帝來說是必要的，當聖十字若望描述靈魂受到試探，而上帝的天使沒有介入之時，是上帝想測試靈魂的力量。不過這在佛登看來，上帝與魔鬼是站在同一陣線的。聖十字若望對此的看法有所不同，他更加強調魔鬼的揣奸把猾與隱微難查。這麼一來，我們應該如何理解在第八部的神祕之路時，靈魂開始能夠抵禦魔鬼呢？佛登提供了不同的解釋：一種是魔鬼離開了，到其他地方，去做別的事情了，誘惑其他的靈魂（宗教的頂點）；另一種，則是他提出「個別的解決方法」，意即靈魂在上帝那裡臻至完整，這意味著透過榮格所描述的超越功能，象徵性地將兩極對立面整合起來。在佛登看來，從個體化的角度來思考，這似乎最能夠解釋神祕主義者的旅程，然而，如果從基督教教義的角度來看，這是完全不可接受的，因為這已經超出基督教道德觀的範疇。

後來，佛登在關於暗夜的研究中的主要修訂環繞於他自己在這幾年中所發展的分析，他主要引入的概念是轉化，他將轉化描述為經驗並沒有所謂的完成或結束，而是像發展中的階段一樣，其逐漸成熟並採取新的形式。這在嬰兒對乳房的體驗中尤其是如此，在神祕的頂點之中，聖十字若望描繪了靈魂與上帝結合的這份願望可以透過轉化而變成神聖的。如上所述，聖十字若望以上帝乳房所帶來的影響來描繪神祕發展的起始，佛登則用投射性認同的概念來將神祕主義者靈魂的轉化與嬰兒和母親乳房之間的連結做比較，他認

164

為這是從本能需求的愉悅滿足開始，伴隨著對乳房作為經驗的轉化者與容器的想法，其中包括對乳頭、父親插入的陽具的幻想。隨著繼續的發展，母親與父親的特徵將越來越區分開來，父親與羅各斯（Logos）越來越相近，而母親則與厄洛斯（Eros）越來越相近。起初，乳房以此兩者尚未分化的方式將這個兩極對立結合在一起，逐漸地，羅各斯與厄洛斯會分開，唯有在後期，才能再轉變為以內化的父母形象所象徵的兩極單元、藉由美好而得以孕育生命的性交，再次結合起來。

另一個對於刺激發展的進一步的關聯，是乳房產物的消退，這在啟動第一個暗夜的神祕發展，以及在嬰兒身上都是如此，這會促發了斷奶與憂鬱關懷能力的出現（一般我們預期這會發生）。於此，佛登運用了精神分析師威爾弗雷德·比昂（Wilfred Bion）的概念，比昂曾提到過好客體的缺席形同於壞客體的出現，並繼而描繪了個體將能怎麼處置這個壞客體，要不是透過原始形式將壞客體「排出驅逐」，要不就是透過思考來處置。這很近似於第一個暗夜中的神祕體驗，個體的痛苦會被轉化為心智生活。更多神祕體驗與心理學的對比，可見於持續看照個體多年，其角色相當類似於母親，幫忙小孩／神祕涵容並處理情緒的靈性導師這個角色上。

總而言之，佛登對中世紀神祕主義與分析心理學之間的關聯的闡述，主要來自於他在分析心理學之中的經驗科學取向。這表示維克多·懷特（Victor White）對榮格的批評也適用於佛登身上（White 1960）。懷特發現榮格不斷以心理學術語來詮釋神學家形而上的論述，不過其立場卻未能理解宗教有必要保持上帝的超越性。榮格與佛登一樣，拘泥於內在性，並將一切以還原主義來處

理。由於佛登自覺身處於基督教傳統之外,他並沒有認同基督教徒所賦予其象徵世界的意義,這使得他在自己的領域中得以擁有自由,特別是那些關於嬰兒與其發展的領域。雖然用佛登的語言來說,這可能會使基督教經驗發生個體化的歷程,但對一個宗教人士來說,他將對基督教經驗的理解侷限在個人與非個人的洞見之上。

共時性──一種詮釋

導論

　　對於那些沒有成因，卻對在該經驗當中的人們充滿意義的事件，榮格深感興趣，他將這種超心理學的現象稱為「共時性」（synchronicity），並定義為：

　　在觀察者身上發生了與其精神狀態有關的事件，相對應於他的精神狀態與內容，外在客觀事件同時發生了，而在心理狀態與外在事件之間沒有具體的因果關聯，而且這種關係甚至是超乎想像的。

　　　　　　　　　　　　　　　　　　　　　　　　　　　（*CW* 8,para. 984）

　　他舉了許多不同的例子，例如福吉布先生（Monsieur de Fortgibu）與聖誕布丁蛋糕的故事：

　　有一位德尚先生，小時候待在奧爾良時，曾有一次福吉布的先生送給了他一片聖誕布丁蛋糕。十年之後，他偶然在巴黎餐廳中看到了聖誕布丁蛋糕，他詢問自己是否能吃一塊，不過，那塊聖誕布丁已經被訂走了，並且預訂人就是福吉布先生。又過了許多年，德尚先生受邀去品嚐一種特別稀有的聖誕布丁蛋糕，他在享用的時候，感嘆著此時唯一欠缺的就是福特吉布先生了。就在那時，大門打開了，走進了一名相當年邁的老人，站在階梯上的他神情迷茫、不知自己身處何處，他竟然是福吉布先生本人，他手中拿著一份錯誤的地址，誤打誤撞地闖入了這場聚會。　　（*CW* 8, para. 8830n）

　　此外，榮格也描述了病人的夢與治療中所發生的事件之間的關聯（我將在後面討論這點）、預知夢與「靈魂出竅到身體外」的經驗。他舉了一個例子，一名處於無意識狀態之下的病患能夠精準地形容出醫生的激動情緒、所站的位置與發生了什麼事情。此外，他也提出了另一些共時性能有預知作用的例子，尤其是《易經》的使用。他搜集了一些軼事傳聞，並記錄下他自身的經驗，然而，要到二十年之後他才敢於將這些想法化成文字。他認為共時性與因果關係是互補的，根據他對於當代物理學的理解，他知道自然法則已經不再具有完全而絕對的效力了，此時他發現萬物是具有相對性的。

　　一直以來，自然法則概念是以因果關係原則作為基礎，然而，如果因果之間的關聯最終僅僅只在統計數據上說得過去，而只是相對性的真理，那麼，因果法則對於自然現象的解釋也僅是相對性的，同時，這些解釋的前提是我們必須先假定有一個或多個因素存在。　　　　　　　　　　　　　　　　　　　　　　（*CW* 8, para. 819）

　　此外，他也忖度著共時性究竟是心靈上的特有現象，抑或它展現著一般「自然界的無因果秩序」的現象。他對道家哲學有著興趣與知識，為此他找了物理學家沃夫岡・包立（Wolfgang Ernst Pauli）——他的同事兼朋友——進行討論。他們對於物理學中的空間、時間與因果關係這三個傳統的基本要素做了修訂，認為也許應該改以四元方式呈現，其中因果關係與共時性是一組兩極對立，而永恆不滅的能量與時間－空間的連續性，則是另一組兩極對立（這是包立所提出的建議）（*CW* 8, para. 963）。這一點的重要性

在於，榮格試探性地提出了一個基進的理論，以一種全新的方式畫出了世界的科學藍圖，其中也囊括了現代物理學。

共時性

與事件的巧合相比，共時性現象的特殊之處在於自我意識的力量降低減緩了，讓渡給無意識，令無意識得以從心理水平的降低（abaissement du niveau mental）所創造的縫隙中潛入，同時伴隨一種有意義的體驗。刻意在四月一日星期五的午餐吃魚，想到要來愚弄一下某個人（出自「四月魚」愚人節的由來），注意到一個刻有「魚」字的碑文，看到一塊魚的刺繡織品，聽到病患講述一個關於一條大魚向她游來並落在她腳上的夢境，這些全都集中在同一天，發生在榮格身上。不過這顯然不是共時性的例子，而是屬於巧合事件。他是這麼說的：「沒有任何理由認為這不只是一個偶然的組合，由那些尋常事件所組成的運作或系列，在目前都必須被視為僅是偶然的。」（CW 8, para. 826）

他在臨床實務中舉過唯一一個關於共時性的例子是一名女病患。她是一名理性主義者，相當喜爭好辯，她曾找過其他分析師，但最終並沒能解決她的困難。有一天，她在分析中講了一個夢，夢中她得到了一隻黃金聖甲蟲，在她述說這個夢的同時，榮格聽到窗戶傳來拍打聲，他打開窗戶，手中捕捉到一隻玫瑰金龜子，這種蟲類在這個緯度上相當罕見。他描繪了所發生的一切：

我將這只甲蟲遞給了我的病患，並說「這是你的聖甲蟲」，這

個事件終於在她的理想主義之上鑿出了一個開口，並突破了她總是以智性作為防衛的堅冰。（*CW* 8, para. 982）

　　榮格說，隨之而來的是她那笛卡爾式的理性主義逐漸以有益的方式失去優勢。榮格對埃及與古代象徵主義相當感興趣，他認為聖甲蟲是重生的象徵，他認為這正是人們所期望能夠伴隨展開心靈轉化歷程的象徵，這也正是在他的病患身上所發生的。對榮格來說，這意味著共時性乃是源自於原型基礎，夢中所浮現的聖甲蟲原型意象結合了拍打窗戶的玫瑰金龜子，讓病患得以體驗到一種聖祕的經驗。榮格寫道：

　　共時性由兩個因素所組成：（一）某個無意識意象在夢境、想法或預感中，直接（以其字面意義）或間接地（以象徵或暗示）浮現到意識；（二）發生與心靈內容相吻合的客觀情境。

（*CW* 8, para.858）

　　聖甲蟲出現在她的夢境中，而玫瑰金龜子則出現在診療室的窗戶外，於今，這段描述令人眼睛為之一亮的是榮格在分析中的神來一筆的做法以及這個體驗對病患產生的影響。因為在這裡，他的行為就像一個薩滿，用他的性格與博學廣識來吸引病患。

　　榮格對共時性的討論還有兩個特點，關乎我們如何理解佛登對此一現象的研究。首先，他援引了萊恩博士（J. B. Rhine）在 1930年代到 1940 年代所做的實驗，再者，他也運用了自己占星學的實驗。（*CW* 8）

168

在萊恩的實驗中，有一名受試者在某一間房間中翻牌（總共有二十五張牌，有五種不同的圖案），而另一個人則在另一間房間，或甚至橫跨汪洋遠在另一個國度，則必須猜測被翻開來的是哪一張牌。萊恩的結果呈現為顯著的：他們推翻了虛無假設。榮格認為這個結果正是共時性的證據（！），這展現出他並不同意統計學的邏輯與推翻虛無假設的意義。這其中最重要的變項是受試者的熱情：越有熱情，則結果越好。

　　在第二個實驗研究中，榮格用許多對已婚夫妻的星盤來檢視占星術是否呼應或具有任何規律，自從托勒密（Ptolemy）開始，占星術與婚姻的對應關係有三種和諧度：

　　第一度是當男人（星相）中的太陽與女人中的太陽或月亮，或者兩人都是月亮，在各自的相位上呈現三分相或六分相。第二度是當男人（星相）中的月亮與女人中的太陽以同樣的方式排列時。第三度則是當一個人接受另一個人的時候。　　（*CW* 8, para. 869n）

　　他研究了太陽與月亮、月亮與月亮、月亮與上升星座的合相與對分相，也探究了火星和金星在這些夫妻的星盤中下降與上升的合相與對分相。於此，他寫道「這將會指向一段愛情關係」。從這些為數眾多的樣本之中，占星與婚姻狀態在統計上未達顯著。接著，榮格將三種最常出現的合相——在古老的占星學文獻中被提及為婚姻的特徵——歸類為一組，重新審視它們，並發現它們以這種模式出現的可能性在統計學上是微乎其微的。因此，他重申他的發現不是偶然的證據，而是有意義的巧合，畢竟這些數據的來源出自於已

　　閱讀佛登：從兒童個體化研究開拓自性的探索

婚夫妻的關係，他認為這些合相是共時性的展現。同時，他也指出：

> 由於統計方法只顯示了平均值，它為現實提供了一幅人為而相當主流的圖像，這便是為什麼我們需要另一種互補的原則，來描繪與解釋萬物的本質。 　　　　　　　　　（*CW* 8, para.904）

由此，我們可以看見榮格對於統計學的反對，主要在於其本質上旨在將例外與極端值平均化。對於個體心理學來說，這代表統計學無法為萬物提供一幅「真實的圖像」。於此，有著勝不可數的問題點，尤其是榮格對於統計分析的輕率蔑視，而佛登是最早向榮格指出這點的人。

佛登的觀點

在他第一次接觸到榮格對超心理學（parapsychology）的興趣時，佛登試探性地對榮格提出批評。他在 1957 年對自己 1955 年文章的修訂中便已埋下了種子，流露出對榮格看待統計的方式的困惑不解（Fordham 1957a, 1955f）。到了 1962 年，他的態度更為明確了，他也更加著墨於他自己的解釋（Fordham 1962e，於 1985a 再版），在與我的私人交流（1993 年 9 月 6 日）中，佛登寫道：

> 我認為榮格不太懂統計……我想說的是，如果榮格想證明他所談的合相並不屬於因果關係、以及他的（占星學）實驗是有意義

169

的，其實統計學可以證明某個原因是否是不成立的，而他便可以拿這個結果當做證據，來證明有意義的合相是共時性的一個例子。可惜的是，他沒有這麼做，反而糊里糊塗地力求讓大家重視這個主題。

　　問題的核心在於，超心理學缺乏科學方法作為堅實的基礎，很容易會被認為是標新立異的一派胡言。榮格實際上的做法即是他個人的心理治療方法，不過在發展關於共時性的研究時，他卻看似急於應用「客觀」的科學方法，例如統計學的驗證。他認為如果不這麼做，就可能會被視為異己，他擔心自己會因為發現了共時性，並在分析中予以運用，而被歸為相信超能力與飛碟那一類的人。這麼看來，他心中萌發了對此的興趣似乎即是一個例子，說明了原型現象起源於超自然，而不是來自於他已然對原型理論與超心理學之間的關係有所了解。不過，儘管佛登希望將此與當代科學理論連結，他在榮格關於這個主題的著作中找不到紮實的理論。他舉了一些例子與相關事實的紀錄，並用一些佛登委婉地描述為「不太尋常的方式」來處理統計數據。

　　佛登認為共時性的其中一個問題在於人們容易輕信某事為真的這個傾向。榮格本人提到了我們所有人都擁有準備好相信奇蹟的原型，這喚起了在相信與懷疑之間的擺盪反應。榮格對《易經》感興趣，並做了一些實驗，往往會得到驚人的結果。榮格認為這本卜筮書運行的原理乃是共時性，於是《易經》會對問卜者的提問產生抗拒。佛登描述到，如果向《易經》重複提問同一個問題，得到的回覆會是「我已經回答過了，我不會再回答第二次。」（Fordham

170

1957a）他以一種實驗心態來做這件事，不過從中體悟到如果《易經》給的答案不是提問者想聽到的，那麼可能會導致提問者懷疑它是否有效。另一個問題在於，共時性的事件無法被重複，因此我們心中仍有猶疑傾向，不採信共時性，不過佛登指出，問題不在於共時性是否如此確鑿，而在於我們所發生的共時性現象蘊含什麼意義。同一個原子無法重複分裂兩次，可是不會有人去懷疑原子是否會產生分裂。

佛登認為榮格的統計方法「具有高度原創性，是為他自己所特有的」，後來，佛登在本章初稿的空白處，寫上了「那其實是誤解，我只是給他留點面子」的評論。這是因為榮格從毫不相干的事件中看出了意義，這「直接僭越了機遇－原因的原理，而那正是統計學的基礎。」（Fordham 1957a, p. 36）佛登討論了機會與機率，指出了榮格的獨創性，在於他把那些不可能的事件——也就是虛無假設的立場——視為有意義的，因為這是「共時性現象最有可能發生的領域。」（ibid., p. 37）榮格所做的，實際上是把一個看似毫無相關的結果——比方說占星學的實驗結果在統計學上未達顯著——轉用另一種角度而再次觀看，不再只是當成偶然發生的結果，而是具有「顯著」意義的。當然，如果他們在統計學上達到顯著，那麼因果的解釋便可能成立，而如果是這樣，那麼其中便不再具有原型的重要意義。

在 1957 年，佛登認為榮格這麼做是正確的，但是榮格並不知道——正如佛登所指出的——當涉及大量的樣本數量時，收斂原理使得統計結果更加可靠，「因為當樣本的數量越來越大，結果將會越來越收斂至某個真正的機率。」因此，如果像榮格那樣減少他

占星學實驗的數量，或者以他的方法來將樣本分類，那麼所得到的比較可能是一個實際經驗發生的機率，而非真正的機率。真正的機率（p = n/N）是指當 N 變得無限大時 p 將收斂到的數值，其中 N 代表嘗試某事件的總數，而 n 則代表事件成功的數量（ibid., p. 38）。他指出榮格因為將占星資料分組，而導致共時性事件發生的機率提升，由於「如果我們希望觀察共時性，大量的數據可不是好事」。他解釋道，這即是榮格的心理學立場，「不被統計的邏輯所動搖，讓他比較能夠維持自己的觀點，他的抽象概念即是兩極對立將能因為其象徵性的（原型式的）關聯讓共時性有所超越。」（Froham 1957a, p. 41）

在 1957 年當時，佛登避免公開批評榮格，不過在我看來，對於榮格試圖證明自己的做法，他的態度無疑是有所保留的。榮格本人則為收錄這篇文章的書籍寫了序言，並提到他認為佛登對此主題的觀點如同「對本質有一些感覺」。這似乎所言不假，畢竟佛登對於榮格所談的這些經驗確實有所體悟，只不過又同時對榮格使用統計驗證的想法有所疑慮，他認為這是不可行的（Fordham 1957, p. xii）。佛登曾於 1993 年 9 月寫信給我，其中提到：

　　有一名統計學家認為這整個實驗都是說不通的，並希望能夠撤下這篇文章，因為擔心這篇文章會因為榮格的支持，而使得許多人誤信了錯誤的觀點。作為編輯，我在這篇文章下了許多功夫，填補榮格論述之中的細節。不過他們更進一步清楚地表明這些數據根本未達顯著，以至於我必須介入調停，進而必須隱藏我自己的想法。榮格所提到的許多素材都令我心悅誠服，不過他對實驗的理解我實

在難以苟同。

　　回到榮格引用了萊恩的實驗，如同我前面提到的，這些實驗
在統計學上是具有顯著性的，其最重要的變項是實驗參與者的熱忱
與可信度，這些變項在今日應該會被歸類於實驗者效應。榮格對此
結果深信不疑，因為他從中捕捉到了一個事實，即這些實驗超越了
時間與空間，因此不可能是能量的現象，因此也不可能具有因果關
係。於是他斷定它們是無因果的，屬於共時性的範疇。佛登對萊恩
的實驗態度有所保留，不過要直到 1962 年的文章，他才斷然提到
他認為榮格引用萊恩的實驗是個錯誤之舉，因為運用統計學分析萊
恩的實驗結果，實則讓因果關係的可能性增加，而非減少。

　　佛登早期的論文確實曾經對此有所發展，他透過病患個人、其
分析與人格類型的脈絡，檢視著共時性的資料數據是否有達顯著。
他本身的經驗證實了所有這些因素與病患相應的無意識內涵之間確
實具有關聯。他甚至認為，榮格的病患之所以產生聖甲蟲的體驗，
是出於他對榮格的移情，以及根據他在治療期間的行為而做出的反
應。這讓佛登更為關注病患的意識態度。榮格的病患是理性的，需
要一個非理性的事件才能有所突破。正是為此，佛登並不採信榮格
所提出的統計數據，他更關切個人接受分析的經驗，以評估無因果
卻有意義的原則，他尤其關切其中的意義究竟在何處。

172

佛登的臨床實例

第一個案例

　　佛登描繪了一名三十一歲的男人，他與其他人共同擁有兩艘船，一艘是賽艇，另一艘則是經過改裝的救生艇。與榮格的其他病患不同的是，這名男性病患對於發生在自己身上的一切未能保有充分的意識與推理能力。他的賽艇來自於其父親，救生艇則來自於母親，他比較喜歡救生艇。他的父親曾期望他能成為一名海上賽艇舵手，在他參加當時賽季上最重要的一場比賽時，他的父親前來觀賽。然而，比賽才剛開始不久，他的艇槳便掉入水中，因此他只好棄賽。在那陣子裡，病患與父親的關係確實不好，發生過衝突，雖然這一切如此巧合地發生了，不過因此就斷定是他對父親的敵意導致他手中的艇槳失手落海，實在也說不過去。後來，他決定加入另一艘船，那裡有他的夥伴 H 與其兩個女兒，他們正沿著海岸划船，他抵達就他所知他們會行駛經過的港口，在那裡發現了那艘改裝的救生艇已經擱淺了，它的桅杆朝向防波堤邊的一間小屋上。這在他心裡留下了深刻的印象，特別是由於桅杆上方的這棟小屋，屋主正是他與朋友 H 一起上大學當時，他們家的老管家。這又是另一個巧合了。那名女管家在看到這艘船時，以為船上的人一定是H。佛登說，這所有巧合的集結都促成了「對他的比賽生涯形成嚴重的打擊，他很快就決定賣掉他對這艘賽艇的股份」，因為他認為這與他和父親之間的困難關係有著極大的關聯。

173　　更進一步檢視這個案例，救生艇之所以會擱淺的其中一個原

因，是 H 的外遇對象曾駕駛過這艘救生艇，而她現在知道 H 想結束與自己的婚外情，並與另一個女人結婚（所以她有充分的理由要讓他的救生艇沉船）。桅杆之所以故障的原因並未水落石出，但所有這些事件結合在一起對病患是有意義的，賣掉自己的賽艇即是他所採取的一項行動。佛登由此意識到，可以從病患的意識態度與無意識原型的角度來思考共時性事件，他的病患傾向強調無意識的內容，而不夠重視意識層面的內容。佛登開始回應病患在分析會談中提到的一些共時性事件，當佛登提到某些事件其實根本不具有共時性的時候，病患便會相當防衛地轉而提起其他事件，以作為舉例。佛登由此得出結論：

> 在這樣的情況下，客觀事件究竟是偶然的，還是有前後因果的，可能不見得是重點，因為共時性發生在個體身上；反而重要的是，**如果個人不願意相信事件本身的前後因果**，那麼便可能成為一種壓抑的機制。 （Fordham 1957a, p. 50）

這是佛登後來思想的開頭，他把共時性的意義放在客體關係的脈絡之下，他認為共時性是「無因果的主體－客體關係」的一種特殊型態（Fordham 1985a, p. 131）。當主體清楚知道這些關係是沒有原因時，隨著榮格所談之「意識水平的降低」（abaissement du niveau mental），無意識歷程的情感意義就會顯現出來。共時性是其中的一種表現形式，榮格說，共時性的一個特徵是，時空連續性會變得相對化，這是如何發生的呢？佛登提出了以下論點：

在外部事件與原型本身之間存在著一種對應關係，而在外部世界的物質客體上得到了有意義的關聯。我們大概可以肯定的是，是原型意象使這種對應關係擁有了意義，但共時性本質上是對應關係，而不（必然）是由投射的原型意象所產生。

（Fordham 1985a, p. 132）

174　　　對佛登來說，榮格論文的意義在於它將超心理學帶入了可以對於自我、具有原型特質的客體與意象之間的關係進行分析的領域。

第二個案例

通常那些自我意識水平較低的病患，較有可能展現出共時性。這些病患大致包括精神病患者、邊緣性人格或精神破碎的人。在分析中，他們的特徵是經常出現反移情。佛登的一名男性病患突然對佛登壁爐架上的裝飾品特別感興趣，他開始相信這些裝飾品在不同會談之間被擺放在不同位置是有意義的，病患認為佛登「在測試、玩弄他、並刺激他內隱的同性戀傾向」。這些裝飾品的位置確實有所改變，不過那是因為清潔人員不顧佛登的指示而擅自移動了它們。佛登開始對此感到窒息難耐，並領悟到有些心靈的內涵被傳遞到清潔人員那裡了，於是清潔人員也刻意動了一些手腳：

心靈可以被想像為一個整體性的存在，從這個情況看來顯然是透過清潔人員來達到其目的，在病患與我身上製造混亂──這個結論仍然可以處於因果解釋領域之中。如果當時我便可以綜觀整個模式，並看出這個神奇的投射現象，那麼我可能已經意識到共時性

　　　　閱讀佛登：從兒童個體化研究開拓自性的探索

了，意識到其中心靈的內涵也許變成是象徵性的感知。然而，我必須要解體到一定的程度才能意識到當中的共時性。現在回想起來，當時的我做不到，因為我太害怕被病患的投射性認同所瓦解了。

（Fordham 1985a, p. 134）

之所以會從心靈幻想內涵的角度來看待這整件事情，乃因為佛登發現，如果僅將這個狀況簡化為一個因果事件，即清潔人員挪動了物品，將會低估了反移情感受的複雜性。事實上，正是因為心靈幻想的內涵而使得反移情感受更加重要。這是因為心靈幻想的內涵組成了同性戀移情的原型本質。這個例子並不特別引人注意，這是佛登刻意安排的。佛登想要對比兩種思維的方式，（神奇的）因果關係與共時性的思維，因為他感興趣的問題是共時性究竟是異常、罕見的、奇異或特別的，或者，它其實是事物之間彼此關聯的相當尋常的方式，只是我們大多對它視而不見。榮格認為是後者，把共時性帶入現實、帶進診療室中，讓共時性脫離偽科學領域，那些心理學研究不過是受到主流信念與盲從所主導罷了。

在本書一開始討論自性的部分，我們大量地闡述了自性的概念，認為它結合並超越了人格中相反對立的特徵、功能與屬性，其中包含了理性與非理性的面向。自性連結、整合了兩極，並且安於矛盾的狀態，而不會偏袒任一方。自性也被描述為人格中的一個整合中心，與自我不同，但是與自我是互補的。共時性的一個特徵在於它的展現與自我意識降低有關，佛登在上述這名引發他對裝飾品感到受迫害的病患案例中，描繪了共時性如何發生在他身上，如果他能夠將這些素材看作是共時性的展現，那麼活躍的原型將會擾亂

175

時空的連續性，創造出以這些非理性要素為基礎的嶄新感知。在分析的實務工作中，當出現了有意義的巧合時，佛登認為，這就是自性所扮演的角色發生效用。

第三個案例

佛登一直在思考孤獨的狀態，在他忖度著此事時，他的同事溫尼考特把自己正在撰寫的一篇關於獨處能力的論文草稿寄給了他（佛登的內在狀態與這個外在客觀事實同時發生了，也就是收到這份與他所思相同主題的草稿）。佛登主要關切的是，某些特定的、與獨處有關的心智狀態，如何象徵著自性的展現。當時，他正在準備一個講座，需要一些臨床素材，剛好一名他已經分析了一段時間的病患前來進行治療。她少言寡語，而當她開口說話時，也令人感到相當空洞，佛登向她指出了這個狀況，而她講了一個夢：

> 我在水上漂浮，徜徉在海平面上。我一絲不掛，身上什麼都沒有，我的下體就像一朵花，只是不怎麼美麗。

佛登沒等她做聯想，便說了：

> 這個夢似乎有一種孤獨感，就像你曾說過，在與你所愛的男人性交並達到高潮之後，你曾經有過這種體驗。

（Fordham 1985a, p. 121）

　　病患講述夢境的這個客觀事實，以及佛登做出這種一針見血的詮釋同時發生了。病患對此感到非常驚訝，她認為這是正確的，不過——如同佛登後來有提到的——這樣的詮釋略過移情的內容未談。他的詮釋源自那朵花的意象，那讓他在腦海中聯想到在結合——也就是性交——之後出現的自性，這也與他之前關於孤獨的想法、溫尼考特的論文草稿，以及他需要一些臨床素材皆有關聯。正如他自己所說的，這個詮釋相當精準，病患也接受了，他將此稱為「在兩性對立的結合之中，創造出整體圓滿的狀態」（ibid., p. 122）。這個素材中有一些共時性（他對孤獨狀態的思考、自性的象徵，以及後來病患帶來的夢境），雖然它可能讓這份經驗變得聖祕，但是並非主要的特徵。這是由自性所提供的連結功能。

　　有什麼東西把所有這些事件擺放到某種關聯之中，彷彿其中有一個在自我所掌控以外的整體，這個東西就是自性，彷彿我的內在世界的各個部分並不與外在與其他人分離，而是這些全部都屬於一個整體的一部分，而這個整體並不只是我自己。

（Fordham 1985a, p. 122）

　　這是自性的運作，超前於其他所有互動的面向而發生。因此，共時性成為佛登所認為的自性的一個部分，以一種超越的方式將理性與非理性的元素連結在一起。這意味著共時性是在分析歷程中於無意識層次上運作的客體關係的一部分，在它產生原型意象（例如生殖器是花朵，這是象徵性的曼陀羅意象）前通常不會受到關注。這些意象的意義最好在整體模式的脈絡下予以理解，而不是把它們

視為超心理學現象。佛登強調，在分析中，重要的是整體的情境。

關於這個令人費解的現象，佛登有一個耐人尋味的額外想法，他寫道：

> 各種形形色色的現象的總和，這種種現象的意義讓意識的表達得以迸發，要不是由病患自己發現，要不就是透過詮釋來讓病患意識到。同樣值得注意的是，大部分的分析師都不是用這個角度理解這些現象，這使得他們的結論不過呼應了統計學上的發現罷了。這些反思為共時性的概念提供了特別的說服力，也許這說明著，在我們的工作中，其實有意義的巧合比我們所以為的更多。
>
> （ibid., p. 136）

直覺式的詮釋正屬於這個範疇，如同神遊（reverie）的產物，以及文獻中所提到的在分析會談中發生的投射性認同狀態，這導致了分析師對病患更深刻的理解。由此，我也更加理解到，佛登的意思是，榮格從實驗的端點來處理這個問題以便讓自己的思想具有可信性，可是這兩者是毫不相關的。反而，審視自己的主觀經驗才可以更貼近這個問題。榮格之所以特別著重共時性，乃因為當一切發生在個體情境的脈絡下時，共時性本身即是非因果關係的，因此無法用因果原理予以解釋。佛登的貢獻在於將這些概念放置在個體化、分析與自性的脈絡下，並且有了進一步的發展。

分析變革的最後一位創始人

　　佛登引領了在英國建立榮格分析基礎的浩大工程，他成立了成人與兒童分析的培訓，並制定相關規範與原則，這確保了這些訓練得以繼續按照他所設立的科學路線發展。在他遺留下來的思想中，最重要的是他對病患與分析師之間互動細節的描繪，在這一點上，他與榮格相當接近。

　　當佛登開始著手建立以榮格思想為基礎的訓練時，移情分析並不是榮格取向的重要一環，於今，則已然如此。在很大程度上，這要歸功於他在分析心理學會中一方面創造，一方面培養科學化的氛圍，這使得分析師們得以認真檢視在分析歷程中發生在病患與分析師之間，以及病患與分析師各自內在的事情（詳見附錄）。佛登更喜歡用「科學系統」這個詞來形容他的做法，對他來說，這本質上說明著對情感體驗的思考與處理。學習將會發生在從這個思考過程當中所產生的心靈變化，類似於將成長時所發生的事情重組，是心智狀態上的變化，這也就是佛登所說的解體與再整合。

　　此外，他留傳後世的也包括他對嬰兒期所做的研究。他的成就在於將童年時期這個焦點帶入了榮格取向之中，開創了得以思考與分析童年時期素材的空間，而不僅將之視為原型關係中的一個面向，而是分析原型形式移情的基礎。這並不是說他把童年時期定位在分析非個人原型特徵的位置上，他說明了心靈如何在各種心智狀

態之間搖擺不定，有時候是成熟的，有時候則是不成熟的，這個擺盪貫穿個體的一生，心智的力量將會時而大、時而小地，終其一生持續著。

在他對自閉症的研究中，他呈現出當未能充分解體時，將會導致內在變成一個自性客體的狂亂世界。其中所有非自性的客體都必須被殲滅，這個觀點得到自閉症領域的權威法蘭西絲·涂斯汀所認同。在關於成人的著作中，他描繪了自性以心靈倒錯與充滿惡意的形式發展出防衛機制。他提到透過運用兒童與嬰兒的身體語言，進而能夠緩解成人內在屬於兒童與嬰兒期結構所產生的焦慮。透過這麼做，他展現出心靈中原型結構的連續性，以及直接與它們對話的必要性。

如果我著墨佛登關於兒童的思想較多而較未談及成人，是因為透過關於兒童的思想，佛登發現了榮格提出的自性概念可以應用在整個人生，並如同榮格最終所認為的——乃以心靈－身體一體為基礎。佛登立志於闡明這點，在過程中，他讓榮格取向關於自我發展的模式發生了永久的改變。他對成人的探究，不僅運用了他關於自我發展的理解，同時也運用了他從兒童身上發現的自性病態學。

如同榮格，他也理解心智的不穩定性會引發內在狂亂的掙扎，主要是為了抵抗一些負向力量，例如空洞恍惚、憤世嫉俗，以及所有由這些所衍伸與變形的樣貌。在這些掙扎中，自性的連續性之美，也就是榮格所說的心靈「前瞻性」的本質，以及它的自我修復能力，將能夠引領仍未放棄掙扎的個體更加往前探索。佛登的貢獻乃在於透過他的實際案例與出版的著作，向後世展現，自性因其整合統一的特徵，而得以超越那些看似兩極對立的力量。同時，當它

參與在這種內在的掙扎痛苦之中時，它不論是破壞性或創造性，力量都是非常駭人的。

佛登專注於細節，致力於從分析會談的枝微末節中探尋自己與病患之間的動力變化，以及這些動力的意義。雖然他看似修改了榮格關於心智的理論，不過他改變的方式仍然恪守榮格的精神，他是因著臨床工作的實際經驗而導出這些修正的內容。他在發表一項重大發現時，總是拿出足夠的證據讓讀者了解他是如何歸結出所提出的修改內容。他對共振反移情的發現與隨後又將之摒棄，以及他對反移情的重新定義，對榮格所談的「抱持先見的危險」（danger of knowing beforehand）的臨床描述，都是受到的榮格的啟發，卻又沒有被榮格卓越的地位所侷限。相反地，佛登受到榮格的原創性所引導，創造出了他自己的答案。

在某種程度上，當時在天時地利人和之下，佛登抓住了精神分析學家與分析心理學家共聚一堂的獨特機會，讓精神分析學家更廣泛地認識榮格的思想，也從中更加了解佛洛伊德與克萊恩的思想，以及他們與分析心理學家之間的關係。他是一個天生的領導者，他與家人以及與榮格相處的經驗，讓他深知陷入孤立無援是相當危險的。他相當看重他父親與榮格的特質，並對他所深愛的母親為何如此年輕就去世深感困惑。他對童年時期的探究，讓他重新拼湊起為何母親的過世對自己往後生活造成如此大的影響。同時，這還讓他意會過來，榮格之所以遠離童年經驗，是為了避免回憶起精神病式的焦慮。在佛登發表了自性的重要性貫穿出生到死亡這項原創性想法後，他以創造與開放的方式，在進一步發展榮格思想的脈下，將精神分析學家獲得的知識引入分析心理學。對榮格忠誠，意味著他

有時候會淡化榮格的缺失，這一點最明顯的莫過於他關於移情的論述是那麼的如履薄冰。榮格對移情的態度相當矛盾，他知道這是分析的「一切根源」，然而，卻不喜歡在分析中實際發生的這些移情的經驗，這種矛盾的態度至今仍然是一些榮格取向訓練的特徵。

很多榮格取向的分析師並不會進行一週多次的分析，而比較喜歡較不那麼強烈的移情（see Spiegelman 1988）。此處，也許還有另一個相關的歷史脈絡，也就是移情現象中的還原分析在歷史上與佛洛伊德取向的因果還原模式有關，所以才會受到排拒？也許早期佛登為了澄清合成分析與還原分析所陷入的紛爭，雖然後來在檯面上已經得到正名，可是在個人的實務工作中卻依然不被真正採納。

在分析心理學會成立的時候，榮格的著作鮮少被翻譯成英文版本。由於這個原因，加上許多最初的成員都接受過醫學培訓，曾接觸過佛洛伊德取向，分析心理學會的早期成員大多從精神醫學領域轉向到精神分析思想，從中獲得臨床工作所需的知識。現在，榮格的作品幾乎全部都有了英文版本，而且大多數分析心理學會的成員不再受過醫學訓練，也很少有人從精神分析入門後才開始分析心理學的訓練。我並不是說精神分析方法並非榮格取向培訓的一部分，而是說現在的榮格取向分析師在專業發展之路上，不一定如同學會初始成員那樣參與過英國心理學會與英國皇家精神科醫學院（Royal College of Psychiatrists）的共同論壇。因此，許多當代榮格取向分析師並不清楚精神分析後來的思想發展。舉例來說，榮格取向的基礎訓練中並未提及克萊恩對伊底帕斯情結的論述，以及她發現伊底帕斯如何對人格早期客體關係的原初特徵具有重要影響，可是榮格學派與克萊恩學派在幻想與意象對於人格發展的重要性這點

　　　　　　　　　　　閱讀佛登：從兒童個體化研究開拓自性的探索 ┤

上，其實是看法一致的。

佛登很喜歡思考關於情感的主題，而且滿腹泉思，並不是每個被榮格吸引的人都是如此。在榮格取向中，經常看到某種思考困難的狀態，並且經常以詆毀思考作為對感覺的防禦。榮格的心理學是一種個體心理學，他不希望他的思想變得理論化，這是因為他知道這種個別方法的傳授是相當不容易的，因此往往吸引了那些正在為自己的生活找出個別解決方案的人。而佛登大部分的思想都違反了榮格這種帶有宗教色彩的信念。如果要理解榮格與佛洛伊德兩人分別所做的貢獻之間是如何互補的，佛登提醒人們要注意，需要在分析移情這方面打好基礎，這是要能夠深入分析自性的前提，他本人便是一個實例，展現了精神分析的概念在進行分析中將能帶來如此豐富的可能性。

佛登注意到榮格理論中的空缺，他對榮格與精神分析的深入鑽研讓他能夠填補這些空缺，這是當時的訓練所未能企及的。除此之外，他也發現榮格的著作往往是從實際經驗中產生抽象的概念，而缺少了臨床實務的詳細描繪。他接觸了佛洛伊德與克萊恩的理論，因此得知他們紀錄了許多自己做法的細節，以便闡明、證實他們的思想，於是他決意發表許多基於臨床素材的文章。在他臨床工作生涯的尾聲，他開始專注於傳統分析中的一個面向，是佛洛伊德所談的「自由懸浮的注意力」（evenly suspended attention），是榮格所談的「不抱持先見」（not knowing beforehand），也是比昂所談的「無憶無欲」（without memory or desire）的傾聽，佛登描述了他自己對此的經驗，以及何時應該要做出調整。不過，最終關於這個議題的文章（Fordham 1993b）由於寫作方式之故，他並未充分闡

述，事實上在大多數分析中，有時候分析師是可以知道的，而非繼續保持不知，這麼一來才能夠得到佛登所稱為「檔案櫃」（filing-cabinet）的素材（詳見第九章），進而能夠使用、進行擴大法、詮釋病患的衝突，他在這方面的思考是，在「不抱持先見」變得重要之前，分析師需要先知道許多事情。

我在本書前言中提到，佛登顛覆了傳統運用神話作為後設心理學的做法，改以用臨床素材來闡述當代個人神話。正如佛登曾向我提過的，這正是費倫齊（Ferenczi）所說的榮格應該已做之事。當時費倫齊受佛洛伊德委託審查《無意識的心理學》（修訂後重新命名為《轉化的象徵》〔*Symbols of Transformation*〕，*CW* 5）。與那些研究榮格而不諳佛洛伊德思想的分析師們相比，也許這正是佛登在根本上有所不同的原因。佛登知道，在臨床上，如果按照榮格原本的做法，根本不足以處理個體心理病理上的狀況（不夠密集的分析會談、坐在椅子上而沒有躺下、神話學的擴大法與積極想像——詳見第七章），不過他還是發現榮格的前瞻取向對於推動個體化歷程而言相當重要，而不是佛洛伊德的因果歸納法。

佛登曾在自傳中提到，他曾經帶著自己的一個夢去見榮格，那時榮格在分析中對移情的態度讓他相當惱火與困惑：榮格是不是說一套、做一套？佛登氣憤地想著（Forgham, 1993, p. 118）。榮格繼續分析著，佛登知道榮格有覺察到移情的內容，然而當他談到夢中的人物海克力斯時，榮格從椅子上跳了起來，堅持要佛登第二天再過來研究這個原型意象。在佛登紀錄中，第二次分析會談令他深感失望，第一次會談時他早已完成了他的英雄任務，因為他已經向榮格提出面質。榮格的分析忽略了佛登在夢中表達的艱鉅任務，其實

具有與他有關的個人意義。在與佛登討論這個夢境時，榮格描述了當他進入一個原型時，他認為分析師應該要更投入其中。如果臻至心靈的原始層次，榮格認為通常被理解為移情的內涵將不再是一個重要的概念。這是因為心靈中沒有足夠的結構，這正是榮格所談之「認同」概念運作的範疇，而佛登曾試著在臨床實務中描述這個範疇（詳見第十章）。我從中得出的結論是，榮格忘記了在分析中，病患知道什麼比分析師知道什麼更加重要，佛登的書寫讓我們了解如何透過關注榮格不太感興趣的細節，在會談室中把這種對個人與原型的理解結合起來。

佛登興趣廣泛，因為對榮格與科學探究的熱忱，他在榮格去世之時寫道：

他的名字依然與佛洛伊德的名字聯繫在一起，因為他幾乎可說與佛洛伊德平分秋色，如果最終將榮格一生的思想貢獻僅定調於與佛洛伊德的個人與科學的分歧，這絕對是一場災難。這某種程度上來說也是一種幻覺，而我一定不是唯一一個這麼認為的人。如果我們不去修補這個錯誤，我們會繼續吃了不少苦頭。

（Fordham 1961d, p. 168）

183

佛登的生命一直都相當樂意致力於這項修補任務，他在精神分析的團體中發表論文，向他們宣傳榮格的原型心理學的價值，他促成了許多場討論會與研討會，報告人含括榮格取向的分析師、佛洛伊德取向的分析師與精神科醫師。透過仔細鑽研佛洛伊德與其後繼者的臨床工作，佛登有能力在他自己的分析、教學與督導中流傳精

神分析的概念，並說明這兩位偉大的創始者之間的關聯與差異所在（see Fordham 1994b）。

　　山姆‧奈斐（Sam Naifeh）是一名榮格取向分析師暨精神科醫師，他強調佛登的思想與著作之所以如此重要，不僅是因為他涵納了精神分析的概念，而且他比史騰（Stern）更早便體認到個體化在嬰兒期即已發生，更重要的是：

　　在思考自性時，佛登乃透過探究自性在兒童期發展中的作用，以及自性在此時此刻的象徵性闡述與擴大法中的作用來理解之。佛登的貢獻在於建構一個統一整體性的理論，讓分裂的前半生與後半生、嬰兒時期與成人時期生命整合成一體，而這個統一整體的場域，其實就是自性。　　　　　　　　　　　　（Naifeh 1993, p. 6）

　　在分析的變革中，佛登是最後一位創始人，如同其他創始人，例如克萊恩、溫尼考特或比昂，佛登也發掘了一些心理分析中相當重要的東西。當然，提供他這些機會的歷史情境將不會再現，就像佛洛伊德與榮格的合作也不復存在一樣。佛登抓住了一線機會，將分析心理學定位在精神分析與榮格最初的理論基礎之間。他將榮格的移情分析建立在嬰兒時期的基礎上，同時強調了榮格對臨床分析工作的貢獻之處。他的理論思想是榮格取向研究的一個轉捩點。我在本書中所呈現的是，佛登一直忠於自己對榮格的想法，以及「最能夠緬懷榮格的方式，莫過於運用並發展他的思想，而不是消極地全盤接受，把它們供奉在神壇上。」（Fordham 1961d, p. 168）就這一點看來，佛登可說相當成功。

| 附錄一 |

早期關於移情的討論紀錄
（1953-1954）

這份附錄是在討論移情的團隊中，由一些小組成員所記錄下來的討論內容，這些團隊是由弗雷德・普勞特（Fred Plaut）所發起的，佛登在其 1954 年 7 月的主席致辭中曾如此描述：

學會內部形成了一個新氣象，是大家開始持續關注移情現象，而這也似乎在學會之中引發了一些相當核心的衝突。如果我對這些衝突的解讀是正確的，它們所涉及的問題不是移情現象的存在，而是大家在理解這些現象時所使用的個人術語有所不同，以及對於超個人內涵的處理與反應方式。我認為這些衝突很是豐沃，因為它們能夠創生出概念與方法學上的解決方式。然而，移情小組並不只是由對這個主題感興趣的人所組成的，他們相當於學會成員的成長活力。

他繼續描述學會的組織方式，以及成員們為晚上的討論會所投注的時間。這些討論的背景脈絡很有意思。佛登在 1935 年加入了分析心理學社團（Analytical Psychology Club），當時英國另有四位活躍的分析師，戈德溫・貝恩斯（Godwin Baynes）、克爾佛・巴克（Culver Barker）與海倫・蕭（Hellen Shaw），以及一位兼職

分析師艾兒希・貝金賽（Elsie Beckinsale），當時還沒有任何訓練或學會組織。佛登說，「除了貝恩斯醫師之外，我們在醫學界無權無勢，在別人眼裡不過是一些離經叛道的學者、榮格學派的夕陽餘影罷了。」然而，到了 1954 年時，學會共有四十名成員，其中二十二名是出生自醫學界、十八名是兼職分析師，分別是十家醫院、三家精神科診所、四家兒童指導診所與一家嬰兒福利診所的代表，並在沃姆伍德・斯科羅比斯（Wormwood Scrubs）監獄服務。對於「夕陽餘影」來說，這算是一束相當耀眼的光輝，佛登對此感到心圓意滿。

185

1953 年與 1954 年召開的移情小組，成員包括海拉・阿德勒（Hella Adler）夫人、佛登、弗雷德・普勞特、戈登・普林斯（Gordon Prince）、茹絲・施特勞斯（Ruth Strauss）夫人與瑪莉・史坦（Mary Stein，也被稱為瑪莉・威廉斯）夫人。這些討論為佛登所隸屬的榮格取向圈子創造了一種專業的氛圍，他在那裡是「首領」，而他本身對自己這個身分半喜半惡，這群人似乎對他有些敬而遠之，同時也微微地嘲弄著他。有時候，他們的俯首貼耳會促發他說出有些挑戰性的言論，例如他曾說分析師是上帝。

在第一次小組討論會中，普勞特醫師描述了針對一名女病患的分析技術。當時，佛登對這次會談的感受是，他「不再認同自己以前的觀點了」。他向我指出移情是母性的，而非伊底帕斯的。後來，他受到約翰・羅森（John Rosen）《直接分析》（*Direct Analysis*, 1953）與薩莎海（Marguerite Sechehaye）《象徵實現》（*Symbolic Realization*, 1951）的影響。他所提出的「應該要更運用反移情」的觀點延續到下一次討論會上，繼續受到討論。在第二次

討論會中，佛登指出，客觀心靈在分析中「主要透過移情展現，並且需要被當成是真實的來予以處理」，這次討論會中探討了分析師是否應該主導這個過程，將這個情結的內涵予以還原，或者在移情中提供不一樣的情感體驗，只不過這些探討都仍是雛形。

第二次的討論會陷入了一個棘手的情境，是成員們試圖探討其他同仁如何與病患工作。這其中有兩個主要的為難之處：其一，是與分析的保密與保護病患隱私的需求有關；其二，是分析師在討論中會有被揭露的感覺，被發現自己沒有進行「適切」的分析，在討論中，會暴露這一點的素材被稱為「無意識的移情」。後來，在第八次的討論會上，「無意識的移情」與分析時數的關聯被以圖示的方式呈現出來，紀錄中提到了第二次討論會的氣氛是輕鬆的，然而，這個「應該如何進行分析」的問題成為一個重要的議題，導致了蘇黎世分析師與倫敦受訓者之間的分歧。海拉・阿德勒忠於蘇黎世學派，從普勞特醫師所撰寫的第十三次討論會紀錄看來，茹絲・施特勞斯與瑪莉・威廉斯像是麥可・佛登的「女兒」，而海拉則從來都不是佛登的「女兒」。

在探究移情歷程的同時，帶出了榮格那些關於個體化的案例、他分析移情的意義以及「我」（I）與「你」（thou）之間的辯證關係。在第九次的討論會上，焦點在於這些個體化的案例以及那些需要更著墨於分析個人無意識的案例，成員們討論了上述兩者的不同之處。在當次討論會上，成員們熱切地討論了一個人個體化歷程中，與分析師的關係的重要性。佛登斷言，由於個體化是一個心理的歷程，因此需要有另一個人來承接投射。這被認為是個有助益的觀點，因為它補足了榮格所描述的還原分析與個體化歷程之間的縫

186

隙。在第六次的討論會上，由於佛登說分析師「在精神上不一定是男性或女性」，所以提到了「來自蘇黎世的特定想法」，指的是蘇黎世的傳統，即學員在受訓的過程中必須分別接受過一段男性分析師，以及一段女性分析師的分析。

這些討論，特別是在圖示中，也觸及了佛登在自我發展方面的初步想法。在早期的圖示中（第五次討論會），佛登將自我擺放在自性的中心，並且他也在第十次的討論會中進一步將這個觀點闡釋得更清楚，將意識描述為自性的中心。這兩種說法都未能得到充分的證據支持，它們與佛登後來的觀點並不一致，若僅從這些討論會的論調看來，簡直錯得離譜。這樣的觀點也反映出，當佛登仍在醞釀某些思考時，他會像這樣有好一段時間都遵循錯誤的方向。同樣值得注意的是，他的威望會讓反對者默不作聲。因此，當他說意識是自性的中心時，他更斷言了這在兒童的夢中得到證實，儘管他並沒有提出具體的證據。他本身所發表之關於兒童夢境的研究並不支持這個論點。於今，佛登的觀點是，自我是自性最重要的分解物。

在後來的一些討論中，成員們再度提及了在分析歷程中分析師的自性。這似乎有時會促使佛登作出較為基進的發言，特別是關於病患對分析師相當神奇的投射。在討論會的紀錄中，佛登所說的「上帝」（原文為 God）第一個字母被寫成大寫。在我看來，我想這呈現出成員們並未認真看待他的發言，反而流露出戲謔的態度。回到討論的脈絡，佛登的意思是病患會對分析師產生強烈的移情、強大的投射，有時候這些投射甚至是出自病患的自性。這是分析工作的重要特徵，這個狀況會持續發生，直到病患發展出更為強壯的自我。

第十三次的討論會被弗雷德‧普勞特編寫成一齣描繪團體動力的劇碼，演員包括兩個兒子、兩個女兒、一個主人翁與一位缺席的中間女兒，長子是弗雷德‧普勞特，次子是戈登‧普林斯，長女是茹絲‧施特勞斯，次女是瑪麗‧威廉絲，海拉‧阿德勒則請假缺席，而佛登則是主人翁，壁爐架上的照片想當然爾便是大老榮格。根據普勞特醫師在第一頁（原文碼第 213 頁）的說法，首先發言的長子是他自己，第二個出現的長子指的則是長女茹絲‧施特勞斯，但在第二頁（原文碼第 214 頁）的長子指的是普勞特醫師，從那之後，稱謂便固定下來了。第十四次討論會以普林斯醫師對這齣劇碼的評論開始。我對這次討論會特別感興趣，這次討論會的結尾總結了對此的觀察：剛才討論小組中所談論的這些對成員互動所做的分析，反映出這樣的分析即屬於還原式的，「而且討論會也總是以同意成員們這麼做收場，鮮少對此有所討論」。這與佛登的觀察是相輔相成的，即移情必須與病患一起共同經驗，並予以修通，在本質上這是一個原型的歷程，由分析師所執掌。

這些紀錄所傳達的主要感覺是，進行這些討論的嬉鬧氛圍掩蓋了許多隱含的討論內容，我很感謝參與討論會的成員們同意讓我發表這些非正式的紀錄。

1953 年 10 月 13 日移情小組的討論會

第一次小組討論會於 1953 年 10 月 13 日舉行，討論會決議每週輪流在各個成員的家中進行。

佛登醫師建議大家閱讀現有的關於移情的文獻，普勞特醫師建

議每位小組成員來輪流討論案例素材。

　　我們同意，我們所理解的移情是「投射到分析師身上的無意識內容」，因此分析師是病患心靈中的一個現象。

　　普勞特醫師表達了一個觀點，即移情的現象也需要反移情的存在。他報告了一名三十五歲的女病患，她至今仍未有過性經驗，她對異性絲毫沒有任何性的慾望與體驗（她根本想都沒想過）。普勞特醫師描述了病人如何發展出性慾移情，他也描述了自己對這名女病患的感覺與反應。在分析中的某一個時機點，他決定讓病患表達對他的情感，並讓她握住自己的手，在那次之後，他發現病患開始對其他男人產生了性幻想，他對此感到相當欣慰。

　　小組中的另一名成員並不同意這樣的做法，反而覺得如果分析師允許病患主動表達自己的情感，並對這份情感做出回應，那麼實際上分析師「怠忽」了移情，分析師離開了其「內在的位置」，因此可能會攪擾並危及了分析師的位置以及病患的安全。

　　佛登醫師描述了一名女病患的性幻想，這名病患覺得她的分析師深深愛上了自己，佛登醫師描述了他對這名女病患的負面反移情。在分析的那個階段中，病患創造了一種虛幻不實、與分析師無關的氛圍。

　　討論會的焦點似乎正在移向「處理」移情與反移情的主題。

1953 年 10 月 20 日移情小組的討論會

　　本次討論會首先嘗試定義反移情的指標，包含了以下幾個面向：

（一）在分析會談結束之後持續產生的效應。

（二）與病患有關的夢境與幻想。

　　成員們顯然對此感到滿意，因為目前大家似乎相當投入於移情的探究之中，包括病患會恐懼性慾移情的內涵將可能成真，並且透過洩漏與行動化來防衛這份恐懼。

　　這樣的討論讓弗雷德·普勞特進一步闡述了自己喜歡用身體的方式來傳達反移情中的愛，他帶入討論了孱弱的自我發展以及與兒童案例來作比較，同時也討論了語言的不足、對玩具的需要。另一方面，麥可·佛登認為拿兒童來與此作比較是不對的，因為兒童本來就需要有人來為他們承擔責任，而分析師則隱含地或明確地依賴成年病患的成熟心智。茹絲·施特勞斯隨後舉了一個案例，在這個例子中，她刻意對病患表達出自己有所控制的敵意，以回應病患的行為。藉此，她宣稱自己相信病患應該要負責處理自己的幼稚部分。沒過多久，討論會又回頭討論反移情的主題。

　　茹絲·施特勞斯接著描述了，儘管如此，有時候她還是會允許病患表達生理上的情感。海拉·阿德勒舉了一個案例：一個女人想要觸摸，但不被允許這麼做，接著她夢到自己的衝突，夢到自己不再受到這種衝動所掌控。她認為這是客觀心靈作用的一個例子。在上述這兩個例子當中，茹絲·施特勞斯所提的前一個案例，與海拉·阿德勒所提的案例當中母親原型被聚合起來。但在茹絲·施特勞斯的例子當中是正向的移情，而在海拉·阿德勒所提的案例中，僅以觸摸的衝動中展現了這個觀點。這展現出，在沒有仔細思考案例的狀況下，很難予以概括。麥可·佛登繼而闡述了他的觀點，

189

即大部分的移情內容需要被當成真實之事來予以修通，如此一來客觀心靈便能從中得到充分的展現。他提供了一個案例來闡述這個觀點。

弗雷德・普勞特談論了與移情內容有關的生活經驗是很重要的，這一點並未讓成員們信服，討論再次逐漸從移情轉向到反移情。

當討論到分析師的人性與非人性時，氣氛相當激昂熱烈，這讓瑪莉・史坦熱忱地以圖像化的方式描繪自己非人性的行為，結果令人相當滿意，也證實了病患的進展。然而，與此相反的是，弗雷德・普勞特描述了他在興頭上，惡作劇般地主動處理偏執妄想的做法，結果慘不忍睹。

分析師都做了些什麼？這個問題又導回：分析師在分析中是什麼模樣？這個永恆的探問再度回到成員們的關切焦點之下。為什麼不討論其他分析師嘗試做的分析？這樣的討論豈不是可以展現出不同的人格特質如何導致不同的移情幻想嗎？為什麼不這麼做呢？因為如果談論病患，他們便會被困住！於此，海拉・阿德勒得意洋洋地跳入這場戰局，一手揮舞著佛雷迪・邁爾（Freddy Meier），另一手揮舞著超心理學。

成員們彷彿被這幅景象給震懾了，紛紛開始鼓譟奚落，眾聲齊呼應該要更加關注反移情的現象。學會鼓勵學生討論自己手上案例的這個決定難道是錯誤的嗎？謝天謝地，瑪莉・史坦說明了其中一些在討論會上進行的案例討論是有幫助的，這在某種程度上來說為學會卸下了責任。

討論會至此大家情緒高昂，最終在晚上十點多結束。

1953 年 10 月 27 日移情小組的討論會

正當麥可·佛登在宣讀他對前一次討論會的綜合摘要時,戈登·普林斯加入了小組,他因為身體有恙而未能參加前兩次的討論會。

此時佛登說他擔心自己對於移情案例講述太多個人細節。他顧慮的是,病患可能很容易被小組的其他成員辨識出來,這可能讓成員們在小組之外的繼續議論,並因此影響到分析。普勞特說,如果小組裡有一個以上的成員「有關聯」,例如有兩個分析師在不同時期對同一名病患進行分析,那他會感到更安心一點。雖然這樣的戒 190

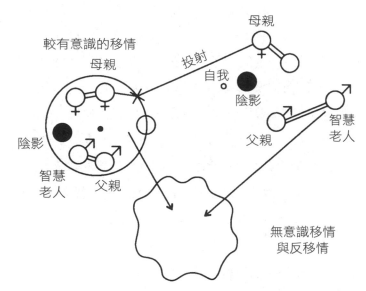

附錄圖一　麥可·佛登在討論會上繪製的移情—反移情現象的圖示（經過批改修正）。

慎緊張很快就被證實根本是無稽之談，然而從第一次討論會開始，每當討論移情案例時，便持續瀰漫著一份擔心洩漏個人資訊的氛圍。在上一次討論會結束的時候，便以「反駁」的形式出現了。或者說，有些人喜歡稱之為「反移情」的「心靈感應」或甚至是「超心理學」。直至今晚討論會結束時，這個主題也沒有完全消失，在瑪莉·史坦透露說，她曾建議讓茹絲·施特勞斯提報一個案例，「因為她看起來如此冷靜而泰然自若」。茹絲·施特勞斯則反駁說，一切可能不像表面上看起來的那樣。佛登先生說，既然他已經說出了自己的擔心，他便不再感到害怕了。

後來成員們發現，之所以會擔心暴露個人訊息，背後隱藏著「無意識移情」的現象，也就是說，分析師與病患兩方皆對於某個部分的移情一無所知，因此予以無法討論。然而，這個無意識移情的存在被小組成員感覺到了（在分析師對其案例的討論之外），而這讓他們感到好奇，同時也不太舒服，因為他們所好奇的極可能涉及了一個情感充沛的範疇。弗雷德·普勞特思考著，如果分析師受到其同事們的好奇心驅使，而去更意識到自己與病患共有的無意識移情，這會不會產生倫理上的問題。畢竟病患不在討論會現場，無法在越來越增加的覺察中有所獲得。海倫·阿德勒點頭同意，不過沒有對倫理方面多做評論。（暴露個人資訊的老問題會不會因為最新的「倫理」議題這些幌子而被屏蔽在後面呢？）

接著，普林斯說，誰也無法斷定，如果分析師與同事討論過後提升對移情的覺察，那麼病患難道不會因此受益嗎？因為按照推斷來說，之所以要把這個案例帶來討論會，就是因為對這個案例感到困擾。普勞特質疑道：這樣的推斷是否適用於這個討論小組？現在

看來，普林斯與瑪莉‧史坦贊成公開討論，普勞特與阿德勒則反對這麼做，佛登也可能持反對立場，因為他表示希望討論會能夠進行概括式的討論，討論大家各自從實務經驗中淬煉出共同的因子，如果討論會僅只著墨於個別細節資訊之上，那麼實在太可惜了！

　　之後的討論主要環繞於積極想像及積極想像與移情分析的關聯之上。雖然消極想像也可以說是在處理病患的幻想、畫作、雕刻、舞蹈等等，但麥可‧佛登指出，病患與分析師之間的對話需要病患以一個獨立的生命體主動積極地參與其中，而這唯有在屬於個人無意識的移情素材受到分析之後才可能會發生，這需要更頻繁地與病患見面。普勞特說，如果可以頻繁見到病患，他將能更自在地進行分析，因為唯有如此，他才能更充分地覺察正在發生的事。另一方面，普林斯引用了一名思覺失調症患者的案例，他每三週才見一次這名病患，然而每次治療開始之後，他就立刻感覺到與這名病患的關係和諧融洽。普勞特回覆道，和諧融洽的關係並不等於移情分析，對於他提到自己能夠更自在地進行分析，他沒有把這點說得夠清楚。從另一個角度看來，他同意普林斯的觀點，即病患經常在會談之外與分析師進行想像中的對話，在這樣的對話中，他們甚至會起身反對他們不常見到的分析師。也許，不同之處在於這樣的對話都是發生在分析會談之外的。不僅如此，這樣的病患往往是不成熟的，這帶來了自我發展的問題，當要進行「我」與「你」與「非你」之間的對話，需要一定的成熟度（而且應該是在分析的最初階段即獲得的）。這就是榮格主要關注的移情分析，不過其他分析師大概不會看到那麼多個體化的案例。佛登指出，區分這兩種類型的移情是很重要的，否則個人分析與個體化分析就會混為一談。在個

192

體化的案例中，非個人的素材被轉移到分析師身上，要能夠區分這些素材是原型的或個人的內容，需要病患有一定程度的自我發展，以及分析師的成熟心智。

茹絲・施特勞斯希望討論能按照目前的方式進行，不過普勞特則認為這些概念已經充分澄清了，可以將這些概念應用於實際的案例當中，這也有助於將概念扎根於實際的臨床經驗。因此，施勞特斯同意在下一次討論會上從移情的角度來呈現一名病患。

本次討論會於晚上十點二十分散會。

1953 年 11 月 3 日移情小組的討論會

出席人員：茹絲・施特勞斯、瑪莉・威廉斯、麥可・佛登、普勞特、普林斯。海拉・阿德勒未參加本次討論會。

雖然上次的討論會未被紀錄下來，不過普勞特宣讀了他對上一次討論會的摘要，而其他成員皆認同他所宣讀的內容。

施特勞斯向大家坦言她原先沒有料到自己會如此焦慮。接著，她提出了一些案例素材作為今天討論的焦點。這是一名歐亞裔的年輕女性，報告的素材摘要了為期四個月的第一階段分析狀況。這名女性擁有一些相當創傷的早年經歷，包括她母親在產下她時過世了，與繼母相處得很不愉快，與她的父親鮮少有互動，從四歲開始就讀寄宿學校等等，不過儘管如此，這位女性病患在表面生活上適應良好，在專業上相當有成就，除了缺乏與男性的關係之外，她並不感覺自己有其他任何症狀。她之所以會前來接受分析，是因為她想要從事兒童治療。

施特勞斯成功地將長達數個月的分析簡要而清晰地呈現出來。在這個階段的分析中充滿了張力與焦慮，病患無法產生聯想，她很害怕因為自己的「空洞的」導致分析師沒有任何素材可以工作，同時她還覺得施特勞斯相當「冷漠」。她提到在分析前和分析中都有一個反覆出現的夢境，在這個夢中，她看到自己在某些方面是支離破碎的，她很害怕觸碰小鳥或小動物，擔心如果她碰了這些小動物，牠們便會碎掉。

她提到的第二個夢境，場景是她與施特勞斯在海德公園進行分 193 析會談。夢中，施特勞斯問她是否記得在第一次會談時曾給了她一組電話號碼，並且要她打電話給一所學校，去招募其他女孩子來組成一個團體，因為她需要團體治療。這群青少女來了，夢中的她卻躲著她們，她被其中一個女孩又踢又捏，於是她跑走了，可是她無法穿過一連串的公園大門，因為大門被一群圍著營火遊玩的男孩們給擋住了。

在分析進行了大約四個月時，這名女病患又做了一個夢，施特勞斯覺得這個夢包含所有她的問題。在夢中，她帶了一幅畫給施特勞斯，有著白雪皚皚的山脈，山腳下聚集著懷有各種信仰的人們，他們都著眼於生活的凡事。在半山腰上有一株銀色的蓮花，花的中間是金色的。施特勞斯沒有收下這幅畫，但退還給她時，已在蓮花的底座上簽了名，簽名的字跡中包含著一個栗色的盒子，正中是一個窗戶、一片被劍砍斷的葉子。她則還以一個故事：月亮在山上閃耀了數十年，這裡是一片永恆的暗夜，月亮與山的結合產生了蓮花。金色的一天來臨，花朵甦醒了，男人們想要得到這朵花，這份企圖被投注到一名年輕女性的身上，不過她無法得到這朵花，因為

她被人們的激情所糾纏。

　　當施特勞斯夫人報告到這裡時，佛登認為已經有足夠的素材了，可以開始討論關於移情的議題了。其他成員們也點頭同意。不過儘管如此，一些成員仍很難抗拒這個夢境中的象徵，以及最後一個夢中的那幅畫。

　　佛登指出，上述兩個夢境都是移情的夢，並請施特勞斯提供更多病患在移情情境下的行為細節。施特勞斯提供了病患在一年的分析中所帶來的三百多個夢境與許多圖畫，然而除此之外，我認為施特勞斯並沒有提供了佛登所要的資訊，不過也許是因為我在努力紀錄之下遺漏了這些訊息。

　　佛登說，病患其實有感知到自己內在的發展已經脫離了現實（如同「人們的激情」這句話）。普勞特則針對那些圖畫，他認為病患對於人際疏離擁有正向的評價或阿尼姆斯式的評價，並且覺得唯有女人可以畫出這樣的圖像，特別是那幅展現出「簽名」的細節的圖畫。施特勞斯不太同意這一點，因為病患有意識地使用自己的女性特質，不過看起來她似乎對佛登的說法心服口服，即有一種「花枝招展的女性特質」。

　　佛登提到病患將其自性轉移到施特勞斯的身上，因此討論的主軸再度拉回移情，佛登進一步詢問了更多會談中的行為資訊。施特勞斯拒絕提供了，於是佛登說似乎這些素材就這麼出現了，而可以從中看見移情的內涵。他繼續說道，病患在前來分析時擁有一些預感。

　　施特勞斯將討論的話題帶回了海德公園的夢境，她提到其中所展現的衝突是病患的內在衝突，而佛登接續延伸討論，他指出如

194

果將意象當成是內在的，那麼將可能使得病患將這個概念當成是防衛，以免於產生得以進行分析的素材，例如與母親有關的意象。接著，佛登與施特勞斯便針對「外部與內部」爭論了起來。可惜的是，這個段落記錄員不在現場。佛登與施特勞斯都同意這個海德公園的夢境說明了病患的自我是缺席的或消失的，然而普勞特對此表示懷疑（普林斯與普勞特看法相同）。他們認同在許多方面，病患的自我發展展現出相當大的進展，並同意自我只是在移情過程中消失了。

普林斯提出了一些模糊不清的想法，主要來自於他對海德公園的遐想，以及病患在夢中能勉強地用法語與夢中的分析師形象溝通，其思路是病患需要對移情中的嬰兒與情慾元素有所理解。施特勞斯也同意，不過她指出，她不認為這些可以在這個分析階段裡有效地運用。普勞特說，移情是指分析師了解病患產生的那些內涵，分析師不會以還原簡化式的詮釋來破壞這些原型素材。

普林斯建議，同樣的素材可以當成下一次討論會的主題，不過佛登認為應該要以這段分析更進一步的素材來討論，而最後這點成為大家的共識。

1953 年 11 月 10 日移情小組的討論會

出席人員：茹絲・施特勞斯、海拉・阿德勒、麥可・佛登、普勞特、普林斯。瑪莉・威廉斯未參加本次討論會。

討論會一開始時，佛登根據阿德勒在上次報告中提到的關於外部與內部意象的問題，提供了一份圖示。這張圖示的想法源自於他

195

與兒童工作的經驗，呈現出自我與自性的關聯，以及自我碎片的分裂。第二張圖呈現出自我與父親和母親的原型，原型已經成為一個內在人物。

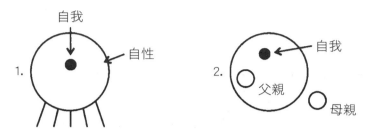

附錄圖二　佛登於本次會議呈現自我與自性的關聯圖。

　　普林斯指出，在移情中缺乏自我，普勞特則說，病患只有自我的碎片，因此不能做出任何移情的詮釋。

　　普林斯引用了一名四十歲的女病患案例，其「父親失蹤了」，進行移情詮釋讓病患意識到自己對分析師的感覺消失不見了。病患接受了這個詮釋，並且產生了良好的反應。

　　施特勞斯不認同這個建議，她繼續提供了關於此病患的進一步細節，這名病患以一種嬰兒式的方式將她的繼母稱為「媽咪」，她將繼母描繪為一名非常好的母親。在分析過程中，這份對繼母的良好感覺轉變成較不那麼正面的形象，而分析持續進行了十三個月之後，病患似乎開始將繼母感覺成一個非常糟糕的母親（病患的父親早在她四歲時即已再婚）。阿德勒指出，在這個分析的時間點上，病患與分析師的關係建立起來，繼而顯然可以承受這種感覺了。

　　在這個階段，施特勞斯呈現了兩幅她與病患出現的圖畫。第一

張圖畫顯示分析師在左上方，畫面的正中央有一個問號，右下方則是一個在生悶氣的孩子（病患），背對著分析師與問號。第二張圖畫則是一個白色的、像胚胎一樣的人物，它被黑色的螺旋狀物所環繞，底部是一些黑色，上方則有一些黑色的手，橫在開口處。這似乎對病患具有雙重意義，它們同時保護與抱著被禁閉起來的胚胎。第三張圖畫是一個由玻璃製成的立方體，病患就像一個被禁閉在這裡面的繭，這就是病患所擁有的感覺。

196

普勞特詢問，病患是用自己的哪一個部分來畫這幅圖的？普林斯提到，這幅畫呈現出病患對分析師的感覺。施特勞斯則認為，病患將自性轉移到分析師身上，而這幅圖畫呈現出的是「自性如何看待自我」。她解釋說，這些圖像形成了分析的轉捩點。在此之前，病患在沒有夢境與圖畫的情形下似乎很緊繃，她無法想像分析師會投入於會談中。普林斯問道：「如果病患沒有與她母親經歷過這樣的創傷經驗，那麼病患可能會感覺這份張力嗎？」佛登表達了他的觀點，即病患夠過某種「以分裂的自我碎片活著」的方式來處理她的經驗，他進一步強調分析師要能清楚自己所給的詮釋是處於哪一個層次，這是很重要的。

施特勞斯繼續報告病患的夢境：

我才剛開始去一所新的學校就學，校長把我分到了後段班，在這個班級裡的都是一些最不聰明的學生。我們都必須要參加一場考試，大多數的女生們都在討論這件事，我則一個人在看書。電話鈴聲響起，某個人說校長的秘書要找我，而且她聽起來非常生氣。我走到校長的辦公室，而校長氣得火冒三丈，她手裡拿著我的論文，

說我的論文被考官選為這間學校裡的最佳論文。她質問我怎麼敢寫出這樣的論文，她很生氣我得到如此高分。我誠懇地道歉賠罪，並解釋我不是刻意要寫出一篇很好的論文的，我只是把腦中想到的寫出來罷了。如果考官喜歡它，實在也不能怪我。我感到非常過意不去。

施特勞斯指出，病患藐視了她的位置，夢中的女校長非常不高興，她的貶抑態度被投射到母親身上（女校長－分析師）。

普林斯思考著她的貶抑態度是否與她在出生的過程中「殺死」母親的罪疚感有關。

施特勞斯不同意這個觀點。

1953 年 11 月 17 日移情小組的討論會

出席人員：麥可・佛登、普勞特、普林斯、海拉・阿德勒、茹絲・施特勞斯、瑪莉・威廉斯。

197　在阿德勒宣讀了上次討論會的紀錄之後，討論聚焦於病患出生時失去母親對她的影響。普林斯認為，她一定覺得自己對此有責任，所以才受到校長等人的懲罰，他傾向於還原式的詮釋。佛登說，這取決於病患在什麼樣的層次經歷了這件事情，舉例來說，如果她處於全能自大的狀態，也就是神奇幻想的層次，那麼你可能說對了；不過如果她不是這個狀態的話，那這樣的詮釋就是錯誤的。接著，普林斯主張要使用移情詮釋，施特勞斯提醒他，她已經問過病患對她的感覺，得到的回覆就是那幅螺旋狀物的圖畫。於此，白

色的胚胎處在螺旋狀霧之中，下方的手在把它往上推，而上方的手則在把它往下壓。施特勞斯認為要停留在此時此刻，而不是提及過往經歷，如同許多病患也經常會很樂意透過分析過往經歷來逃開此時此刻。普林斯接著再度改變他的立場，認為此時此刻與過往經歷都要處理，這樣才能讓兩者連結起來。施特勞斯同意這點，認為如果有可能同時分析內容與行為，那會是最理想的，不過根據她的經驗，這樣的機會少之又少。

阿德勒對父親的早逝，以及若孩子母親在分娩時去世，父親對病患的態度會有何不同，感到興趣。於此，普勞特提出了分析師的性別議題，如何與病患早年失去父母有關，以及如何影響移情。在此之後，逝去的父母失去了他們的魅力，而分析師的形象則在晚上的閒暇時間裡隱約浮現。

施特勞斯引用了一個案例，是一位婦女，她驚覺自己對施特勞斯有著強烈的性感覺，她自己將此解釋為同性戀。接著，病患奔向一個男性同事的懷裡，他是猶太人。他很想趕快與她發生關係，但不願意跟她結婚，因為他不能和非猶太人生小孩。然後，她夢見自己與她的父親發生了性關係。施特勞斯認為這個事件證明了，所謂的同性戀感情隱藏著對父親的移情，這是一個更大的禁忌。佛登思考著如果分析師是男性的話會發生什麼，並認為對父親的移情會因為病患堅持認為分析師是情人而妥善地被隱藏起來。普勞特認為，如果分析師是男性，病患可能就逃跑了。然而，普林斯則認為，對同性戀的禁忌要比對亂倫的禁忌強得多。他舉了一個男性同性戀病患的例子，他在分析的早期階段就匆忙結婚了。

佛登提醒在場的大家，我們在精神上不一定是男性或女性，只

是因為我們碰巧有著男性或女性的型態。我們被我們的身體所蒙蔽了。不過普勞特依然堅持分析師的生理性別是有影響的，他認為他男性的身體使男性病患更難投射自己的阿尼瑪到他身上。佛登並不同意，根據他的經驗，有阿尼瑪議題的男性病患在分析師面前會採取一種被動的、女性化的角色。

隨後，討論轉向到源自蘇黎世的特定想法。施特勞斯說，他認為某些問題只有透過改變性別才能夠處理。普勞特提醒她，她曾經因為某個原因而轉介了一名病患給他，但施特勞斯說這個轉介原因是給病患的一個好理由，而不是真正的原因。威廉斯喃喃自語地說起了反移情的議題，而佛登說這是一個人格議題，而不是性別議題。然而，根據蘇黎世所宣布的，整個情境都是不同的。普勞特堅持著，至少在早期階段，生理是非常重要的，阿德勒也同意。分析可能會因此走不下去。

在對於病患有了更多的討論之後，阿德勒希望大家可以提供個人經驗，因為她相信我們大多數人都曾與男性與女性工作過。佛登是唯一一個坦白的人，他的身體在很長一段時間之中都沒有進入其中一種狀態。普林斯想知道這是否與功能類型有關，但阿德勒更傾向於認為這與特定的原型的組合有關，這個想法與施特勞斯的想法相近，因為原型顯然對分析師的性別沒有特定興趣。普勞特並不同意，他堅持地宣稱性別是很重要的一件事。他舉例說，一名女性思覺失調症病患曾找過三位男性分析師，然而最終皆因為她無法處理自己的亂倫情感而離開分析。佛登態度稍微放軟了，說性別可能使分析變得更容易或更困難，不過就思覺失調來說，他們離開的原因往往是因為分析師太過理智正常。

普林斯回憶起他看著羅森（Rosen）與一名思覺失調症女性病患的治療工作，這名女孩逃離了他與他的詮釋，正因為他的詮釋是正確的。普勞特很高興，因為這個案例展現出，現實與神話擺放一起實在太超過了，身體可能太過真實了。

　　討論會結束在沒有定論的狀況之下，至少在紀錄者的眼裡是如此！

1953 年 11 月 26 日移情小組的討論會

　　出席人員：討論會的成員全員到齊。

　　經過一番討論之後，討論小組回到了茹絲・施特勞斯的案例上，這佔據了討論小組的注意力一段時間。茹絲・施特勞斯首先 199 說，提供這個案例對她自己沒有什麼好處，因為她一直在想病患所呈現出來的素材會不會與她所說的內容相吻合，或者會不會不一致。因此，海拉・阿德勒提出的困難以不同的形式出現了，並給了阿德勒一個機會，說明她以前的論述是出自單一經驗的。瑪莉・威廉斯指出，施特勞斯的困難來自於對群體的移情。接著，施特勞斯可以繼續討論她的案例。

　　她指出，受到威脅的母親是黑人，而根據病患的圖畫，胚胎是白色的。然後，她提到了移情的夢境，她覺得這個夢境很令人心疼，因為施特勞斯不在，而病患想要來見她。她穿上她最好的衣服，帶來了一張有畫有積雪的山的圖畫，她想拿來給施特勞斯看，然而對於預約有些疑慮，是明天嗎？明天是星期天，她在星期六而不是星期一去，因此，病患看起來是想在星期六或星期日前來。小

組成員對此有兩種解釋，其一，她想在沒有人會見她的那一天前來；其二，她想填補星期五與星期一之間的空白。也有其他解釋。施特勞斯報告說，在這一點上，病患第一次對她產生興趣了。在此之前，她的態度一直是對分析感到興趣，以及害怕會讓施特勞斯感到無聊。

　　下一個夢是一個很長的夢，在夢裡，病患正在申請「首席治療師」的職位，並走在一條路上，此時出現了另一個也正要去面試的人物，這個人相當緊張，並希望等一下面試進行當中病患可以在場陪同。這個人對病患講了一個故事，這個故事筆法就像廉價的美國小說，講述著一個病患是如何被治療師拯救。這名治療師將病患身上的罪孽取走，攬到自己身上，成為一個淒慘的罪人。施特勞斯覺得這個夢非常重要，也很有意思。她將這個過程與從白到黑的變化做了比較——即治療師以前是白人，後來變成了黑人，病人則以前是黑人，後來變成了白人。其他人似乎對此不感興趣，認為這是常見的代罪羔羊機制。普林斯覺得很難將黑與白、罪孽與罪咎感連結起來，他認為這相當牽強，我們想要把這樣的討論擺放在語意的層面上。普勞特強調了病患的不明確性，他認為這與施特勞斯所談的白色是天真而切斷情感是有關連的，他提醒大家注意黑人與人們的激情之間的關聯。他認為這樣的不明確——也就是她的自我——在夢中被闡明了，呈現出的是她應該要在場陪同，畢竟有那麼多顯赫的人。佛登試著指出，我們正在談論的夢境移情現象不是發生在分析的時間裡，而是發生在病患在床上的時候。他試圖稱之為夢境移情，並試著多說些什麼。進一步地，他想要表達的是還有其他種類的移情佔據了分析會談，並提供了一些例子。他認為這在小組中引

發了不好的感覺，是這樣嗎？

1953 年 12 月 1 日移情小組的討論會

　　出席人員：除了普林斯之外，討論會的成員全員到齊。

　　本次討論會從討論佛登紀錄中最後的問句開始，成員們似乎一致認為，在上次討論會上，將病患分為有夢境的、與有行為移情的，並沒有產生什麼不好的影響。與此同時，施特勞斯不太高興，因為她覺得自己無法向小組傳達她的病患所發生的重大轉變，這種轉變是與移情的發展同時並行的。

　　這場打賭遊戲給了普林斯一個機會，讓他說出自己的一個模式，主要說明了要為移情現象找到一種研究方法是相當困難的。這個討論小組從一開始就在著手處理這個困難，展現在大家徘徊於詳盡的個人隱私素材、廣泛的通則與圖示以及個別的案例研究，今天的圖示是大家討論的焦點。在此呈現（詳見原文頁碼第 203 頁之圖示），感謝佛登與施特勞斯（實心的圓點代表的是分析師與病患背後的陰影）。

　　經過這樣的說明與討論，導致了成員們再度提供了更多關於移情情境的個人細節素材，結果似乎是對兩個主要的議題有了更精確地闡述，即「是什麼決定了分析師接受或去容忍承受病患移情的能力？」「如果分析師無法接受，會發生什麼事情呢？」接受的意思是他不會堅持宣稱移情的內容是病患的投射，另一方面，大家一致同意的是，在分析一開始時，往往需要去詮釋投射的素材，以便能夠讓病患進入分析的狀態之中。容忍承受的意思是分析師準備好發

現自己內在新的現實。

　　　　第二個議題的答案，主要是由佛登所給出的，即在分析的情境下，病患的陰影擴展了，這回過頭來導致分析師的陰影也增加了，以至於最終需要用相當不名譽的方式來解決這個困難的結果。在嘗試回答第一個問題之前，首先需要面對另外一個問題：分析師什麼時候會先按兵不動，而什麼時候會做出移情詮釋？在這個討論的脈絡之下，成員們提出了某些「危險」，舉例而言，阿德勒說，她發現除非已經建立起正向移情，否則向男性病患詮釋出現在他們之間的負向母親原型是相當危險的。施特勞斯不同意這一點，她的觀點恰好相反，她發現在早期階段詮釋負向移情是很必要的。另一方面，施特勞斯與一名聰明男性的工作陷入困難，這名男病患對於任何一切都不感興趣，並認為全世界都對他有所虧欠，因為他的天份沒有得到認可，施特勞斯擔心如果觸碰到他的漠不相關會是很危險的。施特勞斯似乎想要用一個案例來支持他的想法，那是一名女性思覺失調病患，就在她意識到自己的幻想也發生在她與分析師之間的關係上時，便以身體症狀來體現內在的崩潰。在此之前，施特勞斯花了九個月的時間苦苦嘗試讓病患意識到分析之中並沒有建立起任何關係。

　　　　佛登因為阿德勒使用「解釋」一詞而受到刺激。不知是出於聯想或其他緣由，他提到一名女性教師的案例，她曾經與其他分析師進行過分析。那一名分析師經常讓病患用積極想像的方式來處理某些特定的負向意象，他們將這些負向意象稱之為「自己的一部分」。然而，這與病患和母親之間的經驗有關，也就是她的母親希望她的行為舉止可以有女孩子家的樣子。在這種情況下，積極想像

並沒有增進任何病患意識上可能已經知道的想法，並且有助於避免發生移情。

阿德勒提到她自己與榮格夫人的經驗。榮格夫人曾經拒絕了她的移情，榮格夫人說「我不是那樣子的人」，聽了這話，阿德勒感覺自己彷彿被推下飛機。

施特勞斯闡述了她在什麼狀況下會先不做詮釋，佛登接續談了他最近的一次分析會談，那名女病患痛斥他將她的毀滅性的性慾稱作「淫慾」（Lust）。在這個詞最初出現的情境下，他並沒有談及這點，而這個延遲產生了更多的張力，結果出現了更多的相關素材與情緒。

目前看起來，施特勞斯和佛登在理性思考上的結合，讓這份紀錄的筆者覺得太超過了。他挑戰道，分析師要決定下移情詮釋的時機點是否成熟，並沒有一個通則性的規則。佛登點頭同意，並坦承在他所提到的狀況中，他感到很累，所以沒有給病患一個答案，而是沉默地對自己嘆息道：「喔天啊，又來了！」在這種心情下，他暫時保持了沉默。他補充說，在分析會談中，病患與分析師似乎都有兩種像波浪一樣的運動，在這兩條線交會之處，有效的移情全是可以導致雙方都同意的領域（詳見圖示）。然而，普林斯說，這些波浪並不完全是隨機的，畢竟這一定不只是分析師有意識的決定，那麼是什麼影響了它們的走向呢？如何探究這個謎一般的現象呢？接著，他就像古代的羅馬參議員一樣淘淘不絕，重複地說著一份針對兩名分析師治療同一名病患的比較式研究，他認為這應該有幫助。在場的大家看起來對此興趣缺缺，他的挫敗感展露無遺。他最後說道，一旦有人意識到某句話在移情情境下可能會有「危險」，

附錄一　早期關於移情的討論紀錄（1953-1954）　　　　311

便幾乎不可能會造成損害，這也就是施特勞斯先前所暗示的觀點。

佛登並不認同這個觀點。他提到一名病患，他曾經匆促地拒絕了病患提出希望增加會談次數的要求，以及另外兩名病患，要到開始思考治療的結案時才提到許多先前累積在心裡的不滿。這三名病患到最後都沒有真的停止治療，而由此看來，普林斯所談的關於危險的談話或行為的觀點受到證實。舉例來說，這個想法與其說與病患的移情有關，其實更與分析師本身的焦慮有關。

這一點得到了施特勞斯的支持，她提到病患總是會盡可能讓自己陷入與他們問題有關的情境中，因此也會產生移情。她回憶道，她以前經常得在塔維斯托克中心的廁所裡處理嗚噎啜泣的歇斯底里病患，這些病患要不是在預約上出了錯，要不就是預約被拒絕或搞混了（至於這其中究竟是出於同情、還是有更迫切的自私動機，施特勞斯才這麼做，她留給我們自行想像）。

此刻的紀錄者拒絕繼續紀錄，被大家誤會、抨擊成是自負。當討論會在十點二十五分結束時，施特勞斯威脅說要把她手上的一名超級理智的病患轉介給他，大概是作為一種治療措施吧。

（由弗雷德・普勞特紀錄）

1953 年 12 月 8 日移情小組的討論會

所有討論會的成員都出席會議了，討論會開始時由弗雷德・普勞特報告了他的紀錄。在上一次討論會上，他似乎為了不要錯失任何紀錄而因此沒有做任何紀錄！儘管如此，他還是做了一個摘述，在抄寫員（他已經沒有在在意討論會這回事了）看來，這是一份完

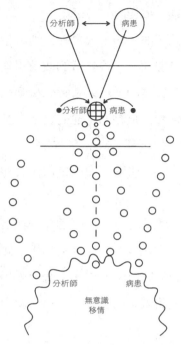

附錄圖三　左側不規則形狀的區域代表討論小組以前所說的無意識移情，由此產生的現象（例如夢境與行為）之中，有一些被螢幕或濾網捕捉了下來，闡明了分析。

因此，作為分析這些現象的結果，病患與分析師之間建立起一個彼此皆認可的區域——也就是圖中的有方格的圓形，這是來自於病患相對整合的人格，而途中右側的「分析師」則於此浮現。這些可以說是與彼此之間的關係，相對來說鮮少受到移情現象的干擾。

其中比較精細的一點是，無意識移情包含了病患心中的分析師意象，因此這是如同從氣泡的領域所浮現的移情現象的其中一個組成部分。（同樣的情況也適用於分析師對病患的形象，不過程度較輕）有時候一連串的氣泡會相繼快速地衝向過濾層，一個氣泡剛被分析完，下一個氣泡又會出現了。有時候，一個特別大的氣泡拒絕通過過濾層，無法被吸引到相互體認的領域，這時就會感覺到發生了阻塞。在分析師與病患的背後，有一個陰影，需要被雙方體認到。

整、充滿動力而有趣的摘要。

延續上一次討論會的主題，大家熱烈地討論起移情分析與積極想像之間的關聯。佛登認為一些分析師使用積極想像來替代在密集分析中讓病患浮現其移情內涵，或者說分析師被鼓勵這麼做。普勞特想知道榮格是如何做到這點的，他的言下之意是其實可以不要這麼做，他認為關鍵在於瑪那（Mana）[1]的力量。阿德勒反而認為，榮格之所以能讓病患不受影響，應該是取決於他與病患的無意識接觸很深。

普林斯問道——雖然他自知這顯然是一種褻瀆的說法——難道其他分析師都不能這麼做嗎？畢竟許多病患都傾向將他們的移情經驗放置於自己與分析師的關係之外。佛登似乎相當同意，並認為這是一個重要的觀點，也就是病患可以在積極想像中解除所有屬於個人的關係。

施特勞斯和普林斯的論點相當清楚，也就是任何「技術」——例如積極想像或自由聯想——都可以作為一種防衛，而想當然耳，討論小組的其他成員也同意這個觀點。

佛登指出，「積極想像」與「個體化」的案例有關，在這樣的案例上，個人移情並不那麼重要。普林斯承認，他懷疑自己是否有能力區分個體化案例與其他案例，不過佛登說，那並沒有這個困難。他提了一個狀況作為判斷的標準，即病患是一個個體，不再將

---

1   審閱註：1. 瑪那人格（Mana-personality）是集體潛意識的主要人格，是眾所周知的強人原型，是英雄，首領，魔術師，擁有醫術的人，聖人，掌管人類與靈魂的統治者，上帝的朋友（CW 7, par. 377）。2. 榮格用瑪那（Mana）來指稱同化了特別是與阿尼瑪和阿尼姆斯有關的無意識內容之後的膨脹效果。

他自己投射在集體的載體之中，例如政治信條，而會清楚地呈現出他的需求，以便能夠讓自己受到個人的生活哲學所引領。

對於個體化的討論熱烈了起來，施特勞斯為何個體化歷程需要分析師參與其中。普勞特不認為這是必要的，並說個體化是在煉金術當中發生的，他提起神祕學和諾斯替教派。佛登不認同在那些系統裡發生的事就一定是個體化。成員們相當激烈的爭論起一些難以解答的問題，像是達文西或歌德在他們的時代裡是否算是完成了個體化。

回到為什麼分析是個體化的必要條件這個問題上，佛登提出，分析是必要的，因為個體中持續存在著嬰兒期的殘留內涵。施特勞斯和普林斯則抱持不同觀點，普林斯接著表示，分析會比較注重於還原式的內容或者是個體化的素材，這一定程度上是取決於分析師有興趣的是什麼，在普勞特的鼓勵下，普林斯再一次表達了他對區分出個體化案例的不確定。

佛登詳細說明了什麼樣的案例是個體化的案例，施特勞斯說，這取決於病患的自我與病患的集體無意識內容之間的關聯。普勞特問，為什麼個體化病患需要繼續接受分析？佛登說，這是因為需要透過與分析師的關係，有如冥府信使荷米斯（psychopompos）一般，來匯聚成永恆少年（Puer Aeternus）的原型；同時，也因為個體化歷程是一個嶄新的事物，需要透過與一個知曉心理學的對象之間的關係才來經驗之。

普林斯認為，自性與心靈中嬰兒期的內涵總是緊密連結，一般 206
對此有一定程度的共識。普林斯引用了一名中年婦女的兩個前後相連的夢境，其中有一名金黃色的、像神一樣的小孩，後來則變得黏

人而不可理喻。這些象徵實在太鼓舞人心了，於是普林斯進一步提到兒童的象徵暗示著個體化的概念中總是包含著依賴，然而這受到普勞特與佛登的抨擊，他們認為，聖童是全能的，把整個世界扛在自己肩上。

　　普林斯陷入了自己的沉思之中，模糊地認為自己的想法中總有一些可取之處，並沒有完全被反對的聲音所影響。

　　佛登將話題帶回個體化歷程中移情現象上，他表示，你會需要透過分析師的協助才能推動個體化，因為你需要另一個人——而非東西（Matter[2]）——才能展開投射的歷程，透過與另一個人這樣的互動，這個歷程被維持在心理的層次上。而最終，這個人將會成為他自身的救贖者。在這段對話中，佛登在普勞特與其他人不斷提出抨擊的狀況下陸續提出這些想法，成員們因為討論了煉金術士，繼而也討論到祕密。佛登說，煉金術師之所以擁有一個祕密，是因為他們實在無法得知祕密的真相，這一點得到了普林斯的支持，儘管討論會裡主流的態度並不認同。

　　當佛登夫人來到時，打破了佛登全能的這些想法，討論的氣氛開始活絡，然而卻沒什麼主軸方向，最終討論會便結束了。

（由戈登・普林斯紀錄）

1953 年 12 月 15 日移情小組的討論會

　　出席人員：麥可・佛登、弗雷德・普勞特、瑪莉・威廉斯，

2　　審閱註：當人們說「東西」時發明了對某個不明物的象徵，東西也可能指的是幽靈或其他，或者甚至是神（*CW* 11, para.762）。

戈登・普林斯正在休假，而海拉・阿德勒請假（有說明理由），茹絲・施特勞斯本次請假（未說明理由）。

弗雷德・普勞特評論了上一次討論會現場情緒的本質，並思考著這與本次討論會某些成員的缺席也許有關。麥可・佛登也思考了這個問題，並說談論象徵是創造無意識或瘋狂的一個途徑，特別是自性的符號，然而我們並沒有說我們的幻想是這些缺席成員可能有的狀態，也沒有說我們自己是「堅強」的倖存者。

討論會繼續討論個體化的案例，普勞特認為這樣的人需要將自己的個體化象徵帶到另一個人面前，以避免發瘋，在自性正在展現其自身時，自我需要有所強化。威廉斯建議，分析師是一個調節者，近似於牧師的角色，然而佛登則表示分析師應該是上帝，這番言論讓威廉斯大感震驚，因為她覺得認同了病患的投射是很危險的。佛登接著詳述了這個震撼彈一般的想法。他說，分析師反而必須毫不猶豫地接受這樣的投射，必須記得自己所被指涉的框架，也就是心理上的上帝即是自性。分析師不應該害怕成為自性，因為這有助於推動病患內在的個體化歷程。普林斯指出，分析師必須要確保病患在與象徵連結時，擁有足夠強壯的自我，因為如果他將象徵視為具體的現實，那麼他會陷入瘋狂。普林斯舉了一個例子，一名粗魯的男子透過黑市交易累積了大筆財富，他堅持視分析師為聖人，並認為如果自己能為分析師做點什麼，例如拯救分析師或其他什麼事情，他便能得到救贖。普林斯無法漫無止盡地承受這個投射，於是他說自己也想要學習如何成為一個成功的走私販，希望藉此來破除這個投射。結果這名病患無法接受這點，便離開分析了。威廉斯很好奇為什麼這麼多經驗豐富的分析師無法忍受自己被視為

療癒者，佛登認為不去坐上療癒者這個位置是很重要的，普林斯則提到在被投射的原型中失去自我是很危險的。佛登說道，我們其實不知道療癒是怎麼一回事，而普林斯則說，我們所知道的是如何表現得好像是一名療癒者。由於這種投射，他不喜歡擔任顧問的角色，特別是他感覺顧問什麼都沒做的時候。

討論回到病患會頑固地有著「上帝」的投射這個問題上。佛登說分析師必須要不斷地承受這點，不要意圖改變。威廉斯認為相反的狀況中有時候會發生，佛登說在他自己的經驗中，任何詮釋都無法讓分析師擺脫這點：你必須要接受它，並相信著將會有些變化。威廉斯說她覺得無休無止的負向投射是最困難費勁的，並不是戲劇化的那種投射，而是那種分析師被當成一直在阻止病患、讓一切變得不可能的投射。普林斯則覺得最具挑戰性的是被投射為「上帝」，而對佛登來說，最困難的狀況則是病患用各種內在世界的素材來將自己孤立起來，讓分析師無法有任何機會可以詮釋移情，除了孤立隔絕之外，一切都不予展現。威廉斯想知道在這種情況下，分析師如果去詮釋病患對自己所做的事情是否會有幫助，然而，普林斯認為這麼做會有一種風險，也就是這樣會讓病患學到移情詮釋的做法，而這個做法會讓他們將更深層的感受隱藏起來。

接著，普林斯回到了他對拯救者移情的看法上，他在思考這是否與他的猶太血統有關。救世主還沒有到來，而他可能就是「拯救者」。威廉斯表示，她認為這是每個東正教男性猶太人內隱的盼望，然而，普林斯說，他認為這些人將救世主視為首相、政治形象，而非上帝（此處似乎有些混淆了）。普林斯把注意力從自己轉移佛登身上，佛登之前說他對自性移情的反應與他的出身血統有

關，接著，他說明起這是地球，他們的民族認為自然是至高無上的，不會對心靈的內涵產生任何興趣。威廉斯沒能聽懂這一段的推論，所以無法對此作出更詳盡的紀錄。

佛登接著說，分析師的角色既是拯救，也是阻撓；既是懲罰，也是獎賞。普林斯問道，如果分析師能夠接受病患的投射，病患的自我是否會因此變得更強大？而佛登說，如果分析師將投射交還給病患，此舉將會帶給病患過大的負擔。威廉斯引用了一名有精神病性強迫症的病患經常掛在嘴邊的話：「如果你可以承受它，也許我也可以。」

普林斯回到佛登的圖示上，他提到佛登認為自我是自性的中心，這個想法讓其他人有些不安。佛登舉出了幾個兒童的夢與圖畫來當作證據，佛登更偏向認為自我是意識的中心，同時補充道意識是自性的中心，自我是當下的上帝。普林斯不認同這點，對他來說「中心」代表著這是環繞其周圍事物的本質要素，他不認為自我是如此的。佛登則堅持自我是童年時期的上帝，也是聖祕事物的中心。此時，我們才意識到這張圖示指的是兒童。在生命的不同階段裡，自我與自性的關聯會有所轉變，佛登最後說道，自我孱弱的人會將分析師看成是上帝，而這是預期著自我將會透過自性而生成，就如同童年時期那樣。

（由瑪莉·威廉斯紀錄）

1954 年 1 月 5 日移情小組的討論會

（對於上次討論會不盡完整的紀錄致歉，一部分是因為呈現了

素材）

　　小組的所有成員都出席了本次討論會，瑪莉‧威廉斯宣讀了她前一次討論會的紀錄。其中某些成員似乎想要進一步討論上次討論會中提到的「堅強的倖存者」與其對立面，不過成員們並沒有這麼做，而是試著留在討論病患與分析師之間的移情這個主題上。

　　施特勞斯提到佛登所說的「病患用各種內在世界的素材來將自己孤立起來」這點，她希望佛登可以提供一些例子。佛登提了兩名病患，其中一名病患已經在六個月前結束分析了，另一名病患則已經結束分析長達兩年。這兩個分析的主要特點是，病患會繼續產生幻覺與夢境，而對於分析師所做的詮釋，病患會進入一種發呆出神的狀態，除此之外則沒有其他的回應，從而彷彿便「閹割」了分析師。

　　於此，有一個問題產生了：像這樣的病患究竟是缺少了什麼？佛登提到了費爾貝恩（Fairbairn），他一直詳細地處理這個問題。接著，施特勞斯建議分析師可以「誘導病患走出」他的孤立狀態，她舉了兩個病患作為例子，藉此向大家表明她也有過類似的經歷，不過最終還是能夠處理好這種狀況，這會產生一種特殊的做法，也就是透過病患對分析師的認同，於是幫助病患邁出離開其孤立狀態的第一步。

　　普勞特認為，這顯然純屬分析師如何與其病患產生連結的個人問題。然而，佛登認為，如果達到那樣的狀態，代表病患已經度過了這個問題所談的困難。普勞特認為佛登與施特勞斯之間的不同，在於佛登的病患屬於精神病性的，而施特勞斯的病患則屬於神經質性的。然而，施特勞斯不完全認同這樣的觀點，她認為她的病患更

屬於邊緣性精神病性的，而不是神經質性的。

　　佛登提議比較在不同的臨床情境下關於移情的筆記，施特勞斯提到在其他討論小組中，曾經綜合討論了投射與移情的現象。

　　普林斯鼓勵大家更進一步去批判性思考前一次的討論會紀錄，特別是三位缺席成員的提問。此外，他也認為在這個時候重新檢視前十次會議的紀錄可能會是有幫助的。佛登提議請普林斯負責這項工作。

　　施特勞斯接著說，她想要在呈現另外兩名病患的圖畫，先前曾經討論過這兩名病患的素材。她之所以想要這麼做，主要的原因是這些圖畫將會展示出病患已經歷經過的發展，這將會比她的語言描述更有說服力。

　　圖畫一的正中央有一座高塔，塔頂上站著一隻黑色大鳥。圖中有一名裸體的人物，即是病患本人。她跪在地上，將額頭靠在塔上，藉此遮蓋住自己的臉，因為大鳥的兩側各有一條噴火龍，她感到很害怕。噴火龍的身體上方是綠色的，底下則是黃色的，圖畫的背景是深暗的灰色。

　　圖畫二也有著同樣一座高塔與大鳥，不過這幅圖中病患是站著的，她的臉向上抬起，她的手臂朝著大鳥翅膀的頂端抬起，大鳥的翅膀伸展開來，一股金黃色的氣流從大鳥的身體中湧出，在噴火龍的位置上有兩棵滿是綠葉的樹，在病患內部的背後中央處可以看見那兩條龍。

　　病患在帶來這些圖畫時解釋道，這些圖畫是在分析師開始休假之後自發地出現的，這隻鳥代表著分析師，她一直認為分析師像是屬於夜晚的黑鳥，這隻鳥早在被畫出來前便已存在，而兩條噴火龍

210

的存在也起因於牠。病患覺得自己必須觸摸這隻鳥的翅膀，才能克服對噴火龍的恐懼，如此一來，情況便發生了變化。

普林斯說，在他看來，黑鳥的形象特別適合施特勞斯的個性，在這一點上大家似乎都有同感。

然而，佛登指出，施特勞斯畢竟不真的是一隻黑鳥，對他來說，這些圖畫中的煉金術象徵是最吸引注目的：黑鳥、原初原質（prima materia），以及龍和火發展成道出金黃色流動的存在——光。他同意施特勞斯的觀點，認為這些圖畫確實是積極想像的結果，也就是由移情情境所導致的。

普林斯指出，病患的自我繼而從自性之中發展出來。施特勞斯補充到，病患發生了明顯的變化，她的行為比以往更加直截而溫暖了。佛登認為這證實了積極想像對於自我的發展有著相當立即的作用。

普林斯問道，如果分析工作沒有歷經休假中斷的話，這些圖畫是否也同樣會出現呢？施特勞斯認為，如果她沒有休假，這整個過程可能會延後出現。然而，普林斯更傾向於認為病患對分析師的強烈愛意是因為分析師的缺席而產生的。

對此，佛登提出了「分析師作為待罪羔羊」的理論來支持這個觀點，換句話說，因為分析師的缺席，正向的內涵便會浮現出來。

在這個時間點上，討論會的結束有些突兀，因為時間已經相當晚了。

（由茹絲・施特勞斯紀錄）

1954 年 1 月 12 日移情小組的討論會

　　阿德勒因為家庭事務而未出席本次討論會，其他成員都有參加。

　　本次討論會的第一部分是由普林斯所發起的。他提出了很多問題，主要都圍繞著移情詮釋這個主題。他說，他之所以產生這些問題，主要是源自於他的督導對移情很感興趣，同時他的分析師似乎相對對移情沒那麼感興趣。他想知道究竟應該早一點，還是晚一點提供移情詮釋，病患的類型是否重要，詮釋是否是關鍵而必要的。後來，成員們紛紛提供了許多與此相關的例子，包含不同類型的移情、不同類型的分析程序，許多普林斯的疑問便在這些例子中間接地得到了回答。舉例來說，普勞特提出了兩種不同類型的移情的例子。在其中一個例子中，很長一段時間裡都不需要詮釋，他認為這是由於一個正面的形象便足以在病患心中再現夠好的分析師，因此即便在沒有移情的情境下仍得以發展。他將這種情況與另一個以前接受過多次精神科治療的強迫症病患做了比較：這名病患用許多問題與評論來煩擾他，因此這個狀況便需要積極地詮釋移情。他認為這種移情是源自於固著的負向母親議題，以及她曾經接受過的治療，這些讓她覺得自己沒有任何空間可以述說自己想要些什麼、感覺到些什麼。施特勞斯也舉了兩個在分析剛開始的階段中的移情情境。其中一個是在分析的第一週便做了一個夢，夢中她被一個她很厭惡的姊姊給取代了，這帶出了陰影。另一個夢是病患在來會談之前所做的，夢中充滿了她的「家裡的成員」，這些家庭成員必須先被趕出房間，會談才得以進行。所有成員都同意第二種狀況相當常

見，而且對此感到有興趣，然而，討論的方向繼續區分不同的移情類型，而沒能深入探討其中任何一種移情。大家一致認為，有一類型的移情在很長一段時間裡皆是不需要詮釋的，有人認為，唯有當病患的行為威脅到病患與分析師之間的關係時，才會需要做移情詮釋。此外，成員們也一致認為，焦慮是一個重要的跡象，這些思考起源於普林斯所提出的另一個問題。他問：分析師究竟為什麼要做詮釋？為了要進一步回答這個問題，普勞特舉了一個案例，這是一名男性，他嬌生慣養的態度左右了會談的進行。這名病患似乎曾經問過普勞特一個類似與普林斯所提出的問題，他曾說：「為什麼你一副自己有責任告訴我這些的樣子？」普勞特則做了一個笨拙的回應。

212　　　瑪莉・史坦（即威廉斯）提到，分析師們依然會對於病患知道一些關於分析師的事情感到驚訝。她舉了一些病患的例子，這些病患會依著她的感受而有不同的行為展現。佛登問她為什麼會對此感到驚訝，於是，討論的主題轉向關於類型的問題。佛登說，普勞特的第一個案例似乎是屬於外傾感覺型，大家針對這個現象討論了一陣子。感覺型的人似乎會與客體保有良好的連結，他們知道要如何處理，因此同樣的狀況也發生在病患與分析師的連結上。然而，普勞特指出，真正的移情是透過劣勢功能而展現的。普林斯討論了一項觀察，即感官類型的人往往傾向透過他們的身體、衣著打扮來表達感受。他有一名病患，這名病患的情緒狀態總是可以從她的穿著上見出端倪。他說，病患以這種方式反映出她意識層面的情緒，而生理上的表徵則更加指向直覺類型展現自己的方式。普勞特繼續問大家的看法，認為正向與負向移情究竟是否為必須要修通的

歷程。他提到榮格對此的觀點，即愛與恨並不是對立的，而是愛與恨皆被恐懼所平衡著。對抗轉化（enantiodromia）是與愛恨交織（ambivalence）相對應的。接著，討論會轉向到冷漠——是愛與恨的對立面。佛登提報了他的一名男性病患，從分析素材看來，他傾向隔絕，因此對他的分析師也顯得很冷漠，他認為這種冷漠是虛假的、防衛的，隱含於其中的，則是一份對於分析師會將「正確的詮釋」塞給自己的恐懼，病患會為這份恐懼發聲，冷漠的態度是病患試著要讓人覺得自己沒有被影響，不過事實卻恰恰相反。

這導致部分詮釋的重要性，保留一些空間讓病患自行詮釋。再一次地，這呈現出不同的案例需要用不一樣的方式來處理。佛登接著說了一個例子，由於病患的焦慮，他在會談的前半段詮釋了所有病患所說的話，直到會談的後半段，她才能直接地表達自己的感受。

最後，普勞特問，討論會是否同意我們應該區分不同的移情現象，因為大家似乎需要一個更有區分的框架參考。很明顯地，我們已經試著找到一種分類方式，現在我們可以從中挑選一個類別來深入討論。普林斯同意以他曾提到過的案例來討論。

不同以往，這次討論會少見的相當輕鬆，一直以來難得有大家 213
聊開來的話題。

1954 年 1 月 19 日移情小組的討論會

「家裡的寵兒」或「家中（at home）的原型」
有許多角色的一齣戲

長子——普勞特

次子——普林斯

次女——瑪莉・威廉斯

長女——茹絲・施特勞斯

主人翁——佛登

　　出席人員：劇中全部角色，除了排行在中間的那名女兒（她正在度假）。

　　場景在一個攝政時期下的巨大客廳裡，寬敞而空蕩蕩的，湊合在一起的各種傢俱彼此不太搭配。有一堆綠色、裝有輪子的帆布椅，令人想到過季後海邊的帳篷亭子。也有兩把扶手椅，雖然不確定來自哪個年代，不過可以肯定它是個古董了。另外，還有一張沙發，這張沙發曾經歷經更好的日子（也許也有許多美好的夜晚！）現在則被放置在溫和的瓦斯爐火旁，爐火與咖啡的香氣結合在一起，與平板的燈罩、嚴肅的黑板形成反差，長老的肖像從壁爐台上望向中央。

　　帷幕升起時，次女與長子端著咖啡杯，坐在那張沙發上。次子手中拿著一疊紙與他的杯子，正走向其中一張扶手椅（不那麼舒適的那一張）。

　　長子：你不能坐那裡，那是主人椅。

　　次子：這是你想要繼承的王座嗎？我當然要坐在這上面呀！

　　此時主人翁走了進來，打斷了他們的對話，緊隨在後的是長

女，她打扮成「夜鳥」（Bird of the Night）。當主人翁將一些文件發給所有人，並且以一種輕鬆愉快、稀鬆平常的口吻宣讀上週的紀錄時，現場一片寂靜。在他穩穩的話語節奏中，偶爾會出現些微結巴，當唸到一些秘書在字裡行間中所寫下的生澀英文時，他會皺皺眉頭。不過家庭小組立刻趕來救援，即時校正了一些錯誤。因此，唸到了最後他仍然很愉快，顯然沒有料到他紀錄中詳記的事實將會引發一些爭議，在他語畢之時，還以為至少會得到一些贊同的，沒想到次子便說話了。

214

　　次子：父親，您有超凡的智慧與威信，帶著對您的崇敬，請容
　　　　　許我提出一個錯誤。想當然爾，這是您的秘書所犯的錯
　　　　　誤，那名賣弄之人愛出風頭又編篡記憶，我總是要很勉
　　　　　強自己，才能承認他是我的哥哥。他並沒有給出任何清
　　　　　楚的回覆！而且他以他一貫的謙遜姿態，我相信他必定
　　　　　會第一時間便承認，從他自己所提出的素材看來，他被
　　　　　病患的機智給困住了。以科學真理之名，看在後代晚輩
　　　　　的份上……
　　長子：（很高興在這個過程中可以這麼早便擺出和解的姿態）
　　　　　我很高興有人可以指出這一點，我的回覆確實犯了失
　　　　　誤。

　　他們都把「失誤」寫進了紀錄中。次子得了一分後，簡單地說了一些前言後，便謙虛地提到自己的侷限，而且相對地缺乏經驗，不忘向依然認為能夠轉介病患給他的主人翁致意。接著，他相當細

緻地詳述了他的案例，與此同時，主人翁靜靜地塗鴉著。當唸到一個沒什麼好爭論的段落時，他向主人翁尋求認可，而主人翁以點頭或說「是」予以回應。

在前十五分鐘的報告中，長子開始隨手塗鴉，他想騙過他弟弟，讓他以為這些大量的細節資訊讓他必須要寫下筆記，而無法僅只仰賴記憶。唉呀！這是另一個和解的時機，可惜被浪費了！接著下來的十分鐘，仍然是毫無間斷的案例報告，長子再也忍不住了，他主要衝著他的姐妹們，說他感覺主人翁似乎不希望淌入任何紛爭的渾水中。

> 長子：我以為我們要討論的是對於一名強迫症病患在前兩次會
> 　　　談中所做的移情詮釋。

這段話引發了爭論，現在不論長子說什麼，次子都會用可說是毫無掩飾的敵意來回應。他會用一些話語來引入他的反擊，例如「我不確定有任何人可以這麼說」，或「我需要三思一下才能對此表達同意，我不認為這是主人翁的意思」，或「我們能夠把病患與他所有的情境條件分割開來嗎？」兩位姐妹也加入了這場爭論，而爭論的重點在於，當病患說「你有治療過很多像我這樣的案例嗎？」時，次子將此詮釋為病患受苦於被主人翁轉介給弟子，每次次子砲火攻擊了他的兄弟姐妹之後，都會看向主人翁，想探測當前的風向，不過主人翁就只是繼續塗鴉著。

> 次子：不管你怎麼說，我的病患立刻就放鬆下來了，而且後

來，他不時覺得必須要告訴我我是錯的，還有什麼比這樣更能證明我的詮釋是對的呢？

次女（她對爭論的負擔有了新的想法，現在她靦腆地對主人翁說話，主人翁開始抬起頭）：
這麼說好了，我是一個新手，
不過我知道，什麼是真實的：
最強大的分析式陽具
就是你，也只有你！

主人翁（現在完全清醒了）：強迫性的病患有著相當原始的性魔力，而且嘗試勾引分析師站上某個位置，以便讓病患躲藏在道德準則之後，於是能夠感覺安全。

長女（受到主人翁的影響，向並不是很熟悉性魔力的長子解釋道）：你必須要站在病患那一邊；說「就是這樣，我們都必須要面對它，不論是好是壞。」

長子表達了驚訝之情。

主人翁（糾正了長女）：要投身其中，而不是變得認同了它。
（此時，他朝長子眨眨眼，全家人都知道他已經坦白了自己的失誤）

長女：要投身其中。

主人翁（語帶強調）：是的，就是如此，語言一直不是我的強項，不過我的病患的圖畫會為他們自身說話。

一有機會，長子便說服著主人翁多說一點關於進入病患的性魔力中，當他們正要圍成一圈來討論這個議題時，燈光開始變得昏

暗，家庭中的其他成員已經準備好要就寢了。

　　就在窗簾即將要落下的時候，一個原型走進房間，並且宣讀：

　　如果我們這些陰影冒犯了你，

　　只需要想一想，一切便好轉了：

　　當你已經人在這裡說話了，

　　移情便開始出現。

216　　他一下子便消失了，在其他人得以回應之前，或甚至來不及確認他確實出現過。

　　落幕

　　（由普勞特改編成舞台劇）

第十四次移情小組的討論會

　　本次討論會的第一階段為大家提供了有趣的娛樂，也為戈登‧普林斯提供了免費的心理治療，在第十三次討論會的開始之初，普林斯選擇坐在一張特定的椅子上，這顯然激怒了普勞特，他認為這把椅子是「王座」，而他自己則是「繼承人」。

　　普林斯的案例是如此貧乏，於是留給了普勞特許多積極想像的空間，且在本次討論會上，他能夠以這些相似的主題來創造一齣戲劇作品。對普林斯來說（不可否認地，不無偏誤），這聽起來像是艾略特從易卜生的作品所創造的，由田納西‧威廉斯（Tennessee

Williams）改編成默劇，由潔西・希爾頓（Jacy Hylton）在冰上展演。不過這並不影響它的娛樂性，而且似乎捕捉到了那次討論會中的內容與感覺，讓大家都很滿意。普林斯很想把這些會議紀錄化為一首長詩，並且必須要用這樣的詩句來開始：

兄長，切勿煩擾了，

和善一點，否則就作罷了吧。

然而，他缺乏繼續創作的動力與靈感，童話故事中小兒子終將戰勝的情節便足以讓他心滿意足，於是便將注意力轉移去聽討論會上佛登所正在陳述的內容。

佛登正在陳述一名四十多歲女性的治療，主要目的在於說明他如何處理這名病患心中環繞著神奇性幻想的移情：這種類型的移情在前一次討論會上被認為是強迫症的特徵，不過此時在討論的病患並不是一個典型的強迫症案例。

她在某一次研討會中聽了佛登的演講之後才前去找他進行分析的，因為她在性關係上有些困難。在剛展開分析時，她有一名男性友人，她告訴佛登這名男性友人經常對她做出類似克萊恩取向的詮釋。她對佛登直接拋出了嬰兒期的素材，不過佛登覺得她所說的一切都不太能夠採信，其中似乎沒有實質內容，這些描述幾乎與她本人兜不起來。在治療的初始階段中，佛登接受了其中隱含的挑戰，想要提供比這名男性所說的「更好」的詮釋給病患。

在治療的第二階段中，佛登從一些跡象中發現病患似乎想要在會談中自慰，而且漸漸開始呈現出一個具性魔力的自慰機制，這是

217

受到佛登刻意使用帶有性意味相關字眼所激發。這個機制包括她想要吸入所有佛登的分泌物與排泄物，也就是好客體，以便能夠抵銷她內在的壞客體。她覺得佛登是一個榮格取向的分析師，會被這些內容嚇到，並對於要如何處理這個狀況做了一些討論。

於此，施特勞斯表示病患需要榮格取向這個想法，以便能控制住她內在的混亂。普勞特則想要知道病患從哪裡感覺到佛登被嚇到，而佛登確實曾在某一次會談中被嚇到臉色慘白。大家一致同意，她捕捉到了某一次偶然的臉色變化，並將之納入她對分析師的幻想中。在分析的這個階段，佛登堅持將會談的頻率從每週兩次增加到四次，他告訴病患必須這麼做才能讓分析有連續性，小組成員們則認為這是佛登的反移情作用。病患很高興地接受了這個安排，不過沒過多久便開始因為費用的關係產生了強烈的抗拒。她堅定地認為佛登對於費用缺乏現實感，然而事實上她卻克制不了許多高消費行為，例如花很多錢去買衣服等等，這個模式與他父親對錢的謹慎以及母親對錢反覆無常的態度有所連結。施特勞斯認為，這種抗拒是出自病患對強烈的移情／反移情有所恐懼。會談頻率的增加讓她感到被接受，然而同時也讓她相當焦慮：她寧可與分析師保持一些距離。

佛登闡述道，這個調整所引發的波動與強烈情緒關係正是移情的核心，分析師必然要深深地被捲入其中，並且必須要度過這些。他描述了病患如何進入了說他是上帝的這個階段，而他也接受了這一點。普勞特對於他的接受產生質疑，於是現場開始討論分析師如何陷入病患的魔力，或被病患的魔力所攫取。普勞特和普林斯似乎都同意，對於強迫執著的患者，有時候會需要積極提供特定的

處遇，以便能夠度過初期的移情抗拒。他們舉了一些例子。然而佛登認為，這些只是處理表層現象，而沒能觸及移情的核心。他不認為自己使用了魔力來促發病患，他拿這種手法比擬成給孩子一個玩具，讓孩子可以用這個玩具來表達他的魔力。

在這場分析中出現了一個危機，當時病患發現她罹患早期的乳腺癌，佛登將之視為一個共時性的展現。他拒絕去醫院探望病患，而病患在醫院中，在經歷上帝的存在與上帝的恩典時，產生了急性焦慮症狀，這伴隨著她度過了進行手術的壓力。218

當能夠恢復分析時，她斷言，是分析導致了她的癌症（乳房過度興奮，而未得到緩解）。佛登並不接受這個說法，隨著分析的進行，她逐漸能夠區分兩種性興奮：第一種是愛，那其中沒有乳房的感覺，並讓她入睡；第二種則是慾望，她覺得這是有破壞性的。佛登能夠將這兩者的區分連結到她嬰兒期與後來人生中實際性經驗的模式。

施特勞斯觀察到，佛登以還原分析的方式分析這個病患的移情，而在本次討論會結束時，成員們一致認為大家經常這麼做，可是很少在帕克月牙（Park Crescent）街二十五號討論這個議題。

1954 年 2 月 9 日移情小組的討論會

海拉依然沒有參加，戈登則因為家人生病而請假。自性躲在佛登的背後，時不時地跳出來對普勞特吐舌頭。

佛登（在討論瑪莉對他的案例的詮釋）：我很同情他們，但是

我無法指責他們，如果瑪莉願意提供，也許會有很好的
效果。

普勞特（驕傲地）：這麼說來，是否有效取決於是誰所提供
的！

佛登：不，不是這樣的，這是因為這些內容是出自於她，而這
會是整合起來的。分析師的人格只在表層是重要的。

施特勞斯：不過，特定的人格往往會吸引到特定的投射。

威廉斯：不同的分析師可能會吸引到不同的內涵，而有其他內
涵則會被遺漏，真的是這樣嗎？

普勞特（回想起他覺得佛登已經忽略不看的內涵）：你說的
「有效」是什麼意思？如果是由別人來說這些，可能也
有效果嗎？

佛登（沒有改變態度，不過已經換了個比較輕易的說詞）：不
論你說什麼或做什麼，這樣的移情都會持續運作，除非
你做了太奇怪的事，或給了太截然無關的詮釋。移情就
是會以自己的方式呈現，形式上可能有所不同，不過基
本的歷程則會是一樣的，這就是為什麼處理移情需要這
麼多年的時間。

普勞特：然而，我們都知道有的病患在多年後去找另一位分析
師，他們會發覺以往分析從未碰觸到的內涵。

佛登：一開始看起來可能是這樣的，那還是蜜月期的階段。接
著，又會再回到老問題上了。在我看來，發生的狀況是
病患因為抗拒而陷入僵局，然後分析師感到有罪惡感，
因為他無法解決這個狀況，而讓病患有這個機會可以迴

219

避掉。我是不會這麼做的。

施特勞斯：可是一定會有抗拒的，這麼說來你的意思難道是分析將永無止盡嗎？

佛登：不是的，有許多分析會走向結案。

普勞特（混淆了，退回到第二次討論會的基礎）：我忍不住覺得在佛登的說明中隱含著某一幅理論性的計畫，假設了會有一個完美整合的分析，好像所有的原型在分析師身上都是協調融洽的。

佛登：我想就為彼此的混亂留下一點空間吧。

普勞特：可是你已經讓分析師陷入了一個充滿原型的圈子裡了，那讓分析師成為上帝。

佛登（慍怒貌）：是的。

施特勞斯：我能不能提出一個修改？這也許有賴於分析師是否有能力承接得起這樣的原型投射。

普勞特：理論上來說是啊！可是實際上這根本是不可能的！

佛登：如果自性是匯聚起來的，那麼分析師便必須要處理這些投射。

普勞特：上帝與我是一體的？這我無法相信！

施特勞斯：你確實承載著自性，但是你希望晚一點才和自性有一段關係。

佛登：我想起一名病患，我感覺我對他的分析是出於自性。我預備好任何一切的發生，並且感覺到與之整合。

普勞特：你是怎麼感覺到自己是整合的？

佛登：你無法發現的東西都是不重要的。而長久以來，你就是

自性。

普勞特：那也太糟了！病患要怎麼發覺到在那背後是一個活生生的人？

佛登：自我就是自性的一部分。

普勞特：我也不相信這點。

佛登：我常常被人說不夠有人性，對此我總是如此回覆：「要有人性不是我的責任，否則便做不了分析的工作。」

普勞特：你把自己與工作分開來了，你說「我在分析工作裡是自性，可是分析之外的我便不是了——在分析之外，我是個人類。」

佛登（迷人地）：我不認為你說的真的很重要。病患帶著他的自性前來找你，自性即是病患的問題，而分析師則成為這個自性。這個歷程不算是自願的，隨著分析的進展，分析師是什麼將會產生不同的效果，而不是在自性投射的階段。（施特勞斯提供了一個例子）沒有什麼是你不能成為的。

普勞特：可是你比較常成為某一些特定的角色。

佛登：我同意，在分析工作中，人會在特定的時機點下成為特定的角色。有些分析師沒完沒了地擔心這件事，這可不是好事！

普勞特（帶著這些擔憂看著佛登）：一成不變的回應就是讓我擔心的，我對此感到惴惴不安！（他試著引導佛登陷入自相矛盾的論述，可是失敗了。威廉斯提出了一個例子，說明自性的投射使得某些事物再度活躍起來）你的

意思是說你是上帝嗎？

威廉斯：不，我沒有這樣說。

佛登（明確地）：我是這麼說的。

威廉斯：對我來說，這像是使用魔力。（佛登同意）

普勞特（撐著手）：分析師就是上帝，這會發生什麼事呀？光是想到就令我害怕！

施特勞斯：這對分析師是有影響的，可是這會影響到整個人格嗎？

佛登（對著普勞特說）：自性的投射可以喚起你所有的一切嗎？

普勞特：我無法相信自己擁有足夠的意識可以確知這點，不過近幾年來都沒有發生過這樣的事，只有在我剛開始的時候曾發生過。

施特勞斯：你會後悔嗎？你想要擺脫這個經驗嗎？

佛登：自性的影響在分析師身上是很顯而易見的，大多數人都會以為自己是唯一一個從中得到好處的人。

普勞特：榮格告訴過我這件事。那麼，你便甚至不能去跟其他分析師談論此事，畢竟你是唯一個上帝！

威廉斯（天真地）：佛登還滿像上帝的，高深莫測、超然脫俗、眉清目秀，這些都讓他很容易像上帝。

佛登（看起來很高興，但沒辦法就這麼接受這些）：我認為普勞特相當呼應剛才那些描述的！

威廉斯：只不過我覺得他沒有那麼超然脫俗。

普勞特：現在我們開始講起人格特質了。

佛登：不是的，我們說的是分析對分析師造成的損害。我擁有
　　　一個理想的分析師，就在這個房間的某一隅（指向天花
　　　板），他會發表言論，有時候他消失，於是我便知道他
　　　已進入我了。

普勞特：當我很憂鬱的時候，見病患會有幫助。我想這是一個
　　　不好的徵兆，這顯示出我認同了病患對我膨脹的投射，
　　　應該要能夠涵容病人的原型，現在涵容了分析師。

施特勞斯：你可以得出一個更正面的結論，如果你無法脫離憂
　　　鬱，你才能夠接觸到病患。由於這種情況並沒有發生，
　　　你身上的某些內涵受到促發，使你擺脫了這個狀況。

威廉斯：有一次，在我非常憂鬱、感到很羞恥的時候，我發現
　　　自己所做的分析很厲害，一點也不費力。

普勞特（恍然大悟貌）：你就別再那麼聰明了！

佛登（忖思著）：這種上帝膨脹的事情看起來並不會發生在比
　　　較年輕的分析師身上。

威廉斯：我認為這與小組中的訓練有關，這樣的膨脹在小組中
　　　無法膨脹到哪裡去！

　　　（進入普勞特──離開自性）

　　　　　　　　　　　　　　　　　　（由瑪莉‧威廉斯紀錄）

| 附錄二 |

詞彙表

積極想像（Active Imagination）：

　　積極想像是榮格用來描繪「透過刻意專注而創造一系列幻想」（*CW* 9, i, para. 101）；在分析中，「這是一種向內觀望的做法，觀察內在意象的流變。」（ibid, para. 319）這需要分析師與病患共同關注病患所創造的夢境與意象，沉思其中非個人的原型特徵。在治療會談中，病患所創造的意象皆與歷史、煉金術與神話有所呼應，反倒與個人的歷史或經驗無關。這麼做的目的，在於將這些意象整合到自性之中。這些素材會從象徵的角度被看待，而非看作其具體而固定的意涵，採取目的論的觀點。在積極想像中，原型被視為是無法被濃縮簡化的，且分析的任務在於從舊有的僵局中尋求嶄新的路徑。

自性的運作（Actions of the self）：

　　關於自性的運作，最常見的描述乃涵蓋了解體與再整合的動力活動。然而，那些被榮格描述為「非理性的事實」（irrational fact）的行為與活動，以及那些後來被證明在個人生活中具有重要意義的行為，也屬於自性的運作。因此，佛登在他的自傳中反思道，在他還是個很沒有安全感的年輕醫師時，推辭了一份會診醫生的職務，這顯然是一個非理性的行為，並且認為這個行為即是一個

自性運作的證據，因為這讓他將心力集中於建立分析心理學會，並在臨床實踐中繼續發展榮格的思想。榮格在他的自傳中提到在他與佛洛伊德分道揚鑣了，並經歷了精神崩潰的動盪之後，他從畫曼陀羅的過程中發現了一種嶄新的平和，他被一種內在的平靜狀態所籠罩，他覺得這是特別重要的，他描繪了通往自性的非線性取徑（對他來說，是遊戲與繪畫），他認為那是一種繞行的歷程，而最終整
223 體的方向則是朝向一個中心（Jung 1963m, para. 196）。繪製這些圖像是一種自性的運作，對他來說，中心在曼陀羅中。富有想像力的佛登正是把握住了這個曼陀羅，並假設它是嬰兒期的核心。從這個核心中，嬰兒透過解體與再整合而與環境產生關聯。對榮格來說，這個曼陀羅的意象帶給他穩定感，他寫道：「我深知對曼陀羅的探尋即是自性的體驗，而從中我已獲得了我的終極永恆。」（ibid）它是一種自性的體驗，會超越自我意識的限制，引領榮格往前跨越一些他感覺自己所陷入的僵局。由於所有自性的運作都有可能促進個體化歷程，另一個得以描繪榮格的經歷的角度也許是，自性的實現。回顧這些，彷彿可以看見一個人在發展自己的意象之後，自性才得到了發展。

阿爾法功能（Alpha function）：

　　這是由精神分析學者比昂（W. Bion）所提出的概念，阿爾法功能指的是從知覺中理出意義的未知歷程，將知覺或感官資訊轉化成為心智內涵。同時參考貝塔元素（beta element）（欣謝爾伍德〔Hinshelwood, 1991〕曾經將比昂關於思考的理論做了清楚的總結）。

分析作為一段辯證式的歷程（Analysis as a dialectical procedure）：

　　「分析作為一段辯證式的歷程，是我和我的病患都無法以意識去掌控的，而分析仰賴於分析中相對較好的**解體**經驗，以便能夠接觸到病患的**分解物**」（Fordham 1957a, p. 97，粗體字為作者標註）。

分析心理學（Analytical psychology）：

　　這是榮格在 1913 年之後用以定義自己的心理學理論的詞彙。「分析心理學是所心繫的是，在一般人或病人身上，由原型意象的混合所導致其意識上理解領會的干擾。」（*CW* 8, para. 279）榮格將分析心理學與精神分析、阿德勒的個體心理學做出區分，他指出，分析心理學的源頭「事實上是由佛洛伊德取向精神分析所發展而出的心理學分支，佛洛伊德以他本身關於原欲（libido）與潛抑（repression）的理論來界定精神分析，從而將之定錨在一個教條式的框架之中。出於這個原因，當我在討論一些不僅只是技術性問題的時候，我會避免使用『精神分析』這個詞彙來表述。」（para. 701）他繼續將精神分析描述為一種「治療方法」（therapeutic method）（para. 702），會用「理性的概念來理解無意識」（para. 708）。他描述道，其中的差異在於他所帶入他自己心理學理論的重點，也就是無意識，他所談的無意識並不只是心靈內容從意識被壓抑後所存放的儲藏庫，而是能夠創造嶄新內涵，且是帶有正向能量、具有創造力而沒有特定方向的思想泉源。他認為分析心理學可以與精神分析互補。一名分析心理學家需要接受榮格原型心理學認 224

證的研究單位之訓練。

阿尼瑪與阿尼姆斯（Anima and animus）：

　　阿尼瑪是男人內在的相反性別原型形象，阿尼姆斯則是女人內在的相反性別原型形象。阿尼瑪是男性心靈中充滿想像力、帶有靈感的面向，因此它經常以誘人的、具有潛在危險的女性形象予以展現。阿尼姆斯是女性心靈世界中屬於區辨、概念化、分類與強化意義的元素，榮格寫道，「阿尼姆斯的背後是『意義的原型』（the archetype of meaning），正如同阿尼瑪是生命本身的原型（the archetype of life）。」（CW 9, i. para. 66）阿尼瑪與阿尼姆斯的危險在於，如果片面地投注於原型的其中一個面向，可能會導致動盪、騷亂與改變，特別是當一個人受到意象所攫取。當意象與個體開始變得混淆不清時，就會發生這樣的狀況。它們是心靈中兩極對立的一個例子（詳見**兩極對立的理論**）。對男人與女人來說，這種心靈對立原則的整合是其中一項生命的任務，通常會展現在親密關係之中。

原型（Archetype）：

　　關於原型與原型意象的發現是榮格最重要的貢獻之一。他描述原型的一種方式是：「原型是領會一切的典型模式，凡是遇到一致而反覆發生的模式，那即是原型，不論其神話特徵是否清晰可辨。」（CW 8, para. 280）戈登在她的詞彙表中，將原型定義如下：

是一種後設心理學，是一個概念化的模式，用以解釋人類在不同文化與不同時代之下的某些經驗與意象具有反覆而明顯的共同性，這即是原型意象（詳見**集體無意識**）。原型內涵受到促發時——不論是人物、主題或感官模式——通常會伴隨強烈的情感與強而有力的幻想。榮格將原型描繪成一種身心實存，其在生理上的表達形式為本能活動，而在心理上的表達形式則為心理意象。此外，他也將它們比喻成在飽和的溶液中，那些肉眼所看不見的結晶體結構。榮格明確地指出，原型在一開始是沒有內容的，直到個人經驗使它變得可見，從而有可能會進入意識之中。它們也可以被認為是心靈的「程式設計師」。　　　　　　　　　　（Gordon 1978）

佛登使用榮格的詞彙——原型，「一個與本能密切相關的動力結構」（Fordham 1976a, pp. 5-6）——指稱「源於神經生理結構與生物化學變化」的衝動，在兒童與成人身上的展現。這意味著，榮格原先所描繪的原型的雙重面向，乃是分別由精神與本能的這兩個極端所組成，而現在則可以被看作是在嬰兒期與兒童期，將身體與心靈結合起來了。原型的精神層面會產生幻想，而本能層面則會產生衝動。

原型意象（Archetypal image）：

透過原型意象這種形式，原型歷程可以成為可見的、意識的，於是也成為可以被經驗到的，根據榮格的觀點，原型意象代表著直覺本能的目標（Gordon 1978）（詳見**集體無意識**）。當這些原型意象出現在一個人的生活中時，它們結合了無意識的面向以及某

一個時間片斷下意識情境元素。一個原型意象既指無意識的內在世界，也指內在心靈外顯於意識層面的那個面向，如同體驗過意象的人一道目光向內看，而另一道目光則向外看。這並不意味著意象本身是天生的或與生俱來的。原型意象起初乃從非個人的歷程中浮現，然而，將會變得越來越個人化。原型意象會涉及個體重要的客體關係，雖然它們起源相當非個人，不過，原型意象的影響與強度則表達了意象在其所指涉的關係上是非常個人化且原始的，它們的共同性體現在其形式上。有時候會有這樣的狀況發生，即分析師接受了病患的投射，「全心全意地接受，並不直接試圖幫忙病患釐清什麼是屬於他自己的，什麼是屬於分析師的，而又有什麼是既不屬於病患也不屬於分析師的。相反地，分析師讓自己體現這個意象，以自己的肉身來為病患『化身為』這個意象。」（Plaut 1956, p. 15）於是，這就產生了「化身為原型意象」的說法，想當然爾，這並不是指要做到字面上具體的意思。

原型人物（Archetypal personages）：

「透過在幻想中或透過投射到外在他人身上的方式來體驗原型人物，其特徵在於這個現象會在不同的文化、不同的時代中出現，並經常在神話、童話、藝術與文學等等之中出現，例如大母神（the great mother）、陽具母親（the phallic mother）、永恆少年、搗蛋鬼、巫婆、魔術師、智慧老人、聖童等等。」（Gordon 1978）

　　　　　　　　閱讀佛登：從兒童個體化研究開拓自性的探索

自閉症（Autism）：

　　這是一種心智狀態，自閉症者活在一個與外在環境毫無關聯的心智世界中，其中往往缺乏對人的信任與一般的溝通交流。在較為極端的狀態下，自閉症與心智缺陷和精神病性擁有相同之處。有一些分類的系統會將這種極端的自閉症與次發的自閉症做出區分，次發的自閉症者不具有心智缺陷的狀態。根據佛登的研究，自閉症是一種自性的疾病，源於分化的失敗，並且需要放置在光譜上予以思考，從而允許不同的綜合症狀得以結合起來，提供每位自閉症者的個別模式。可以參考比較艾倫與詹姆士的案例（第七章）。

貝塔元素（Beta element）：

　　這個詞是由威爾弗雷德・比昂所提出來的，貝塔元素是一些原始的感官素材或其他經驗的累積，並非思考，也無法被思考，而是必須要被個體所排除。將貝塔元素排除到另一個人身上即是投射性認同的病態形式。一個貝塔元素要轉化成為阿爾法元素，必須要經過一段歷程，把它轉化成為一個具有意義的心智內容，比昂把這個過程稱為「阿爾法功能」。

集體無意識（Collective conscious）：

　　「這是由榮格所發展出來的概念。它指的是蘊含衝動、驅力與幻想的那部分心智，這些衝動、驅力與幻想從未被意識到，然而卻是人類普同的特徵。換句話說，在集體無意識中包含著由人類這個物種所繼承而來的共同、集體遺傳。在集體無意識中，無意識的領域可能遠比個人無意識的幅員還要更大。」（Gordon 1978）榮格

描述了一個由意識、個人無意識與更深層次的非個人無意識所組成的三階層的假設性心靈結構。以地理圖像來說，他把意識描述為海洋中的島嶼，個人無意識是僅低於水平面的領域，由被潛抑的經驗所組成，我們只能部分意識到這些經驗，例如被遺忘的記憶、嬰兒期的衝動等；而在更深之處，將我們與地球以及人類與動物的千年經驗連結起來的則是集體無意識。

　　榮格採用比較的方法，描繪了所有民族與種族中某些普遍共同且不斷出現的無意識行為，這些本能與精神行為擁有普世的特徵，這意味著在人的內心深處以有某種強烈的牽引力，引領著人們沿著歷史的軌跡去經驗生命。舉例來說，人類內在出現的宗教功能，儘管其以不斷變化的形式而予以呈現，不過可以追溯到各個時代；神話也是如此，神話的內涵既包括非個人的，也包括個人化的。

　　在無意識的更深之處，榮格想像了經驗與情感匯聚的結點，這些結點將會被付諸一些特徵，也就是他所稱的意象。他用意象來描繪這些結點的特徵。他將這個結構稱為「原型」，而其中的意象則稱為「原型意象」。意象並不是與生俱來的，不過榮格推測意象的形成則具有一種先天的傾向。可以與此類比的是當代的語言習得研究，其指出人類直到青春期以前，普遍具有「內建」而得以生產句法構造的能力，不過每個人會學習到他們自己的語言。瑪莉・威廉斯以臨床案例指出，如果是為了闡釋說明，可以將個人與集體無意識區分開來，不過如果是在實務工作中，則不要區分兩者。她以一個有力的表述概括了這些想法：「其一，唯有當自我（ego）感覺遭受原型力量的威脅時，才會需要潛抑個人經驗；而其二，原型的運作仰賴個人無意識所提供的素材，以便能夠形成個體的神話。」

閱讀佛登：從兒童個體化研究開拓自性的探索 ├──────

（Williams 1963 p. 49）

補償作用（Compensation）：

這是一個榮格所使用的詞彙，用以描述：

一種心靈器官（psychic apparatus）與生俱來的自我調節作用，在這層意義上，我認為無意識的運作自然會平衡意識功能所產生的普遍態度的單一片面性……意識的運作是有選擇性的，選擇性意味著有方向性，而方向性需要排除一切與其方向無關之物，這勢必會使得意識變成是單一片面的。那些被所選定的方向所排除與抑制的內容將會沉入無意識之中，於焉形成一股與意識反向的抗衡力量，這股反作用力的力道與意識片面拉力的力道是共同消長的，直到最後產生了顯著的張力……最終，這股張力變得如此劇烈，以至於受到潛抑的無意識內涵爆發出來……一般來說，無意識的補償作用並不會與意識形成對立拉扯，而只是針對意識的方向提供平衡或補充罷了。　　　　　　　　　　　　　　　　　　（Jung *CW* 6, para. 694）

涵容（Containment）：

榮格在描繪婚姻關係時使用了涵容一詞。在婚姻關係中，非常不同的人格往往會被涵容在另一半身上（*CW* 17）。這個詞後來被精神分析學家——特別是比昂——廣泛使用（未載明出處為何）。精神分析取向將涵容一詞用於發展理論當中，意指嬰兒透過投射性認同的歷程把自己所無法理解的經驗放置到母親的身上，而母親透過沉思（reverie）來理解這些內涵，並以情緒上可以消化的形式而

返還給嬰兒。進而言之，這也同等於對病患－分析師之間互動的描繪。在精神分析中出現大量關於涵容的文獻，包括對語言的研究，例如，是語言涵容了感受？或是感受涵容了語言？又或者是在不同狀況下兩者都會發生？梅爾徹將涵容者／被涵容者與投射性認同做了區分，他特別強調比昂用涵容者這個詞來指涉一個空間，一個有界限的、安全而隱密的空間，於其中思考得以發生。與此相反的是幽閉的屏障空間。他界定了投射性認同與侵入式的認同，前者乃有溝通交流的意味，後者則與全能自大的幻想有關，涉及了一些諸如想要從內部控制他人的行動（Meltzer 1986b）。在佛登的理論中，當母親接受了嬰兒的解體經驗，並且予以理解，透過這樣的歷程幫忙嬰兒再整合，這樣的母親便是涵容母親。於今，涵容已經被認為是健康發展中不可或缺的關鍵。（詳見**曼陀羅象徵主義**）

反移情（Countertransference）：

起初，反移情指的是分析師對病患的反應，乃由病患所投射到分析師身上所致。後來，反移情被用來當成理解病患的資訊來源（詳見**共振移情／反移情**）。佛登則認為反移情有另一個更為精確的用法：

除了分析師的適當反應之外，分析師暫時的投射（projection）與置換（displacement）不能被稱作是反移情，因為它們代表的是分析師對病患的行為與反應……唯有當雙方之間的互動開始陷入僵局時，才需要這麼一個特殊的定義，在我看來，此時才能夠稱為**反移情**。
（Fordham 1979c）

妄想式移情（Delusional transference）：

　　妄想式移情的特徵在於，病患對分析師產生了一種固著的想法，這種想法並不是來自於任何理性或證據。在更嚴重的病患身上對此有進一步的探究，往往有助於理解妄想的內涵，也就是妄想是如何產生的。

分解物（Deintegrate）：

　　「透過解體的歷程，從自性的基質裡區分出來之物。如同動物行為學家所談的『內在釋放機制』，分解物具有『醞釀著某些經驗，醞釀著某些知覺與行動』的潛能，即使『還沒有實際的感知或行動』。」（Fordham 1957a, p. 127; Gordon 1978）佛登在談論分解物時，說道「分解物蘊含著自性的特質，並且一直常伴自性。」（Fordham 1985a, p. 54）自性的分解物會保有整體圓滿（wholeness）的特徵，分解物可能是一個本能行動，例如嬰兒餓了便會哭等等。這些行動可能有助於有機體的生物性適應，或者也可能創造出具有潛在象徵意義的意象，於前者，分解物在客觀上如實呈現，而於後者，則是主觀的。自性最重要的分解物是自我。

解體（Deintegration）：

　　解體是「自性自發地分解為不同部分——這也是意識要能夠浮現所必要的現象……這是自我形成的背後，自性的自發歷程。」（Fordham 1957a, p. 117）

　　從本質上來講，解體與再整合描繪出一種學習的動態狀態。由

此，嬰兒開放自己去接觸嶄新的經驗，然後再倒退回去，以便能夠再整合與鞏固這些經驗。在解體的歷程中，嬰兒與自性的主體（或自性的中心）維持連續感，與此同時，向外界探索中累積感覺動作與感官刺激的經驗……此一自性的概念為深度心理學與發展心理學皆開啟了嶄新的面向，因為這被認為是一個動態的結構，嬰兒的情緒與自我透過它的運作而有所成長。　　　（Fordham 1988f, p. 64）

憂鬱心理位置（Depressive position）：

　　在英國精神分析客體關係學派中，證據顯示出兒童有著想要攻擊乳房的食人願望，而這將繼而導致兒童變得焦慮，擔心自己所造成的傷害（進入憂鬱心理位置，然而這不是指臨床上的憂鬱），而且他將會嘗試修復。冷酷無情與真心關懷同時出現，隨之而來的是意識大幅的拓展。這是關於在兒童時期的個體化歷程中，憂鬱心理位置以及對立狀態如何整合的簡要描述。

自我（ego）：

　　「自我是在分解物與環境母親及其延伸的互動之下所發展起來的，這樣的互動產生了許多自性的表徵，而最為穩定而突出的便是自我。」（Fordham 1987b, p. 362）「是自性整合了自我的碎片，於是產生了自我的核心」；後來，佛登寫道：「人格的結構化是自性有節律地解體與再整合的結果，因為這創造了一個自我的核心。」（Fordham 1957a, pp. 126-128）自我的目的在於維持意識狀態，當中有個人身分的涵容感受。自我是心智檢核現實的器官，是意識的中心。榮格認為自我是在意識中自性的執行者，「自我之

於自性，形同被引領者與引領者……自性與無意識一樣，是先驗的存在，自我也包含於其中，自性是無意識中自我的預示。並不是『我』創造了自己，而是我成為了我自己。」（CW 11, para. 391）這段描述直到把自我的無意識內容考慮進來之前，尤其是那些從未進入意識層面，以及還沒有受到潛抑的內容——例如自我防衛機制，都很適用於描述自我的狀態。這意味著，自我一定帶有無意識的特徵，而這些就在陰影（shadow）當中。

自我不協調（ego-dystonic）：

自我不協調是指那些不被個體所接受的，或者與個體對自己的想法不相容的內涵。

分析中的幻想素材（Fantasy material in analysis）：

分析心理學以個體型態發生學的角度看待分析中的幻想素材，將之視為過往固著點的重新活化（reactivations），並且認為這些素材此時此刻出現在治療室中，乃是為了嘗試解決內在衝突。

融合狀態（fusion）：

在人類發展的早期階段，主體與客體之間較未區分，嬰兒主要的經驗是愉悅的，這可以被認為是一種極樂的水乳交融，也就是融合狀態。佛登認為，這個狀態是短暫的，一部分可能與尚未發展成熟的知覺功能有關，另一部分則是為了避免意識上的痛苦。這個狀態也經常被認為是心理退行之所以會發生的極樂目的。然而，從嬰兒觀察中則發現這個「認為嬰兒是父母無意識的一部分」的想

法——也就是母嬰之間有著一種原初的融合狀態——是錯誤的。這個想法也佛登的論述不同，佛登曾描述過嬰兒擁有其原初自性。這不代表心靈中不能，或不會發生某種短暫的融合狀態。相反地，佛登指出了榮格發展理論的流變，從一開始認為有一種神祕參與的最初狀態，到後來轉而認為嬰兒擁有其原初的獨立自性。

認同歷程（identification）：

　　認同歷程指的是「一個人將自己的身分與他人融合或混淆的過程。」（Gordon 1978）榮格則稱此為一種「無意識模仿」的形式，他也描述這個歷程可以被運用在個體的某個部分，以便能夠讓此人認同某些特徵或屬性，進而認為這就是他自己真實的樣子。不過，在精神分析取向中，則認為認同是人格發展中相當重要的一個過程。

身分認同（identity）：

　　榮格用這個詞來表示一種無意識中的「心理服從」（a psychological conformity）的狀態，而且是早於認同的心理歷程。在這個服從狀態之中，意識是缺席的，而意識的缺席則代表著一種原始的投射形式。他認為身分認同是嬰兒期早期心理狀態的特徵，同時也是成人無意識的特徵，「只要它沒有成為意識的內涵，就仍然處於一種與客體永恆的身分狀態。」（*CW* 6, para. 741）在榮格關於身分的概念中，嬰兒並沒有一個原初自性。佛登的理論則大幅修改了對嬰兒期的思考，他認為自性的運作是一個連續的歷程，起源於最初的解體與再整合循環。相反地，榮格對此的想法與他原本的

231

理論有關，他認為在嬰兒時期，個體與集體無意識還有與父母的無意識非常接近。同時，身分認同也指的是個體對於自己在時間推演中而持續存在的感受。

個體化歷程（individuation）：

個體化歷程是「個體成形與差異化的歷程，特別是，這是個體的心理與普遍的集體心理有所區分的發展歷程。」（Jung, *CW* 6, para. 757）「個體化歷程實際上同等於意識從最初的身分狀態中發展出來的歷程。」（ibid, para. 762）「那麼，個體化歷程的本質是什麼呢？它肯定是逐步實現我們自身價值的歷程，同時包含積極的與消極的面向，與精神與本能生活的現實息息相關，包括內在世界的內容以及由他人與所處社會組成的外在世界的內容。」（Fordham 1973e, p. 108）對榮格來說，個體化歷程是自性的歷程，是個體逐漸從象徵中找到解決兩極對立的途徑，終而得以從中釋放（「個人意志的懸宕」），象徵性的解決途徑讓兩極對立得以獲得完全的平等。以下這個例子中，兩極對立的是自性與自我。

當兩極對立處於全然的勢均力敵時，自我同時貫徹於兩者之中，這勢必導致意志的懸置。因為當兩極對立的動力不分軒輊時，意志便使不上力了。由於生命無法忍受停滯無為的狀態，內在蓬勃的力量鬱積阻塞將形成一個令人難以忍受的局面，於是兩極對立的張力將創造出一個嶄新而統合的功能，以便能夠超越此一情境。

（Jung *CW* 6, para. 824）

嬰兒觀察（Infant observation）：

　　嬰兒觀察是系統化地針對一名嬰兒進行從出生到兩歲之間的觀察，觀察員——通常是正在接受分析取向心理治療的人——每週拜訪嬰兒的家庭一個小時的時間，觀察嬰兒及其照顧者。結束後觀察員會做紀錄，記錄下嬰兒與母親／主要照顧者的情緒狀態，接著，觀察員會在有嬰兒觀察經驗的人所帶領的團體中，討論這些觀察的紀錄。

232　**內在世界（Inner world）：**

　　「凡是我所經驗到的，皆是心靈。即便是我所感覺到的身體痛楚也是心靈意象的展現；我的感官印象——使我不得不接受一個切實具體而佔據物理空間的世界——也是心靈的意象，而單單這些便構成了我當下的經驗，它們本身就是我意識當下的對象。」（Jung *CW* 8, para. 680）內在世界並不必然會讓個體感覺起來是內在的感覺（詳見艾倫的案例，第七章）。

內攝（introjection）：

　　內攝指的是個體將客體或外在他人身上的特質或功能予以併入、吸收、放到自身內在的歷程，於是這些特質或功能被感覺成是個人內在的所有物（Gordon 1978）。

力比多（libido）：

　　榮格運用「力比多」這個概念時，將之同等於「心靈能量」（psychic energy），而不特別強調它注入於哪一個特定的區域或渠

道。這與佛洛伊德對力比多一詞的概念大相逕庭,在佛洛伊德最初的表述中,他認為力比多是一股特定附著在性本能的能量,在他的第二個表述中,他把自我力比多(ego-libido)與客體力比多(object-libido)區分開來,而在他的第三個表述中,他將力比多定義成是一股生之本能(Eros)或生命本能的能量,而他認為另一種形式的能量則是附著在桑納托斯(Thanatos)之上,也就是死之本能。(Gordon 1978)

曼陀羅象徵主義(Mandala symbolism):

榮格發現曼陀羅是「關於自性狀態的密碼」。此一發現是漸進而來的,起源於榮格在筆記本上畫素描的洞察。他注意到自己畫畫的形式,他會畫出圓形,其中有一個中心,外面則被一個正方形給框住,整個畫面大致上被區分為四個部分。他從這些圖畫的變化中看見與自性狀態的相互呼應:「從中,我看見自性——我完整的存在正在活躍地運作著。」(Jung 1963, p. 187)起初,榮格並不知道那是怎麼一回事,並且感到很孤立隔絕,後來,他收到衛禮賢(Richard Wilhelm)寄給他的《太乙金華宗旨》(*The Secret of the Golden Flower*)草稿,於是他認識到曼陀羅在道教中乃是整體圓滿(wholeness)的重要象徵。榮格將他自身的經驗與他對病患的工作結合起來,這些病患會在夢中會創造出一系列曼陀羅,他開始鑽研它們的意義,不僅只是將它們當作自性的象徵,更是從中理解那些易碎崩解的病患是如何尋求並獲得涵容的。在榮格對曼陀羅象徵主義的探究中,他描述了中心、中心周圍的空間與圓周之間的關聯。中心、圍繞著中心的內容,以及圓周的邊界代表著自性,榮格認為

這些與自我不同。佛登則認為早年哺乳對心智產生的影響，可以比擬榮格所談的曼陀羅象徵主義：「這整個客體也許呼應著曼陀羅，乳頭位於正中間，而其他眾多不同的客體則被放置在這個神奇的圓圈之內。」（Fordham 1988f, p. 65）對佛登來說，將乳房比喻做曼陀羅，是他將對嬰兒時期中的研究扎根於自性的象徵主義，並且在交流往返中開展其思想的途徑。這是因為曼陀羅象徵主義在榮格的自性理論中是如此重要的要素：「它們〔曼陀羅象徵〕所顯現的正是人格的心靈核心，那是未能被自我所認同的那個部分。」（*CW* 12, para. 126）

神祕主義（Mysticism）：

在心理學的範疇中，神祕經驗的應用經常被連結到神祕化，而不被當成是一種獨特而具有顯著特質的體驗。關於神祕經驗，首先要提的是，神祕經驗是一種意識的形式，具有調和的特點。所有關於神祕經驗的描述都提到神祕經驗所帶來的衝擊，也提到此經驗是確鑿清晰且具重要性的然而在此同時，也提到神祕經驗是難以言傳的。威廉·詹姆斯（William James 1902）確立了神祕經驗的四個特徵：不易言喻、僅存在於心智中的特性、暫時性、被動性。不易言喻本身是一個負面的特質，是首要而且是一種較屬於感覺而非智性的狀態，必須要被個體親自經驗過才知道。而至於僅存在於心智中的這個特性，則描述著這些經驗會帶來一種領會了些什麼的感受，一種揭示、一道洞見、一份嶄新的真理。第三點暫時性，表達著這樣的狀態鮮少會持續很長一段時間，儘管它會伴隨著發展而重複出現。最終，被動性這個特徵指的是這個經驗會伴隨著一種被高等力

量所控制的感覺。神祕狀態往往被詩人、科學家與富有想像力的人們所記錄下來，並且被他們體驗為一種非理性的意識形式，通常帶有具啟發性的內涵。基督教神祕主義是神祕主義一個相當特別的版本，基督教深信一種想法，即虔誠的人們透過聖召、訓練、實踐嚴格的捨己教條，將能克服肉身上的限制，逐步接近上帝。作為一種歷史現象，基督教在中世紀的歐洲相當興盛，教會相當難以同化神祕主義者，對於非正統派別有著嚴厲的懲罰。

聖祕經驗（numinous experience）：

聖祕經驗指的是對個人有著特殊意義的經驗，令人印象深刻、令人敬畏且為自發偶然發生的，人與物都同時具有可見的與不可見的特質。另一個經常被拿來與宗教經驗相提並論的特徵是對聖祕的深刻體驗的先驗特徵。榮格寫道：「聖祕……是一個動態的行動或效應，並非受到出於意志的獨斷行動所導致。相反地，它捉拿並掌管了人類主體，而人類主體永遠更像是它的受害者，而非創造者……聖祕要不是由一個可見客體的特徵，要不就是受到無法眼見的存在的影響，而導致的意識狀態的特殊變化。」（*CW* 11, para. 6）

234

伊底帕斯情結（Oedipus complex）：

最初，伊底帕斯情結乃是佛洛伊德用以描述人渴望擁有其異性父母並殲滅同性父母的無意識情感，他認為要解決伊底帕斯情結，要透過對同性父母產生正向認同。克萊恩學派繼續探討佛洛伊德關於伊底帕斯情結的工作，增添了幻想的面向，揭示了早期發展中前

性器期內涵（口腔期與肛門期）的重要性。克萊恩對此的探究，進一步引導她發展出憂鬱心理位置的理論。在看待伊底帕斯情結時，榮格與佛洛伊德的態度相當不同。榮格認為伊底帕斯情結真正重要之處不在於實際的願望，而更在於象徵性的內涵。在治療上，他更將重點擺放在伊底帕斯情結對心理退行願望的重新活化的具體呈現，也因此，需要注意到治療當下正在發生的這個有礙於個體適應的現象（*CW* 4, para. 570）。榮格認為「佛洛伊德學派僅持在伊底帕斯動機上，例如亂倫的原型……而未能明白到……性慾並不是唯一可能主導心靈過程的因素。」（*CW* 10, para. 659）榮格將伊底帕斯情結中心理退行的特徵描述為撤退回「早期嬰兒時期的前性器期階段」，於此「對於亂倫的恐懼轉變成擔心被母親吞噬的恐懼。」（*CW* 5, para. 654）如此一來，他指出伊底帕斯情結原初的、原型式的、與性無關（前性器期）的特徵。他寫道，在這個層次上「著名的亂倫傾向」已經轉變為「約拿與鯨魚情結」（Jonah-and-the-whale-complex），以及諸如「吃小孩的巫婆」的變形版本（*CW* 5, para. 654）。（在我看來，克萊恩所談論的伊底帕斯情結幻想內容〔前性器期〕的重要性，乃是一個由臨床領域上的發展，其與榮格關於這些感受的原型本質與象徵性內涵的看法是相一致的。）

原初自性（Original self）：

　　原初自性被用來描述嬰兒整合的原始狀態。後來，透過解體與再整合的歷程，這個原初自性會與環境產生關聯，意識於是浮升，內在與外在現實的經驗逐漸開始在心智中成形。

部分客體（Part-object）：

　　在分析的語言中，客體指的是「主體的行動或慾望所指向之物；是被主體所需要之物，以便讓主體能夠滿足本能；也是主體會與之產生關聯之物。在精神分析的文獻中，客體基本上都會是某個人、某個人的一部分，或某個人或他人的象徵」（Rycroft 1968）。因此，部分客體可以是某個人的一部分，並因此與部分客體的關係可以是局部的意義。部分客體這個詞也可以應用於假定的發展階段，於此，部分客體關係（part-object relating）指的是使用與某個人或他人的某部分以便滿足自己，而完整客體關係（whole-object relating）則關乎個體能夠體認到客體會擁有其需求與感受。克萊恩取向中，對於部分客體的心理狀態有豐富詳盡的研究（see Hinshelwood 1991, p. 378）。

235

神祕參與（participation mystique）：

　　神祕參與是榮格從人類學家列維－布留爾（Lévy-Bruhl）的著作中借來的一個術語，用以描繪「這代表的是一種與客體的特殊心理連結，其中隱含著一個事實，即主體無法清楚地與其客體做出區分，而是透過一種直接綁定的關係達到部分身分認同的狀態（partial identity），這樣的身分認定來自於主體與客體合為一體的先驗狀態。」（Jung, *CW* 6, para. 781）

個人無意識（Personal unconsious）：

　　榮格所描述的個人無意識包含了個人的經驗、感覺、願望、衝動與記憶，這些內涵都是被潛抑的，因為它們是痛苦的、不為道德

所見容的,或者因為其他原因而與個體的自我不相協調的。

原初場景(Primal scene):

　　「原初場景是指病患(兒童)對於其父母性交的概念,被認為主要是圍繞著所編織起來的幻想,而不是真實知覺到的經驗。」(Rycroft 1968)

投射(Projection):

　　「將某些主體的內容排移到一個客體之中;與之相反的則是**內攝**。」這是榮格對投射的描述(*CW* 6, para. 783)。這是一個無意識的歷程,雖然它經常作為一種擺脫心靈不舒服經驗的手段,不過它也可以是一種擺脫自己「好」的部分的方法,例如自我貶抑。

投射性認同(Projective identification):

　　投射性認同一開始是由克萊恩所使用,用以描述自我的一部分無意識地被推入他人,或他人的一部分之中,以達到攻擊或控制的目的。後來,它被形容為一個嬰兒向媽媽溝通的正常方式,嬰兒會將自己的心智狀態傳達給母親,將自己所擁有的感受傳導給母親。這兩種投射性認同的不同在於,前者是受到想要排除某些不舒服之物的慾望所驅動,後者則是出自渴望溝通心智狀態的目的。

在榮格的理論模式中所談的心靈(Psyche, Jung's model of):

　　在榮格的理論模式中,心靈是一個自我調節的動力系統,其中的能量,他稱之為力比多。這個能量是中性的,並不是一股具有

　　　　閱讀佛登:從兒童個體化研究開拓自性的探索

強制性的力量，他在兩極對立的極點之間流動，就像電流一樣。榮格稱這些極點為「對立端」（opposites），並且，極點之間的張力越是強勁，所產生的能量變越大。兩極對立的例子包括意識與無意識、心理發展（progression）與退行（regression）、外傾與內傾。兩極對立也會展現在心理功能上，例如思考與感受，或者在某項功能之中也有對立，例如感覺功能的積極面向與消極面像。榮格關於心靈能量概念的原則乃受到對抗轉化（enantiodromia）所主導，他說「任何事物終究都會朝向其對立面發展」（*CW* 7, para. 111），或者轉變成其對立面。作為一名心理學家，榮格認為「萬事萬物都具有相對性，由於每件事情都處於內在的對立性之上；因為萬物都是能量所展現的現象。」（*CW* 7, para. 115）此一心靈模式的運作機制有一部分包括了補償作用：舉例來說，無意識態度會補償意識態度，尤其是在意識中被潛抑的想法，會轉而從無意識之中尋求表達的途徑。

精神分析（Psychoanalysis）：

　　精神分析乃是佛洛伊德所發明的一套針對神經症（精神官能症）的治療方法，也是一種人格發展的理論。這個方法需要病患進行自由聯想，也就是說，在會談的過程中，無所保留且未經準備地報告出心中所浮現的所有內容。其中有一個關鍵是移情，移情是病患帶給分析師的情緒狀態，通常包含了病患對於生命中重要他人的感受，分析師的回應可能包括澄清、闡明、詮釋，而詮釋將讓意識與無意識的內容與歷程結合起來。精神分析理論的關鍵在於：無意識的存在是被潛抑的情感、衝動、本能願望與想法的存放之處，另

一個關鍵是逃避經驗到無意識的心理防衛機制。針對夢境進行分析是此一過程中相當重要的一部分。後來，隨著 1950 年代與 1960 年代下精神分析的快速發展，精神分析也探索到了人格中屬於精神病性的範疇。精神分析師指的是接受過具有認證之機構針對這種治療方法進行的培訓的人。

分析中的簡化還原法（Reductive method of analysis）：

針對移情所做的還原分析乃是「闡明複雜的結構，並且將他們分解成較為簡單的內涵」（Fordham 1967b, p. 54）。這個做法包含了要將移情當作分析童年時期的經驗，並予以分析。這個做法只會降低無意識結構的複雜性（而不是將病患從成年人變回兒童）。榮格認為這個做法是相當重要的，並將之與精神分析和分析潛抑的理論併為一談。他之所以批判這個做法，主要是因為佛洛伊德學派要求「非如此不可」，且將性學理論奉為圭臬，彷彿這些就是全部。

他認同移情在任何分析的早期階段都佔有重要地位，只是如果持續太久，便會產生破壞性。他認為內在世界是起源自他所謂「情感」的現象，因此他對此更感興趣。他認為情結——他在對病患進行字詞聯想的實驗中所發現的——乃由情緒所連結起來的。這些情感乃是心智的流轉，是幻想的物質形式。因為他認為力比多是一種中性的能量，他不認同佛洛伊德學派的昇華理論，將昇華視為性能量轉換到非性欲形式的機制。榮格將昇華比喻成「鍊金術師將基質轉變成高貴物質的手段」（CW 15, para. 53）。他也不認為無意識單由個人所潛抑的素材所組成，對他來說，「神經質症患者的真正成因往往就在當下眼前」（CW 10, para. 363）。雖然他也對於繞進病患

閱讀佛登：從兒童個體化研究開拓自性的探索

的過往經驗相當感興趣，不過在他看來，尋求原因的詮釋並不是心理治療的「療癒」最重要的事。自性的實現——被榮格稱為個體化歷程——作為分析歷程的後期階段，後來又被佛登進一步發展，涵括了分析早期的還原工作。理論上來說，這意味著即便是針對童年時期的分析，在分析歷程中，這會與被分析者的整體圓滿的自性狀態更有關聯，而不僅僅與其在分析歷程中被活化的意識有關。

再整合（Reintegration）：

佛登將自性的動力稱為解體與再整合，由於自性原先是整合的。解體是指能量向外流動到客體之上，而再整合則是指能量從客體返回到自性之上。

自性（Self）：

榮格將自性描述為「我的整體心靈，其中也包含無意識。」（*CW* 6, para. 706）他繼續說道：「單就包含了意識與無意識內涵的心靈整體這點來說，它是一**超越的**概念，由於它預設了經驗中既已存在的無意識元素，從而勾勒出一個只能部分描繪，但當下另一部分目前仍不可知與無遠弗屆的整體。」（ibid, para. 789）自性的象徵「擁有一種獨特的**聖祕性**」。佛登認為，與其說它是不可知的，不如說它是非經驗性的。他進一步指出，在榮格的思想中，有一些論述提到了「自性並不是身心的全部，因為自我不是它的一部分」（Fordham 1985a, p. 23）。榮格在他的著作中明確指出，自性在心靈中的其中一個重要功能即是整合，自性將人格中所有的元素與功能結合在一起。在佛登的思想中，有一個原始的或原初的自

性，從佛登描述的脈絡中，它是一個原初的整合狀態，也是嬰兒身心合一的整體。這種原初的整合是一種無現象（phenomenonless）的狀態，透過解體與再整合的歷程才有所發展，每一次再整合都會在嬰兒內在形成一次新的動力平衡。佛登所描述的自性既會發動嬰兒的經驗，也會接收嬰兒的經驗。這個生理學上的概念，立基於適應（幾乎是生存的基本法則），已經成為佛登所有發現的基石，並且從中形成了一個自我發展的理論模式，這特別是榮格取向的觀點（詳見第五章）。然而，要充分定義自性是不可能的事，因為榮格用以描述自性的語言是抽象的、隱喻的，也不具解釋力。佛登認為自性會展現在經驗之中，而這個對於自性的理解是，儘管自性長期的目標是整合，然而「在個體化的歷程中，它似乎具有極大的破壞性」（Fordham 1987b, p. 354）。榮格與佛登有時候都將自性描述成一個原型，佛登最後的立場是，自性的重要特點乃在於其動態的性質，然而，當考量到自性與自我的關係時，兩者之間的連結在本質上是原型式的（詳見**自我**）。

自性客體（Self-object）：

　　「當客體主要是現實世界的經歷，便可以被稱為現實客體（reality object）；倘若客體主要是由自性所建構，記載著自性的狀態，是由外傾的或內傾的訊息所構成，那麼便可能被稱為自性客體……看起來，自性客體會在富含情感的狀態下拓展，同時自性客體也默默探索由現實客體所主導的活動。」（Fordham 1985a, p. 6）與嬰兒自性的性質所混淆的經驗，正是榮格在一開始在描繪「身分認同」（identity）時所指的，「身分認同」是心理認同歷程

238

（identification）的先兆，並且「它同時也依賴於能夠投射與內攝的空間」（*CW* 6, para. 741）。佛登的理論則立基於嬰兒觀察，他看見如果嬰兒受到不良對待，會展現出嘗試著改善的能力：「根據自性理論所述，從嬰兒觀察中觀察到的是，在出生的時候自性已擁有界線，它也擁有能夠發展結構的潛力，但我假設要能發展結構，需要能在自我中找到自性客體的再現，這些客體會進行解體／再整合的循環。」（Fordham 1985a, p. 56）

陰影（shadow）：

　　在榮格取向中，陰影的概念（「一個人所不想要成為的那些樣子」）（Jung, *CW* 16, para. 470）乃用以描繪一個人的人格中（通常是受到潛抑的部分）被感覺成難堪、怪異、羞恥、具攻擊性、狹隘吝嗇與不會被愛的那些面向。在整體社會的層次上，那些具有反社會傾向的、受到拋棄與排拒的邊緣族群構成了社會的陰影。對於那些未曾接受還原分析的病患來說，大部分的陰影乃由嬰兒期的感受所組成。唯有透過分析嬰兒期的移情，才能夠將這些陰影的面向同化進入人格之中。如果陰影未受到足夠的關注，其影響力將會放大，並增加它變得無法控制的可能性。整合陰影是通往自性的途徑，由於一般認為是自性的整合功能使得這整個反應得以發生，這讓我們得以以個體的角度去對經驗做出反應。佛登認為，作為陰影整合的一部分，佛洛伊德學派所談的固著點可以被理解為「發展中的意識的核心，在這些核心的外圍則圍繞著原型式的動力，就如同自性的分解物，其核心也具有吸引力而豐饒豐沛。」（Fordham 1957a, p. 83）這點很重要，因為他讓榮格取向能運用更加具體的語

239

言來描述其病患的衝突。

象徵（symbol）：

　　榮格將象徵（symbol）與符號（sign）做了區分，符號指涉著已知的事物，而象徵則不然，他將象徵定義為「可能是對於相對而言較屬未知的事實最佳的描述或呈現，儘管這個事實的存在已是已知的，或者被理所當然地假設其存在著。」（Jung *CW* 6, para. 814）透過全面地檢視一個象徵，我們會發現它是「一個活生生的事物，無法以其他方式或更好的方式的表達。唯有如此，象徵才有生命力，孕育著意義。」（Jung, *CW* 6, para. 816）它結合了個人與非個人的元素，理性與非理性，在本質上是矛盾的。不像佛洛伊德取向的精神分析理論，榮格並不認為這是病態的。在精神分析理論中，象徵所代表的是再現於意識之中的無意識意念、衝突或願望，被認為是病理性的過程。榮格取向心理學的態度則是相當賞識象徵的價值，象徵式的視角必然看見了心靈之中相互對立的元素乃伴隨著創造力，因而使得在解析象徵時有了不同的詮釋取向。在所有深度的分析中，也許最強而有力的象徵之一，即是父母配對，以及其具有創造力之性交的象徵，不論是以任何形狀或形式而有所浮現，同時其中的衝突也將會伴隨著浮現。

共時性（synchronicity）：

　　「在觀察者身上發生了與其精神狀態有關的事件，相對應於他的精神狀態與內容，外在客觀事件同時發生了，而在心理狀態與外在事件之間沒有具體的因果關聯，而且這種關係甚至是超乎想像

的。」（Jung, *CW* 8, para. 984）與事件的巧合相比，共時性現象的特殊之處在於自我意識的力量降低減緩了，讓渡給無意識，令無意識得以從心理水平的降低（abaissement du niveau mental）所創造的縫隙中潛入，同時伴隨一種有意義的體驗。刻意在四月一日星期五的午餐吃魚，想到要來愚弄一下某個人（出自「四月魚」愚人節的由來），注意到有一個刻有「魚」字的碑文，看到一塊魚的刺繡織品，聽到病患講述一個關於一條大魚向她游來並落在她腳上的夢境，這些全都集中在同一天發生在榮格身上，不過這顯然不是共時性的例子，而是屬於巧合事件。他是這麼說的：「沒有任何理由認為這不只是一個偶然的組合，由那些尋常事件所組成的運作或系列，在目前都必須被視為僅是偶然的。」（*CW* 8, para. 826）榮格寫道：「共時性乃由兩個因素所組成：（一）某個無意識意象在夢境、想法或預感中，直接（以其字面意義）或間接地（以象徵或暗示）浮現到意識；（二）發生與心靈內容相吻合的客觀情境。」（*CW* 8, para. 858）

240

分析中的合成做法（Synthetic method of analysis）：

合成做法將對原型圖像的擴大法與積極想像（active imagination）結合起來，因此也稱作「前瞻」（prospective）做法。擴大法所做的是細細闡述對於意象的非個人聯想，例如，透過援引文學或神話來拓展意象的非個人意義。身為詮釋學者的榮格，彷彿是收起病患原本記憶的下錨，引導病患駛向生命下一階段的航道。他認為，這個做法不適合年輕人或尚未整合童年經驗的人。佛登在分析心理學會的影響力使得合成做法與還原做法不再如同以往那樣

是二分相異的，這也觸及了佛洛伊德與榮格的分野。還原分析逐漸被理解為合成分析。（詳見個人與集體無意識的關聯）

共振移情／反移情（syntonic transference/countertransference）：

　　共振移情／反移情一詞所指的是分析師有部分的經驗其實是病患所投射到他身上的感覺，因此，可以被當成理解病患心智狀態的線索。在分析中，有些分析師的反應是共振的，並可以讓病患更有意識，然而這些反應與反移情錯覺是有所不同的，反移情錯覺唯有透過分析師檢視自己來理解他的病人才會有所解決。（Fordham 1957a, p. 91）後來，佛登重新回顧這個概念，必將它更連結到投射性認同：

　　我開始認為，最好將這種臨床經驗理解成是一個無法回攝（reprojected）的內攝（introject）經驗。投射與內攝這兩個無意識歷程是很重要的歷程，與傾聽和觀察一起構成了相當基本的分析技術。因此，共振移情是更複雜狀態的一部分，因為內攝機制在那時沒什麼效用，它使分析師偏離了維持在病患所在層次工作的這個目標，變成是負面的效果，只與在表層之下且病人相當防衛的那些內容有關。分析不只要承載病患所抗拒的無意識內容，同時也要承載抗拒本身，我們可以問的是為什麼分析師擁有這樣的經驗？如果透過內攝，分析師間接擁有了他平常所不理解的經驗，如此一來，是否有可能是分析師的自我對病患的防衛產生了防衛機制，因此才感覺自己早已知道病患在防衛的內容？分析師對於自己擁有的經驗究竟是從何而來的，並沒有任何證據，我得出的結論是，他已經停

止聽見病患在說些什麼，因為他的無意識已經對病患希望溝通給他的內容產生防衛性的敵意了。換句話說，他對待病人的態度就好像將病患的防衛當作不存在似的，這個錯覺讓他自覺擁有精準的「直覺」，以及覺得自己可能會創造令人興奮的結果。這麼一來，這已經不是在對病患進行分析了，因為病患的防衛已經被忽視了。

（Fordham 1974k, p. 276）

兩極對立的理論（Theory of opposite）：

榮格認為兩極對立的本質是補償性，兩者彼此需要，透過能量的模式展現在心靈之中，也就是他所稱的「對抗轉化」（enantiodromia），也就是「兩極對立的驅力」。出於這樣的想法，兩極對立的結合僅能是暫時的。兩極對立的理論對榮格關於心靈的理論模式來說非常重要，他認為能量需要在兩個極端之間運作，以創造出一股張力，在擺盪中產生意識與活力。由對立的兩個極端之間的流動所產生的活力是心智健康的證據；僵持在其中或任何一個極端、全好或全壞、或者完全仰賴心智而不注重身體，這些都屬於心靈失衡或神經質症的狀況。他將他的理論連結到**補償**的機制。從本質上看來，如果力比多在一個方向上的流注過大，那麼便有可能會發生逆轉。因此，舉例來說，一個「完美母親」有可能會在某些時刻變成「壞」母親，而這個現象的目的在於要讓孩子體內的攻擊力量可以找到一種所需要的表達。

心理類型理論（Theory of types）：

人格類型即是習慣的回應方式，榮格以兩個向度來組織特質類

型，其一為「傾向」——一個人是比較內傾的（introverted）或比較外傾的（extroverted）；其二則為「功能」——一個人比較仰賴思考或感官、情感或直覺，功能與類型的結合（其中含括了對立的兩極）繼而讓他的心靈運作模式變得更細緻。榮格所言之思考意指運用賦予意義與理解經驗的歷程，其對立面是情感，情感則意指給予評價、權衡經驗的重要性，此二者被認為是理性的。感官包含各種透過感知所接收到的資訊，而直覺則被榮格用以描述從無意識中獲取資訊的方式，此二者是非理性的。人格類型便是綜合這些功能與傾向的偏好而形成，使得個體擁有優勢與劣勢的功能與傾向。榮格強調關注劣勢的功能與傾向是很重要的，內在的心靈調節有著補償的現象，人格中顯少接觸而被推入無意識的面向，暗藏著強大的破壞力。

超越或象徵功能（Transcendent or symbolic funciton）：

「指的是將意識與無意識、陌生與熟悉連結起來的歷程，其形式與其內涵密切相關。它的特點是『彷彿』（as if）的態度，因此促進了經驗的再現，而非認同；因此，它涉及了體認到被認為是獨立的不同客體之間，同時具有相似性。這就使人們能夠將可觀察到的現象與未能觀察到的現實連結起來，從而讓現實世界的經驗成為一種中介，並將之賦予意義與重要性。」（Gordon 1978）榮格曾描述道：「當兩極對立處於全然的勢均力敵時，自我同時貫徹於兩者之中，這勢必導致自我意志的懸置，因為當兩極對立的動力不分軒輊時，自我的意志便使不上力了。由於生命無法忍受停滯無為的狀態，內在蓬勃的力量鬱積阻塞將形成一個令人難以忍受的局面，

於是兩極對立的張力將創造出一個嶄新而統合的功能，以便能夠超越此一情境。」（*CW* 6, para. 824）

移情（Transference）：

移情指的是一種關係，在這樣移情的關係中，個體對他人的知覺與經驗主要並非來自現實或他人實際上的特質，而是受個體內在情境所決定的，例如來自個體的經驗、期望、情結、幻想或感受等等。移情乃是個體投射出其尚未整合的部分之結果；由於投射是一個無意識的歷程，這些部分也都是無意識的，乃由意識中潛抑或分裂而出。「凡是完整而深入的分析，便必然會發生移情現象，因為醫師必須盡可能貼近接觸病患的心理發展軸線。」（Jung, cited in Gordon 1978）

頂點（Vertex）：

頂點一詞乃透過精神分析家比昂的著作而出現在分析的文獻中（詳見欣謝爾伍德〔Hinshelwood 1991〕關於比昂思想的整理）。比昂認為，每位精神分析理論的學者、批評者與貢獻者的不同觀點都有其自身特定的端點。這個頂點可能屬於社會學的、宗教的、神話的、發展的等等，而從這些不同角度、不同取徑來描繪的目的皆是為了促進溝通，他希望這些不同的觀點都可以企及某種和諧。

243

| 附錄三 |

佛登生平年表

- 1905：8 月 4 日生於倫敦 W8 區托爾花園一號。父親是蒙塔格·艾德華（Montague Edward），母親是莎拉·歌楚德（Sara Gertrude）。佛登是家中三個小孩中的么子，哥哥是克里斯多福（Christopher），生於 1899 年；姊姊是西婭（Thea），生於 1897 年。

- 1909：遷居薩里郡（Surrey）的林普斯菲爾德（Limpsfield），接著又遷居南唐斯（South Downs）的貝里菲爾德屋（Berryfield Cottage）。

- 1910：遷居漢普郡（Hampshire）的史蒂夫（Steep）希爾克勞福特（Hillcroft）。

- 1916-1919：就讀埃姆沃斯寄宿學校（Emsworth Preparatory School）。在第一次世界大戰期間，他的父親在勞動部工作，他們全家搬回倫敦。

- 1919：申請加入在奧斯本（Osborn）受訓的英國皇家海軍學員，佛登在要從三百名應試者中挑選出三十名學員的面試中脫穎而出，然而卻在筆試落榜。

- 1919：他們家買下了漢普斯特德（Hampstead）維歐沃克四十號。

- 1919-1924：就讀格雷沙姆（Greshams）寄宿學校。

- 1920：他們到布列塔尼（Brittany）家庭旅遊，旅程中佛登的母親因氣喘發作而過世。
- 1924：就讀劍橋大學三一學院。他在學校通過了第一階段醫學學士課程後，又進一步選修了自然科學與第二階段的醫學學士課程，並獲得獎學金。
- 1926：短短兩年之後，他就在第一階段的自然科學課程中獲得了二級甲等榮譽學位，同時也開始第二階段醫學學士的學習。
- 1927-1931：就讀聖巴多羅買（St Bartholomew's）醫學院，在生理學中以 98/100 分的成績榮獲舒特生理學暨解剖學獎學金。
- 1928：與茉莉・斯瓦比（Molly Swabey）結婚。
- 1931-1932：取得家醫科醫師的醫學士、英國專科的醫師資格。
- 1932-1933：在薩里郡埃普索姆（Epsom）的長林精神病醫院（Longrove Mental Hospital）擔任實習醫師。
- 1933：在蘇黎世與戈德溫・貝恩斯會面，開始對榮格的理論感興趣。與貝恩斯醫師展開第一段分析（為期七個月）。當年六月，兒子麥克斯誕生。　　245
- 1934：加入倫敦兒童指導診所（後來成為塔維斯托克中心的一部分）兒童精神團隊。遇見芙蕾達・霍伊爾。在蘇黎世首次與榮格會面。
- 1935：成為分析心理學小組的主席。
- 1935-1936：與貝恩斯醫師進行第二次短期分析（為期四個月）。
- 1936：榮格支持他改與希爾達・克許（Hilda Kirsch）進行分析。
- 1936-1939：在倫敦與諾丁罕之間通勤，在諾丁罕的兒童指導診

所工作，而芙蕾達・霍伊爾（後來與佛登結婚）在那裡擔任社工師，同時也聖巴多羅買醫院（St Batholomew's Hospital）施特勞斯醫師的部門工作。

- 1939：希爾達・克許移民到美國，因此佛登結束分析。
- 1940：與茉莉離婚，與芙蕾達結婚。麥克斯跟著茉莉搬到牙買加，與茉莉的哥哥同住，以逃離倫敦當時受到的轟炸。
- 1941：被任命為諾丁罕、雪菲爾與切斯特菲爾德兒童指導診所的顧問。
- 1942：擔任中部區域被疏散兒童的精神科醫師顧問。茉莉過世，她搭船返回英國時發生船難。
- 1943：受邀來到倫敦，協助創建後來的分析心理學會。
- 1944：移居第一聖凱薩琳區。《童年生活》（*The Life Of Childhood*）出版。
- 1945：開始參與英國心理學會醫學部門的工作。與精神分析師約翰・瑞克曼（John Rickman）成為好友，並開始在英國心理學會醫學部門的論壇上，讓精神分析取向的分析師與分析心理學取向的學者共同討論。
- 1946：分析心理學會成立，被任命為西區神經症醫院兒童指導診所的顧問。開始私人執業，並開始建立起學會的培訓。
- 1947：榮格請赫伯特・里德（Herbert Read）代為詢問佛登是否願意與里德一起擔任《榮格全集》的共同編輯。開始編輯《榮格全集》。因《童年生活》而獲得醫學博士學位。
- 1948：蒙塔格・佛登過世。
- 1952：首次拜訪美國，與《榮格全集》的總編輯威廉・麥奎爾

（William McGuire）見面。

- 1955：《分析心理學期刊》（*Journal of Analytical Psychology*）開始
  出版。
- 1956：在分析心理學會內部，以蘇黎世為導向的分析師與終於分
  析心理學會培訓與實務做法的分析師之間開始出現分歧的跡象。
- 1957：《分析心理學的新方向》（*New Directions in Analytical
  Psychology*）出版。
- 1958：《客觀心靈》（*The Objective Psyche*）出版。
- 1961：榮格過世。
- 1962-1963：被選為皇家醫學心理學學會心理治療分會的主席，
  該協會後來成為英國皇家精神科醫學院。
- 1969：《兒童即是個體》（*Children as Individuals*，這本書是《童
  年生活》一書的修訂版）出版。
- 1971：創辦英國皇家精神醫學院（FRCPsych）。
- 1974：榮獲英國心理學會的榮譽會員。
- 1976：蘇黎世的分析師們在傑哈德‧阿德勒的帶領下成立他們自
  己的學會。《自性與自閉症》（*The Self and Autism*）出版。開始
  在分析心理學會中舉辦嬰兒觀察的研討會。
- 1981：生了一場重病，幾度差點喪命。
- 1984：拜訪美國。搬離聖凱薩琳區。
- 1985：《探索自性》（*Explorations into the Self*）出版。
- 1986：《分析心理學期刊》專文介紹了麥可‧佛登的貢獻。
- 1988：芙蕾達過世。
- 1993：自傳《一名分析師的養成》（*The Making of an Analyst*）出

版。

- 1994：《兒童即是個體》重新發行再版。由哈伯德爾（R. Hobdell）所編輯的論文集《無盡的曠野》（*The Fenceless Field*）出版。
- 1995：由索努‧山達薩尼（S. Shamdasani）編輯的論文集《分析師與病患之間》（*Analyst–Patient Interaction*）出版。

| 附錄四 |

佛登著作年表

(Compiled by Roger Hobdell)

1932

'Lumbar Puncture and the Subarachnoid Haemorrhage', *St Bartholomew's Hospital Journal*, December.

1937

(a) 'The Psychological Approach to Functional Disorders of Childhood', *St Bartholomew's Hospital Journal*, vol. XLIV, no. 5.

(b) 'What Parent and Teacher Expect of the Child Guidance Clinic', *The New Era*, vol. 18, no. 8.

(c) 'Are Parents or Children to Blame?', *The Psychologist*, August.

(d) 'How Children Learn to Grow Up', *The Psychologist*, September.

(e) 'Psychological Types in Children', *The Psychologist*, October.

1938

'Children and Fairy Stories', *The Psychologist*, January.

1939

'The Analysis of Children', Guild Lecture no. 4. London, Guild of Pastoral Psychology.

1942

(a) 'Jung's Psychology', letter to the *British Medical Journal*, 29 August.

(b) 'The Meaning of Children's Pictures', *Apropos*, no. 2.

1943

(a) 'Psychiatry of Children', letter to the Medical Officer.

(b) Contribution to the Proceedings of the Child Guidance Interclinic Conference, October. Published by the Provisional National Council for Mental Health.

1944

The Life of Childhood: A Contribution to Analytical Psychology, London, Kegan, Paul, Trench, Trubner. (Revised as *Children as Individuals*, 1969.)

1945

(a) 'The Analytical Approach to Mysticism', *Revue Suisse de Psychologie et de Psychologie appliquée*, vol. 4, nos 3–4. Reprinted as 'The Dark Night of the Soul', in *The Objective Psyche*, 1958.

(b) 'Discoverer of the Complex', *The Leader*.

(c) 'Professor C.G. Jung' (written in honour of his seventieth birthday), *British Journal of Medical Psychology*, vol. 20, no. 3. Revised and expanded as 'The Development and Status of Jung's Researches', in *The Objective Psyche*, 1958.

1946

(a) 'Psychology in the Child's Education', letters to the *British Medical Journal*, 13 and 27 July.

(b) 'A Comparative Study between the Effects of Analysis and Electrical Convulsive Therapy in a Case of Schizophrenia', *British Journal of Medical Psychology*, vol. 20.

(c) 'Analytical Psychology Applied to Children', *The Nervous Child*, vol. 5, no. 2. Revised and expanded as 'Child Analysis', in *New Developments in Analytical Psychology*, 1957.

1947

(a) 'Integration, Disintegration and Early Ego Development', *The Nervous Child*, vol. 6, no. 3. Incorporated into 'Some Observations of the Self and Ego in Childhood', in *New Developments in Analytical Psychology*, 1957.

(b) 'Physical Therapy of Mental Disorders', *British Medical Journal*, vol. 2, no. 72.

(c) 'Analytical Psychology and Religious Experience', Guild Lecture, no. 46, London Guild of Pastoral Psychology. Revised as 'Analytical Psychology and Religious Experience', in *The Objective Psyche*, 1958.

(d) 'Psychological Methods of Treatment', *The Medical Press*, vol. 217, no. 5634.

(e) 'The Modern Treatment of Behaviour Disorders in Childhood', *The Medical Press*, vol. 218, no. 5669.

1948

(a) 'Vom Seelenleben des Kindes', translation by H. Basch-Leichts of *The Life of Childhood*, Zurich, Rascher.

(b) 'C.G. Jung'. Observer Profiles, *Observer*.

(c) 'The Individual and Collective Psychology', *British Journal of Medical Psychology*, vol. 21, no. 2.

1949

(a) 'The Contribution of Analytical Psychology to Psychotherapy', contribution to a symposium on mental health, *British Medical Bulletin*, vol. 6, nos 1–2. Revised as 'Analytical Psychology and Psychotherapy', in *The Objective Psyche*, 1958.

(b) 'On the Reality of the Archetypes', contribution to a 'Discussion on

Archetypes and Internal Objects', *British Journal of Medical Psychology*, vol. 22, nos 1 and 2. Developed into 'Biological Theory and the Concept of Archetypes', in *New Developments in Analytical Psychology*, 1957.

1951

(a) 'The Concept of the Objective Psyche', *British Journal of Medical Psychology*, vol. 14, no. 4. Reprinted in *The Objective Psyche*, 1958.

(b) 'Some Observations on the Self in Childhood', *British Journal of Medical Psychology*, vol. 24, no. 2. Material incorporated into chapter of the same name in *New Developments in Analytical Psychology*, 1957.

(c) Review of E. Ziman, *Jealousy in Children: A Guide for Parents, The Listener*, 29 March 1952.

1952

(a) 'Psychotherapy in Schizophrenia', *The Medical Press*, vol. 228, no. 26.

(b) 'Reflections on the Control and Discipline of Children', paper read to the Analytical Psychology Club of Los Angeles, 16 May (unpublished).

1953

(a) 'A Child Guidance Approach to Marriage', contribution to Clinical Studies in Marriage and the Family: A Symposium on Methods, *British Journal of Medical Psychology*, vol. 26, nos 3 and 4.

(b) Critical notice of Victor White, *God and the Unconscious*, and Pere Bruno (ed.), *Conflict and Light, British Journal of Medical Psychology*, vol. 26, nos 3 and 4.

1954

Review of L. Jackson, *Aggression and its Interpretation, The New Era*, vol. 35, no. 8.

1955

(a) 'Editorial Note', *Journal of Analytical Psychology*, vol. 1, no. 1.

(b) 'On Jung's Contribution to Social Psychiatry', *International Journal of Social Psychiatry*, vol. 1, no. 1.

(c) 'An Appreciation of "Answer to Job"', *British Journal of Medical Psychology*, vol. 28, no. 4.

(d) 'The Origins of the Ego in Childhood', in *Studien zur analytischen Psychologie C.G. Jung*, Zurich, Rascher. Translated by Bader and Hastern as 'Über die Entwicklung des Ichs in der Kindheit', in *Zeitschrift für analytische Psychologie*, vol. 2, no. 4, 1971. Reprinted in *New Developments in Analytical Psychology*, 1957.

(e) 'A Note on the Significance of Archetypes for the Transference in Childhood', *Acta Psychotherapeutica*, Supplementary volume 3, Basel and New York.

(f) 'Reflections on the Archetypes and Synchronicity', *Harvest*, no. 2.

1956

(a) 'Active Imagination and Imaginative Activity', *Journal of Analytical Psychology*, vol. 1, no. 2.

(b) Review of J. Goldbrunner, *Individuation: A Study of the Depth Psychology of C.G. Jung, Mental Health*, vol. 25, no. 3.

(c) 'The Evolution of Jung's Researches', *British Journal of Medical Psychology*, vol. 29, no. 1. Read to the British Psychological Society, 26 October, Jung's 80th birthday, as part of a symposium on Jung's contribution to analytical thought and practice.

(d) Obituary: Emma Jung. *Journal of Analytical Psychology*, vol. 1, no. 2.

1957

(a) *New Developments in Analytical Psychology*, foreword by C.G. Jung, London, Routledge & Kegan Paul.

(b) 'Reflections on Image and Symbol', *Journal of Analytical Psychology*, vol. 2, no. 1.

(c) Critical notice of M. Klein, P. Heimann, R. Money Kyrle (eds), *New Directions in Psycho-Analysis, Journal of Analytical Psychology*, vol. 2, no. 2.

1958

(a) *The Objective Psyche*, London, Routledge & Kegan Paul.

(b) Review of C.G. Jung, *The Transcendent Function, Journal of Analytical Psychology*, vol. 3, no. 1.

(c) Review of D. Richter (ed.), *Schizophrenia: Somatic Aspects, Journal of Analytical Psychology*, vol. 3, no. 1.

(d) 'Individuation and Ego Development', *Journal of Analytical Psychology*, vol. 3, no. 2.

(e) Critical notice of M. Klein, *Envy and Gratitude: A Study of Unconscious Sources, Journal of Analytical Psychology*, vol. 3, no. 2.

1959

(a) Critical notice of C.G. Jung, *The Undiscovered Self, Journal of Analytical Psychology*, vol. 4, no. 1.

(b) 'Dynamic Psychology and the Care of Patients', *The Medical Press*, vol. 242, no. 26.

(c) Review of E. Bertine, *Human Relationships, Journal of Analytical Psychology*, vol. 4, no. 2.

1960

(a) 'Countertransference', *British Journal of Medical Psychology*, vol. 33, no. 1. Reprinted in *Technique in Jungian Analysis*, Library of Analytical Psychology, vol. 2, 1974.

(b) 'A Case for the Razor', *Times Literary Supplement*, 12 February.

(c) Review of J. Jacobi, *Complex, Archetype and Symbol in the Psychology of C.G. Jung, Journal of Analytical Psychology*, vol. 5, no. 1.

(d) Review of L. Stein, *Loathsome Women, Journal of Analytical Psychology*, vol. 5, no. 1.

(e) Review of H.B. and A.C. English (eds), *A Comprehensive Dictionary of Psychological and Psychoanalytical Terms, Journal of Analytical Psychology*, vol. 5, no. 1.

(f) 'The Development of Analytical Psychology in Great Britain', *Harvest*, no. 6.

(g) 'Ego, Self and Mental Health', *British Journal of Medical Psychology*, vol. 33, no. 249.

(h) 'The Emergence of a Symbol in a Five Year Old Child', *Journal of Analytical Psychology*, vol. 5, no. 1.

(i) 'The Relevance of Analytical Theory to Alchemy, Mysticism, and Theology', *Journal of Analytical Psychology*, vol. 5, no. 2.

(j) Critical notice of D. Cox, *Jung and St Paul, Journal of Analytical Psychology*, vol. 5, no. 2.

1961

(a) 'Comment on the Theory of the Original Self', *Journal of Analytical Psychology*, vol. 6, no. 1.

(b) Obituary: Eva Metman, *Journal of Analytical Psychology*, vol. 6, no. 1.

(c) 'Psychotherapy and the Care of Patients: Out Patient Psychotherapy', symposium report, Department of Psychological Medicine, University of Edinburgh.

(d) Obituary: C.G Jung, *British Journal of Medical Psychology*, vol. 34, nos 3 and 4.

(e) 'Symposium on Training – Editorial Introduction', *Journal of Analytical Psychology*, vol. 6, no. 2.

(f) Review of J.M. Turner and Barbel Inhelder (eds), *Discussion on Child Development*, vol. 4, *Journal of Analytical Psychology*, vol. 6, no. 2.

(g) Review of W.M. Watt, *The Cure for Human Troubles, Journal of Analytical Psychology*, vol. 6, no. 2.

(h) Review of M. Capes (ed.), *Communication or Conflict, Journal of Analytical Psychology*, vol. 6, no. 2.

(i) 'Suggestions towards a Theory of Supervision', in a 'Symposium on Training' and a 'Reply to Dr Edinger', *Journal of Analytical Psychology*, vol. 6, no. 2.

(j) Obituary: M. Rosenthall, *Journal of Analytical Psychology*, vol. 6, no. 2.

(k) 'Analytic Observations on Patients Using Hallucinogenic Drugs', Proceedings of the quarterly meeting of the Royal Medico-Psychological Association.

1962

(a) 'The Self in Jung's Writings', Guild Lecture 117, Guild of Pastoral Psychology.

(b) 'An Evaluation of Jung's Work', Guild Lecture 119, Guild of Pastoral Psychology.

(c) 'The Theory of Archetypes as Applied to Child Development with Particular Reference to the Self', in G. Adler (ed.), *The Archetype* (Proceedings of the Second International Congress of Analytical Psychology), Basel and New York, Karger.

(d) 'Comment on James Hillman's Paper in the Symposium on Training', *Journal of Analytical Psychology*, vol. 7, no. 1.

(e) 'An Interpretation of Jung's Thesis about Synchronicity', *British Journal of Medical Psychology*, vol. 35, no. 3. Reprinted as ch. 9 of *Explorations into the Self*, Library of Analytical Psychology, vol. 7, London, Academic Press, 1985.

(f) Review of K.R. Eissler, *Leonardo da Vinci, Journal of Analytical Psychology*, vol. 7, no. 2.

(g) Obituary: F.M. Greenbaum, *Journal of Analytical Psychology*, vol. 7, no. 2.

1963

(a) 'The Empirical Foundation and Theories of the Self in Jung's Works', *Journal of Analytical Psychology*, vol. 8, no. 1. Reprinted in *Analytical Psychology: A Modern Science*, Library of Analytical Psychology, vol. 1, 1974.

(b) 'Editorial' for M. Fordham (ed.), *Contact with Jung*, London, Tavistock.

(c) 'Notes on the Transference and its Management in a Schizoid Child', *Journal of Child Psychotherapy*, vol. 1, no. 1.

(d) Review of A. des Lauriers, *The Experience of Reality in Childhood Schizophrenia, Journal of Analytical Psychology*, vol. 8, no. 2.

(e) Review of E. Lewis, *Children and their Religion, Journal of Analytical Psychology*, vol. 8, no. 2.

(f) 'Myths, Archetypes and Patterns of Childhood', *Harvest*, no. 9.

1964

(a) 'Psychology and the Supernatural', *New Society*, 75, 5 March.

(b) 'The Relation of the Ego to the Self', *British Journal of Medical Psychology*, vol. 37.

(c) 'The Ego and Self in Analytic Practice', *Journal of Psychology*, vol. 1, no. 1, Lahore, India, Government House.

(d) 'Note on Mr O'Regan's Poem from the Point of View of Analytical Psychology', in 'Visions: A Symposium', *Broadway*, vol. 19, no. 16 (*Westminster Hospital Gazette*).

(e) 'Well-motivated Parents: The Importance of the Environment in the Therapy of a Schizophrenic Child', *Journal of Analytical Psychology,* vol. 9, no. 2.

(f) Review of J.L. Henderson and M. Oakes, *The Wisdom of the Serpent, Journal of Analytical Psychology*, vol. 9, no. 2.

(g) Review of D.H. Malan, *A Study of Brief Psychotherapy, Journal of Analytical Psychology*, vol. 9, no. 2.

1965

(a) 'Editorial Note', *Journal of Analytical Psychology*, vol. 10, no. 1.

(b) 'The Self in Childhood' (Sixth International Congress of Psychotherapy 1964), *Psychotherapy and Psychosomatic Medicine*, vol. 13.

(c) 'Contribution à une théorie de l'autisme infantile', in *Psychiatrie de l'Enfant*, Paris, PUF. Revised for ch. 7 of *The Self and Autism*, 1976.

(d) Review of E. Jacobson, *The Self and Object World, International Journal of Psycho-Analysis*, vol. 46, no. 4.

(e) 'The Importance of Analysing Childhood for Assimilation of the Shadow', *Journal of Analytical Psychology*, vol. 10, no. 1. Reprinted in *Analytical Psychology:*

A Modern Science, Library of Analytical Psychology, vol. 1, 1973.

(f) Review of D. Rosenthal (ed.), *The Genain Quadruplets: R.D. Laing, and A. Esterson, Sanity, Madness, and the Family*, vol. 1, *M. Rokeach, Three Christ's of Ypsilanti, Journal of Analytical Psychology*, vol. 10, no. 2.

1966

(a) 'Notes on the Psychotherapy of Infantile Autism', *British Journal of Medical Psychology*, vol. 39, no. 4.

(b) 'The Social and Psychological Relevance of Myths', *Clare Market Review*, London School of Economics.

(c) 'A Comment on "In Pursuit of First Principles" by L. Stein', *Journal of Analytical Psychology*, vol. 11, no. 1.

(d) Review of E.M. Harding, *The Parental Image: Its Injury and Reconstruction, Journal of Analytical Psychology*, vol. 11, no. 1.

(e) Review of J. Arlow and C. Brenner, *Psychoanalytic Concepts and the Structural Theory, Journal of Analytical Psychology*, vol. 11, no. 1.

(f) 'Is God Supernatural?', *Theology*, vol. 69, no. 555. Reprinted and amended in *Explorations into the Self*, Library of Analytical Psychology, vol. 7, London, Academic Press.

1967

(a) 'Editorial' (on experimental studies), *Journal of Analytical Psychology*, vol. 12, no. 1.

(b) 'Active Imagination – Deintegration or Disintegration?', *Journal of Analytical Psychology*, vol. 12, no. 1. Incorporated into ch. 14, *Jungian Psychotherapy*, 1978.

(c) Review of R. Litman (ed.), *Psychoanalysis in the Americas, Journal of Analytical Psychology*, vol. 12, no. 2.

(d) Review of W. Muensterberger and S. Axelrad, *The Psychoanalytic Study of Society 111, Journal of Analytical Psychology*, vol. 12, no. 1.

(e) Review of A.U. Vasavada, *Tripura-Rahasaya* (*Jnanakhanda*) (translated and with a study of the process of individuation), *Journal of Analytical Psychology*, vol. 12, no. 1.

(f) Review of E.H. Erickson, *Insight and Responsibility, Theology*, vol. 70, no. 561.

(g) Review of H. Kimball-Jones, *Towards a Christian Understanding of the Homosexual, Theology*, vol. 70, no. 570.

1968

(a) 'Psychiatry: Its Definition and its Practice', Guild Lecture 140, London Guild of Pastoral Psychology.

(b) 'Reflections on Training Analysis', in J.B. Wheelwright (ed.), *The Analytic Process: Aims, Analysis, Training*, New York, Putnam. Reprinted in the *Journal of Analytical Psychology*, vol. 15, no. 1.

(c) Review of D. Wyss, *Depth Psychology: A Critical History, British Journal of Social and Clinical Psychology*, February.

(d) Review of D. Morris, *The Naked Ape, and Primate Ethology, British Journal of Psychiatry*, vol. 114.

(e) Review of D. Meltzer, *The Psychoanalytic Process, Journal of Analytical Psychology,* vol. 13, no. 2.

(f) Review of B. Wolstein, *Theory of Psychoanalytic Therapy, Journal of Analytical Psychology*, vol. 13, no. 2.

(g) Review of J.L. Henderson, *Thresholds of Initiation, Journal of Analytical Psychology*, vol. 13, no. 2.

(h) Review of E. Bertine, *Jung's Contribution to our Time, Guardian*, 6 September.

(i) Obituary: Culver M. Barker, *Journal of Analytical Psychology*, vol. 13, no. 2.

(j) 'Individuation in Childhood', in J.B. Wheelwright (ed.), *The Reality of the Psyche*, New York, Putnam. Revised for ch. 4, *The Self and Autism*, 1976.

1969

(a) *Children as Individuals*, London, Hodder & Stoughton. Second, revised edn of *The Life of Childhood*, 1944.

(b) 'Theorie und Praxis der Kinderanalyse aus der Sicht der analytischen Psychologie C.G. Jung', in G. Biermann (ed.), *Handbuch der Kinderpsychotherapie*, Munich and Basle, Reinhart.

(c) Obituary: Frances E. Smart, *Journal of Analytical Psychology*, vol. 14, no. 1.

(d) 'Technique and Counter-transference', *Journal of Analytical Psychology*, vol. 14, no. 2.

(e) Review of H. Racker, *Transference and Counter-transference, Journal of Analytical Psychology*, vol. 14, no. 2. Revised version published in *Technique in Jungian Analysis*, Library of Analytical Psychology, vol. 2.

(f) Review of B. Bettelheim, *The Empty Fortress, Journal of Analytical Psychology*, vol. 14, no. 2.

(g) Review of P. Roazen, *Freud: Political and Social Thought, Journal of Analytical Psychology*, vol. 14, no. 2.

1970

(a) 'Reflections on Training Analysis', *Journal of Analytical Psychology*, vol. 15, no. 1.

(b) Review of I. Maybaum, *Creation and Guilt, Theology*, vol. 73, no. 599.

(c) 'Note sul transfert', *Rivista di psicologia analitica*, vol. 1, no. 1. Ch. 4, *New Developments in Analytical Psychology*, trans. Aldo Carotenuto, 1957.

(d) 'Reply to Plaut's Comment', *Journal of Analytical Psychology*, vol. 15, no. 2.

(e) Review of C.A. Meier, *Ancient Incubation and Modern Psychotherapy, Journal of Analytical Psychology*, vol. 15, no. 2.

(f) Review of J. Hillman (ed.), *Timeless Documents of the Soul, Journal of Analytical Psychology*, vol. 15, no. 2.

(g) Review of J.M. Tanner and B. Inhelder (eds), *Discussions on Child Development, British Journal of Psychiatry*, vol. 117.

1971

(a) 'Editorial Notice', *Journal of Analytical Psychology*, vol. 16, no. 1.

(b) Review of A. Freud, H. Hartman *et al., The Psycho-analytic Study of the Child*, vol. XXIV, *Journal of Analytical Psychology*, vol. 16, no. 1.

(c) 'Primary Self, Primary Narcissism, and Related Concepts', *Journal of Analytical Psychology*, vol. 16, no. 2. Published in translation in *Zeitschrift für analytische Psychologie*, vol. 3, no. 4, and revised for ch. 5, *The Self and Autism*, 1976.

(d) 'Reply to Comments' (on the above paper), *Journal of Analytical Psychology*, vol. 16, no. 2.

(e) 'Religious Experience in Childhood', in H. Kirsch (ed.), *The Well-tended Tree: Essays into the Spirit of our Time*, New York, Putnam. Revised for ch. 3, *The Self and Autism*, 1976.

1972

(a) Review of E. James (ed.), *The Child in his Family, British Journal of Psychiatry*, vol. 120.

(b) 'Il successo ed il fallimento della psicoterapia visto attraverso la sua falsa conclusiva', *Rivista di psicologia analitica*, vol. 3, no. 1.

(c) Critical notice of M.M. Mahler, *On Human Symbiosis and the Vicissitudes of Individuation*, vol. 1, *Infantile Psychosis, Journal of Analytical Psychology*, vol. 17, no. 2.

(d) 'Notes on Psychological Types', *Journal of Analytical Psychology*, vol. 17, no. 2.

(e) 'Tribute to D.W. Winnicott', *Scientific Bulletin of the British Psychoanalytical Society and Institute of Psycho-Analysis*, no. 57.

(f) 'The Interrelation between Patient and Therapist', *Journal of Analytical Psychology*, vol. 17, no. 2.

(g) 'A Theory of Maturation', in B.B. Woolman (ed.), *Handbook of Psychoanalysis*, New York, Van Nostrand Reinhold.

1973

(a) 'Rifflessioni sull'analisi infantile', *Rivista di psicologia analitica*, vol. 4, no. 2. Delivered at the Rome conference, 'Jung e la cultura Europea'. Also in *Enciclopedia*, 1974, Instituto della Enciclopedia Italiana. Both translations from the English original, 'Reflections on Child Analysis', revised for ch. 8, *The Self and Autism*, 1976.

(b) 'Editorial preface' to C.G. Jung, *Synchronicity*, Bollingen pbk edn.

(c) 'Maturation of the Self in Infancy', in *Analytical Psychology: A Modern Science*, Library of Analytical Psychology, vol. 1, 1974.

(d) Review of P. Lomas, *True and False Experience, British Journal of Psychiatry*, vol. 123.

(e) *Analytical Psychology: a Modern Science*, by M. Fordham, R. Gozdon, J. Hubback, K. Lambert and M. Williams (eds), London, Heineman Medical Books.

1974

(a) 'Jung's Conception of Transference', *Journal of Analytical Psychology*, vol. 19, no. 1.

(b) 'Family Interviews in a Child Guidance Setting', an abstract in the *Bulletin of the British Psychological Society*, vol. 27.

(c) 'Jungian Views of the Body–Mind Relationship', *Spring*. Reprinted in *Explorations into the Self*, Library of Analytical Psychology, vol. 7, Academic Press, 1985.

(d) 'Simbolismo nella prima e seconda infanzia', *Rivista de psicologia analitica*, vol. 5, no. 2.

(e) *Das Kind wie Individuum*, Munich and Basle, Ernst. Translation of *Children as Individuals*.

(f) 'Defences of the Self', *Journal of Analytical Psychology*, vol. 19, no. 2.

(g) Review of D. Meltzer, *Sexual States of Mind, Journal of Analytical Psychology*, vol. 19, no. 2.

(h) 'On Terminating Analysis', in *Technique in Jungian Analysis*, Library of Analytical Psychology, vol. 2, 1974.

(i) 'Notes on the Transference', in *Technique in Jungian Analysis*, Library of Analytical Psychology, vol. 2, 1974. First published in *New Developments in Analytical Psychology*, 1957.

(j) 'Ending Phase as an Indicator of the Success or Failure of Psychotherapy', in G. Adler (ed.), *Success and Failure in Analysis*, New York, Putnam for the C.G. Jung Foundation.

(k) 'Technique and Countertransference', in *Technique in Jungian Analysis*, Library of Analytical Psychology, vol. 2.

1975

(a) Review of W. McGuire (ed.), *The Freud–Jung Letters: The Correspondence between Sigmund Freud and C.G. Jung, Journal of Analytical Psychology*, vol. 20, no. 1.

(b) Letter to the Editor in reply to N.A. Trahms, *Journal of Analytical Psychology*, vol. 20, no. 1.

(c) 'On Interpretation', *Zeitschrift für analytische Psychologie*, vol. 7. Revised for ch. 12, *Jungian Psychotherapy*, 1978.

(d) 'Memories and Thoughts about C.G. Jung', *Journal of Analytical Psychology*, vol. 20, no. 2.

(e) Obituary: John Layard, *Journal of Analytical Psychology*, vol. 20, no. 2.

1976

(a) *The Self and Autism*, Library of Analytical Psychology, vol. 3, London, Academic Press.

(b) Obituary: R.F.C. Hull, *Journal of Analytical Psychology*, vol. 21, no.1.

(c) 'Discussion of T.B. Kirsch's "The Practice of Multiple Analysis in Analytical Psychology"', *Contemporary Psychoanalysis*, vol. 12, no. 2.

(d) 'Analytical Psychology', in Stephen Krauss (ed.), *Encyclopedic Handbook of Medical Psychology*, London, Butterworth.

1977

(a) Review of M. Mahler, F. Pine and A. Bergman, *The Psychological Birth of the*

Human Infant, Journal of Analytical Psychology, vol. 22, no. 1.

(b) Obituary: E.A. Bennett, *The Lancet*, 2 April.

(c) 'Maturation of a Child within the Family', *Journal of Analytical Psychology*, vol. 22, no. 2.

(d) Letter to the Editor (on directed and undirected thinking, and the editing of the *Collected Works* of C.G. Jung), *Journal of Analytical Psychology*, vol. 22, no. 2.

(e) Review of D. Meltzer *et al.*, *Explorations in Autism – a Psychoanalytic Study*, *Journal of Analytical Psychology*, vol. 22, no. 2.

(f) 'A Possible Root of Active Imagination', *Journal of Analytical Psychology*, vol. 22, no. 4. Incorporated in ch. 14, *Jungian Psychotherapy*, 1978.

(g) 'Die analytische (komplex) Psychologie in England', in *Die Psychologie des 20. Jahrhunderts*, Zurich, Kinder Verlag. English translation in *Journal of Analytical Psychology*, vol. 24, no. 4.

1978

(a) *Jungian Psychotherapy: A Study in Analytical Psychology*, Chichester, John Wiley.

(b) 'Some Idiosyncratic Behaviour of Therapists', *Journal of Analytical Psychology*, vol. 23, no. 2. Incorporated as ch. 11, *Jungian Psychotherapy*.

(c) 'A Discursive Review' of R. Langs, *The Therapeutic Interaction, Journal of Analytical Psychology*, vol. 23, no. 2.

(d) 'Carl Gustav Jung', in *Enciclopedia*, Milan, Unedi.

(e) 'Comment on Clifford Scott's Paper', *Journal of Analytical Psychology*, vol. 23, no. 4.

(f) Review of D.W. Winnicott, *The Piggle, Journal of Analytical Psychology*, vol. 23, no. 4.

(g) 'Principia della psicoterapia analitica infantile', *Rivista di psicologia analitica*, vol. 9.

1979

(a) 'The Self as an Imaginative Construct', *Journal of Analytical Psychology*, vol. 24, no. 1.

(b) 'Analytical Psychology in England', *Journal of Analytical Psychology*, vol. 24, no. 4.

(c) 'Analytical Psychology and Counter-transference', *Contemporary Psychoanalysis*, vol. 15, no. 4. Also in L. Epstein and A.H. Feiner (eds), *Counter-transference: The Therapist's Contribution to Treatment*, New York, Jason Aronson.

1980

(a) Letter to the Editor (replying to G. Adler), *Journal of Analytical Psychology*, vol. 25, no. 2.

(b) Critical notice of D. Meltzer, *The Kleinian Development, Journal of Analytical Psychology*, vol. 25, no. 2.

(c) Review of W. McGuire, V. Kirsch *et al.* (eds), *The Shaman from Elko* (papers in honour of Joseph Henderson's 75th birthday), *Journal of Analytical*

Psychology, vol. 25, no. 2.

(d) Review of J. Lacan, *The Four Fundamental Concepts of Psychoanalysis, British Journal of Psychiatry*, vol. 136.

(e) 'The Emergence of Child Analysis', *Journal of Analytical Psychology*, vol. 25, no. 4.

(f) 'Principles of Analytic Psychotherapy in Childhood', in I.F. Baker (ed.), *Methods of Treatment in Analytical Psychology*, Verlag Adolf Bonz GMBH, D-Fellbach.

1981

(a) 'Neumann and Childhood', *Journal of Analytical Psychology*, vol. 26, no. 2.

(b) 'Reply to Comment by K. Newton', *Journal of Analytical Psychology*, vol. 26, no. 2.

(c) Obituary: Jess C. Guthrie, *Journal of Analytical Psychology*, vol. 26, no. 2.

1982

(a) Contribution to a symposium, 'How Do I Assess Progress in Supervision?', *Journal of Analytical Psychology*, vol. 27, no. 2.

(b) Review of J.-B. Pontalis, *Frontiers in Psychoanalysis: Between the Dream and Psychic Pain, Journal of Analytical Psychology*, vol. 27, no. 2.

(c) Obituary: Bernice Rothwell, *Journal of Analytical Psychology*, vol. 27, no. 2.

(d) Obituary: John D Barrett, *Journal of Analytical Psychology*, vol. 27, no. 2.

1983

Letter to the Editor (on ego–self terminology), *Journal of Analytical Psychology*, vol. 28, no. 4.

1984

(a) Review of J. Klauber, *Difficulties in the Analytic Encounter, Journal of Analytical Psychology*, vol. 29, no. 1.

(b) Review of D. Meltzer, *Dream-Life: A Re-examination of Psychoanalytic Theory and Technique, Journal of Analytical Psychology*, vol. 29, no. 4.

1985

(a) *Explorations into the Self*, Library of Analytical Psychology, vol. 7, London, Academic Press.

(b) 'Abandonment in Infancy', *Chiron*, vol. 2, no. 1.

1987

(a) Obituary: Kenneth Lambert, *Journal of Analytical Psychology*, vol. 32, no. 2.

(b) 'Actions of the Self', in P. Young-Eisendrath and J. Hall (eds), *The Book of the Self*, New York University Press.

1988

(a) 'The Androgyne: Some Inconclusive Reflections on Sexual Perversions', *Journal of Analytical Psychology*, vol. 33, no. 3.

(b) 'Principles of Child Analysis', in M. Sidoli and M. Davies (eds), *Jungian*

Child Psychotherapy, London, Karnac.

(c) 'Acting Out', in M. Sidoli and M. Davies (eds), *Jungian Child Psychotherapy*, London, Karnac.

(d) 'How I Do Analysis', in M.J. Spiegelman (ed.), *How I Do Analysis*, Phoenix, AZ, Falcon Press.

(e) 'In Discussion with Karl Figlio', *Free Associations*, vol. 12.

(f) 'The Infant's Reach', *Psychological Perspectives*, vol. 21.

(g) Review of C. Socarides, *The Pre-oedipal Origin and Psychoanalytic Therapy of Sexual Perversions, Journal of Analytical Psychology*, vol. 34, no. 2.

(h) 'Some Historical Reflections', *Journal of Analytical Psychology*, vol. 34, no. 3.

(i) Review of D. Meltzer, *The Apprehension of Beauty, Journal of Analytical Psychology*, vol. 34, no. 3.

1990

(a) 'Riflessioni sull maturazione nell'eta del lattante e nella prima infanzia', *Analisi: Rivista Internationale di Psicoterapia Clinica*, vol. 1, no. 2.

1991

(a) 'The Supposed Limits of Interpretation', *Journal of Analytical Psychology*, vol. 36, no. 2.

(b) 'Rejoinder to Nathan Schwartz Salant on "Vision, Interpretation, and the Interactive field"', *Journal of Analytical Psychology*, vol. 36, no. 3.

(c) 'Identification', unpublished. Revised version in 1994b.

1992

(a) 'Riflessioni personali sul observazione infantile', in *Obsservare il bambino: Revista di Psicologia Analitica*, no. 45.

1993

(a) 'Notes for the Formation of a Model of Infant Development', *Journal of Analytical Psychology*, vol. 38, no. 1.

(b) 'On Not Knowing Beforehand', *Journal of Analytical Psychology*, vol. 38, no. 2.

(c) Review of D. Meltzer, *The Claustrum: An Investigation of Claustrophobic Phenomena, Journal of Analytical Psychology*, vol. 38, no. 4.

(d) 'The Jung–Klein Hybrid', *Free Associations*, vol. 3, pt 4, no. 28.

(e) *The Making of an Analyst: A Memoir*, London, Free Association Books.

1994

(a) 'Ending Psychotherapy', *Group Analysis*, vol. 27.

(b) *Freud, Jung, Klein – The Fenceless Field: Essays on Psychoanalysis and Analytical Psychology* (ed. R. Hobdell), London, Routledge.

(c) *Children as Individuals*, 3rd edn, London, Free Association Books.

1995

Collected Papers on Technique, edited and introduced by S. Shamdasani, London, Routledge, in press.

參考資料

Alvarez, A. (1992) *Live Company: Psychoanalytic Psychotherapy with Autistic, Borderline, Deprived and Abused Children*, London, Tavistock/Routledge.

Astor, J. (1990) 'The Emergence of Fordham's Model of Development', *Journal of Analytical Psychology* (*JAP*), vol. 35, no. 3.

Bender, L. (1953) 'Childhood Schizophrenia', *Psychiatric Quarterly*, vol. 27.

Bettelheim, B. (1967) *The Empty Fortress*, New York, Free Press.

Bick, E. (1968) 'The Experience of the Skin in Early Object Relations', *International Journal of Psycho-Analysis* (*IJPA*), vol. 49.

Bion, W. (1959) 'Attacks on Linking', *IJPA*, vol. 40.

—— (1962a) 'A Theory of Thinking', *IJPA*, vol. 43.

—— (1962b) *Learning from Experience*, London, Heinemann.

—— (1967) *Second Thoughts*, New York, Aronson.

—— (1970) *Attention and Interpretation*, London, Tavistock.

Buber, M. (1957) *Eclipse of God*, New York, Harper.

Call, J.D. (1964) 'New-born Approach Behaviour and Early Ego Development', *IJPA*, vol. 45.

Edelman, G. (1987) *Neural Darwinism: The Theory of Neuronal Group Selection*, New York, Basic Books.

Figlio, K. (1988) 'Michael Fordham in Discussion with Karl Figlio', *Free Associations*, vol. 12.

Freud, S. (1910) *Leonardo da Vinci, and a Memory of his Childhood*, in James Strachey (ed.) *The Standard Edition of the Complete Psychological Works of Sigmund Freud*, 24 vols, London, Hogarth 1953–73, vol. 11.

—— (1914) *On the History of the Psycho-Analytic Movement*, Standard Edition, vol. 14.

—— (1917) *Mourning and Melancholia*, Standard Edition, vol. 14.

—— (1921) *Group Psychology and the Analysis of the Ego*, Standard Edition, vol. 18.

The Freud–Jung Letters (1974) *The Correspondence between Sigmund Freud and C.G. Jung*, ed. William McGuire, London, Hogarth Press.

Gallard, M. (1994) 'Jung's Attitude during the Second World War in the Light of the Historical and Professional Context', *JAP*, vol. 39, no. 2.

Gordon, R. (1965) 'The Concept of Projective Identification', *JAP*, vol. 10, no. 2.

—— (1978) *Dying and Creating*, Library of Analytical Psychology, vol. 4.

—— (1985) 'Big Self and Little Self, Some Reflections', *JAP*, vol. 30, no. 3.

—— (1986) 'Individuation in the Developmental Process', *JAP*, vol. 31, no. 3.

Gregory, R.L. (1963) *Eye and Brain*, London and New York, Weidenfeld & Nicholson for World University Library.

Head, H. and Holmes, G. (1911) 'Sensory Disturbances from Cerebral Lesions', *Brain*, no. 34.

Henderson, J. (1975) 'C.G. Jung: A Reminiscent Picture of his Method', *JAP*, vol. 20, no. 2.

Hinshelwood, R. (1991) *A Dictionary of Kleinian Thought*, London, Free Association Books.

Hobdell, R. (ed.) (1995) *Freud, Jung, Klein – the Fenceless Field: Essays on Psychoanalysis and Analytical Psychology by Michael Fordham*, London, Routledge.

Hubback, J. (1986a) 'Fordham the Clinician as Seen in his Writings', *JAP*, vol. 31, no. 3.

—— (1986b) 'Frieda Fordham's Influence on Michael', *JAP*, vol. 31, no. 3.

James, W. (1902) *Varieties of Religious Experience*, London, Collins.

Joseph, B. (1989) *Psychic Equilibrium and Psychic Change*, London, Routledge.

Jung, C.G. (1957–79) *Collected Works* (*CW*), London, Routledge & Kegan Paul.

  Volume 1, *Psychiatric Studies*.

  Volume 2, *Experimental Researches*.

  Volume 3, *The Psychogenesis of Mental Disease*.

  Volume 4, *Freud and Psychoanalysis*.

  Volume 5, *Symbols of Transformation*.

  Volume 6, *Psychological Types*.

  Volume 7, *Two Essays on Analytical Psychology*.

  Volume 8, *The Structure and Dynamics of the Psyche*.

  Volume 9, i, *The Archetypes and the Collective Unconscious*; ii, *Aion*.

  Volume 10, *Civilization in Transition*.

  Volume 11, *Psychology and Religion: East and West*.

  Volume 12, *Psychology and Alchemy*.

  Volume 13, *Alchemical Studies*.

  Volume 14, *Mysterium Conjunctionis*.

  Volume 15, *The Spirit in Man, Art and Literature*.

  Volume 16, *The Practice of Psychotherapy*.

  Volume 17, *The Development of Personality*.

  Volume 18, *The Symbolic Life*.

  Volume 19, *General Bibliography*.

  Volume 20, *General Index*.

  Supplementary Volume A, *The Zofinga Lectures*.

  Seminar Papers, vol. 1, *Dream Analysis*.

—— (1963) Memories, *Dreams and Reflections*, London, Collins and Routledge Kegan.

—— (1973–6) *C.G. Jung Letters*, 2 vols, ed. G. Adler, London, Routledge.

—— (1978) *C.G. Jung Speaking, Interviews and Encounters*, ed. W. McGuire and R.F.C. Hull, London, Thames & Hudson.

Kanner, L. (1948) *Child Psychiatry*, Oxford, Blackwell.

Kant, I. (1934) *The Critique of Pure Reason*, London, Everyman.

Kellogg, R. (1969) *Analysing Children's Art*, Palo Alto, Mayfield.

Kerr, J. (1994) *A Most Dangerous Method: The Story of Jung, Freud, and Sabina Spielrein*, London, Sinclair Stevenson.

Kohut, H. (1977) *The Restoration of the Self*, New York, International Universities Press.

Klein, M. (1932) *The Psycho-Analysis of Children*, London, Hogarth.

—— (1946) 'Notes on Some Schizoid Mechanisms', in P. Heimann, S. Isaacs and J. Riviere (eds), *Developments in Psycho-Analysis*, London, Hogarth, 1952.

Laplanche, J. and Pontalis, J.-B. (1973) *The Language of Psychoanalysis*, London, Hogarth.

Little, M. (1957) 'R: The Analyst's Total Response', *IJPA*, vol. 38.

Lorenz, K. (1952) *King Solomon's Ring*, London, Methuen.

Meltzer, D. (1986a) 'The Analytical World: Institutions and Limitations', *JAP*, vol. 31, no. 3.

—— (1986b) 'The Conceptual Distinction between Projective Identification (Klein) and Container–Contained (Bion)', in *Studies in Extended Metapsychology*, Strath Tay, Clunie Press.

—— (1992) *The Claustrum*, Strath Tay, Clunie Press.

Meltzer, D., Bremner, J., Hoxter, S., Weddell, D. and Wittenberg, I. (1975) *Explorations in Autism*, Strath Tay, Clunie Press.

Naifeh, S. (1993) 'Experiencing the Self', review of M. Fordham, *Explorations into the Self, San Francisco Jung Institute Library Journal*, vol. 12, no. 1.

Neumann, E. (1973) *The Child*, London, Hodder & Stoughton.

Pauli, W. (1955) 'The Influence of Archetypal Ideas on the Scientific Theories of Kepler', in *The Interpretation of Nature and the Psyche*, London and New York, Bollinger Series LI.

Piaget, J. (1953) *The Origins of Intelligence in the Child*, London, International University Press.

Piontelli, Alessandra (1992) *From Fetus to Child: An Observational and Psychoanalytic Study*, London, Routledge, New Library of Psychoanalysis, vol. 15.

Plaut, A. (1956) *British Journal of Medical Psychology*, vol. 29.

Plotkin, H. (1991) 'The Testing of Evolutionary Epistemology', review of G. Edelman, *Neural Darwinism, Biology and Philosophy*, vol. 6.

Rosenfeld, H. (1983) 'Primitive Object Relations and Mechanisms', *IJPA*, vol. 64.

—— (1987) *Impasse and Interpretation*, London, Tavistock.

Rycroft, C. (1968) *A Critical Dictionary of Psychoanalysis*, London, Nelson.

St John of the Cross (1953) *Complete Works of St John of the Cross*, trans. E.

Allison Peers, London, Watkins.

Samuels, A. (1985) *Jung and the Post-Jungians*, London, Routledge.

—— (1994) 'The Professionalization of Carl G. Jung's Analytical Psychology Clubs', *Journal of the History of the Behavioural Sciences*, vol. 30, no. 2.

Satinover, J. (1985) 'At the Mercy of Another: Abandonment and Restitution in Psychoses and Psychotic Character', *Chiron*.

Scott, R. D. (1956) 'Notes on the Body Image and Schema', *JAP*, vol. 1, no. 2.

Segal, H. (1983) 'Some Clinical Implications of Melanie Klein's Work', *IJPA*, vol. 64.

Shamdasani, S. (1995) Introduction to *Collected Papers on Technique*, by M. Fordham, London, Routledge.

Spiegelman, J. (1988) *Jungian Analysts: Their Visions and Vulnerabilities*, Phoenix, AZ, Falcon Press.

Steiner, J. (1993) *Psychic Retreats: Pathological Organizations in Psychotic, Neurotic, and Borderline Patients*, London, Routledge, New Library of Psychoanalysis, vol. 19.

Stern, D.S. (1985) *The Interpersonal World of the Infant*, New York, Basic Books.

Tustin, F. (1972) *Autism and Childhood Psychoses*, London, Hogarth.

—— (1994) 'The Perpetuation of an Error', *Journal of Child Psychotherapy*, vol. 20, no. 1.

Urban, E. (1994) Review of A. Alvarez, *Live Company: Psychoanalytic Psychotherapy with Autistic, Borderline, Deprived and Abused Children*, *JAP*, vol. 39, no. 2.

White, V. (1960) *Soul and Psyche: An Enquiry into the Relationship of Psychology and Religion*, London, Collins.

Williams, M. (1963) 'The Indivisibility of the Personal and the Collective Unconscious', *JAP*, vol. 8, no. 1.

Winnicott, D.W. (1964) Review of C.G. Jung, *Memories, Dreams and Reflections, IJPA*, vol. 45.

—— (1965) *The Maturational Processes and the Facilitating Environment*, London, Hogarth.

Zinkin, L. (1991) 'The Klein Connection in the London School: The Search for Origins', *JAP*, vol. 36, no. 1.

75, 80, 91-2, 105, 117, 127, 134, 146, 223, 232, 234, 236

佛登 4-5, 120, 158-60, 180, 183, 236-7, 239

fusion 融合狀態 55, 60, 66-7, 143, 230

G

Gallard, M. 嘉藍 18

genetic theory of child development 兒童發展的遺傳理論 67-8

Gestalt psychology 完形心理學 74

Gordon, Rosemary 蘿絲瑪麗・戈登 8, 71, 143, 151, 224, 225, 226, 228, 230, 232, 242

Gregory, R.L. 格雷戈里 74

H

Hartmann, Heiz 海因茲・哈特曼 72

Head, H. 黑德 73

Heimann, Paula 寶拉・海曼 116

Henderson, J. 韓德森 135

hermeneutics 詮釋學 2

Hinshelwood, R. 欣謝爾伍德 79, 223, 235, 242

Hobdell, R. 哈伯德爾 144

Homes, G. 霍姆斯 73

Hoyle, Frieda 芙蕾達・霍伊

Hubback, Judith 茱蒂斯・胡貝克 10, 11, 22-3

I

I Ching 易經 166, 170

idealization 理想化 62-3

identification 認同／心理認同歷程 4, 61, 140-2, 148, 230;

identity 身分認同／認定 55-6, 61, 66, 67, 70, 140-2, 144, 145, 151-2, 182, 230-1, 238

incarnating the archetypal image 化身為原型意象 115, 225

individual 個體
責任與作用 5, 37
自性 151

individuality 個體性 124

individuation 個體化 16, 28, 35, 36, 41, 48-9, 54, 58, 68, 81, 84, 93, 119, 121, 186, 231, 237
榮格的理論 3, 27, 30, 31, 32, 36, 47, 48-9, 61, 81, 83, 117, 126, 231
共時性 177

infancy 嬰兒
原型 37, 39-40, 55, 65-8
象徵化 68-9

infant observation 嬰兒觀察 16, 53-70, 80, 144 231

infantile transference 嬰兒式移情 5, 19, 104, 108, 109, 119-20, 123, 125, 158

inner world 內在世界 23, 55, 70, 185, 231-2
自閉症 88, 90, 99, 100, 101, 129
榮格 24-5 105, 141, 161, 236

instinct 本能 21
原型的生物性 72-8

Institute of Psycho-Analysis 精神分析研究所 4, 23

integration 整合 5 3, 54-5, 62, 101
基督教 155, 159

interaction 交互作用 16, 31, 37, 38, 121, 123-37, 143, 152, 178, 179
嬰兒期發展的交互作用 37, 55, 56-8, 59-60, 66, 75, 79, 80, 147

International Psychoanalytic Society 國際精神分析學會 2, 3

Interpretation 詮釋
佛登的詮釋 38, 89-90, 102, 105-22, 129, 139, 145, 148-50
佛洛伊德的詮釋 3
榮格的詮釋 105-7, 108, 111, 112, 114, 116, 121-2
共時性 176, 177

閱讀佛登：從兒童個體化研究開拓自性的探索

心靈工坊 ❀
【PsyGarden】

榮格大師・心靈煉金
啟程，踏上屬於自己的英雄之旅
外在風景的迷離，內在視野的印記
回眸之間，哲學與心理學迎面碰撞
一次自我與心靈的深層交鋒

◆羅伯特・強森　Robert A. Johnson

擁抱陰影
【從榮格觀點探索心靈的黑暗面】
譯者：徐曉珮　定價：290元
從西方文化、歷史與宗教的觀點切入，由個人、集體與原型三個基本面向，交織日常經驗和文化歷史故事，破解二元對立世俗性觀點的迷思，揭示陰影的神聖價值。

與內在對話
【夢境・積極想像・自我轉化】
譯者：徐碧貞　定價：520元
唯有意識與無意識攜手合作，才能邁向個體化，使意識心智成熟，並實現自我內在的潛質。作者認為，有兩種「內在工作」可以深入無意識：一是夢境工作，二是積極想像，都是透過象徵、意象與原型來解鎖無意識。

他與她
【從榮格觀點探索男性與女性的內在旅程】
譯者：徐曉珮　定價：340元
作者透過中世紀聖杯傳說《漁夫王》以及希臘神話《艾洛斯與賽姬》，分別探究男性與女性在人生歷程中會遭遇的陰影與挑戰，以及在經歷一切後所邁向的成長，讀來趣味橫生，心有戚戚。

戀愛中的人
【榮格觀點的愛情心理學】
譯者：鄧伯宸　定價：400元
戀愛與真正的愛是兩種不同且矛盾的心理能量系統，我們要追尋的應是真正的愛。透過解析淒美的愛情悲劇《崔斯坦與伊索德》，追尋當代西方戀愛觀念的源頭，一探「戀愛」虛虛實實及其之於生命的深層意涵。

◆詹姆斯・希爾曼　James Hillman

夢與幽冥世界
【神話、意象、靈魂】
譯者：王浩威等　定價：450元
希爾曼認為，所有的靈魂歷程、心靈事件，都走向冥王黑帝斯。他解析黑帝斯幽冥地府裡各個角色隱喻的心靈原型，開啟了屬於「深度心理學」的夢工作典範，也顛覆我們對生死、夢境的既有認知。

自殺與靈魂
【超越死亡禁忌，促動心靈轉化】
譯者：魯宓　定價：380元
死亡禁忌令人迴避，自殺更是人們急欲遏止之惡事，但希爾曼從「靈魂」的觀點出發，主張若能站在生死關口深度審視生命，將能看見靈魂轉化的契機，照見生命更完滿的可能。

◆湯瑪士・克許　Thomas B. Kirsch

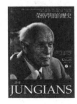

榮格學派的歷史
譯者：古麗丹等
審閱、導讀：申荷永
定價：450元
本書以榮格為根，蘇黎世的國際分析心理學協會為主幹，各國的榮格學會為分枝，榮格門生及學者們化身成片片綠葉，在豐富的歷史回憶中，展現分析心理學的生命力、創意、深度和廣度。

我的榮格人生路
【一位心理分析師的生命敘說】
譯者：徐碧貞　定價：620元
透過猶太裔分析師克許的生命回顧，我們得以對分析心理學的發展史有更多認識，從中讀到許多歷史第一手資料，同時也能從作者所反思的造神心理經驗、聖徒使命及理想化投射中看見自己的影子。

◆唐納・卡爾謝　Donald Kalsched

創傷的內在世界
【生命中難以承受的重，心靈如何回應】
譯者：彭玲嫻、康琇喬、連芯、魏宏晉
審閱：洪素珍　定價：600 元
卡爾謝翻轉心理界對創傷治療的觀點，主張造成解離、逃避的機制其實具有保護作用。他深信，榮格對受創心靈的內在世界的深刻見解，對當代心理分析格外重要。

創傷與靈魂
【深入內在神聖空間，啟動轉化歷程】
譯者：連芯、徐碧貞、楊菁薈
定價：880 元
卡爾謝提出的靈魂對創傷修復概念，不但融合了榮格強調內在的原型及神祕論，亦應用溫尼考特的母嬰關係，作者認為人心創傷必受到內外世界影響，而靈魂會於特殊時刻現身擁抱受創傷者。

◆莫瑞・史丹　Murray Stein

男人・英雄・智者
【男性自性追尋的五個階段】
譯者：王浩威　校閱：徐碧貞
定價：380 元
本書作者莫瑞・史丹將男人一生的心理發展歷程分為五分個階段，細緻動人的描寫，為身處父權崩解中的當代男性，提出如何立足、自處的重要啟示。

榮格心理分析的四大基石
【個體化、治療關係、夢與積極想像】
譯者：王浩威　校閱：徐碧貞
定價：380 元
是什麼讓榮格派的方法有其特殊性？作者以簡明文字說明四個基礎，分別是個體化歷程；治療關係，特別是移情和反移情的獨到觀點；夢的無意識訊息，以及積極想像帶來的轉化。

靈性之旅
【追尋失落的靈魂】
譯者：吳菲菲　定價：400 元
本書試圖為靈性需求找到合於當代情境的載具。作者認為，回歸宗教傳統或擁抱物質科學可能都行不通，而榮格心理學是新的可能性——「關注自性」，走上個體化歷程。

中年之旅
【自性的轉機】
譯者：魏宏晉
策劃、審閱：王浩威
定價：480 元
本書靈活運用兩部希臘神話故事來闡述中年之旅的三個轉化階段：分離、過渡、再整合。根據榮格的觀點，中年轉化是一趟追尋完整性的鍊金之旅。

英雄之旅
【個體化原則概論】
譯者：黃璧惠、魏宏晉等
審閱：黃璧惠　定價：480 元
個體化提供了一種可以理解並解釋個人與集體心靈改變的途徑，更建議了一種提昇並發展人類意識達到最大潛能的方法。

轉化之旅
【自性的追尋】
譯者：陳世勳、伍如婷等
策畫、審閱：王浩威
定價：480 元
榮格認為最有意義的轉化就發生在中年階段，這也是「自性」追尋的開端。個體意識可望全面開展的成熟能量，指引出一個人活出最深層渴望的自己。

◆跨時空、跨文化的靈魂旅程

紅書
【讀者版】
作者：卡爾・榮格（C.G. Jung）
譯者：魯宓、劉宏信
定價：1100 元

藉由《紅書》，我們每個人都可以從榮格勇敢的無意識征途中，看到屬於自己個人心靈整合的可能道路。

遇見榮格
【1946-1961 談話記】
作者：愛德華・貝納特
　　　（E. A. Bennet）
譯者：王一梁、李毓
定價：360 元

作者貝納特是少數能與榮格全方位交談的知交，他前後歷時十四年拜訪榮格的筆記，一字不動地集結成本書。

榮格的 30 個夢
【心靈大師的自我療癒】
作者：李孟潮
定價：540 元

本書透過榮格的三十個夢境，將他一生的歷程娓娓道來，深入淺出地呈現出一代心靈大師的思想底蘊。

夢，通往生命的泉源
作者：艾德華・惠特蒙、
　　　席薇亞・佩雷拉
譯者：王浩威　校閱：徐碧貞
定價：630 元

以實務為取向，本書為欲整合夢境分析至臨床治療的分析師和治療師而寫。經由釋夢，我們可以嘗試明白靈魂早就知道的一切。

孤兒
【從榮格觀點探討孤獨與完整】
作者：奧德麗・普內特
審閱：朱惠英
譯者：朱惠英、陳俊元、利美萱

全書透過歷史、神話、心理學、童話與藝術探討無所不在的孤獨感，並抽絲剝繭孤獨內裡之黑暗與光明。

附身
【榮格的比較心靈解剖學】
作者：奎格・史蒂芬森
譯者：吳菲菲
定價：520 元

書中從十七世紀法國的附身事件追溯起，呈現榮格的附身概念如何在心理治療實務中拓出空間、使痛苦現身，最終達到整合。

公主走進黑森林
【榮格取向的童話分析】
作者：呂旭亞
定價：420 元

本書為東方女性解讀七則關鍵童話，揭開情結與原型對人心的影響力，為現代女性發展找到完滿的可能。

纏足幽靈
【從榮格心理分析看女性的自性追尋】
作者：馬思恩　譯者：吳菲菲
審閱：黃璧惠　定價：500 元

作者致力結合榮格學說與中國哲學，發現女性心靈至今仍飽受纏足之苦，鼓舞著現代女性收復本能的陰性本質，「立足」人生。

當村上春樹遇見榮格
【從《1Q84》的夢物語談起】
作者：河合俊雄　譯者：林暉鈞
定價：450 元

河合俊雄以榮格派心理學解析村上春樹不同時期作品，並援引著名等日本小說為參照，步步推敲出《1Q84》跨越後現代性的精神內涵。

榮格心理學指南
【理論、實踐與當代應用】
主編：雷諾斯・帕巴多博洛斯
譯者：魏宏晉　定價：990 元

本書邀集了十四位當代執牛耳的榮格心理學家，就其專精的概念或領域專文執筆，讓讀者得以掌握榮格各個概念之源流脈絡、內涵精髓與當代價值。

閱讀佛登：從兒童個體化研究開拓自性的探索

Michael Fordham: Innovations in Analytical Psychology

詹姆斯·阿斯特（James Astor）——著　周嘉娸——審閱　傅雅群——譯

出版者—心靈工坊文化事業股份有限公司
發行人—王浩威　總編輯—徐嘉俊
執行編輯—趙士尊　封面設計—黃怡婷
內頁排版—龍虎電腦排版股份有限公司
通訊地址—10684 台北市大安區信義路四段 53 巷 8 號 2 樓
郵政劃撥—19546215　戶名—心靈工坊文化事業股份有限公司
電話—02）2702-9186　傳真—02）2702-9286
Email—service@psygarden.com.tw　網址—www.psygarden.com.tw

製版·印刷—彩峰造藝股份有限公司
總經銷—大和書報圖書股份有限公司
電話—02）8990-2588　傳真—02）2990-1658
通訊地址—248 新北市新莊區五工五路二號
初版一刷—2023 年 6 月　ISBN—978-986-357-296-1　定價—790 元

國家圖書館出版品預行編目資料

閱讀佛登：從兒童個體化研究開拓自性的探索 / 詹姆斯・阿斯特 (James Astor) 著；
傅雅群譯 . -- 初版 . -- 臺北市：心靈工坊文化事業股份有限公司 , 2023.06
　　面 ；　　公分 . -- (Psychoalchemy ; 39)
譯自：Michael Fordham : innovations in analytical psychology.
ISBN 978-986-357-296-1（平裝）

1.CST: 佛登 (Fordham, Michael, 1905-1995)
2.CST: 分析心理學 3.CST: 心理治療

170.181   112008608

心靈工坊 ℓ 書香家族 讀友卡

感謝您購買心靈工坊的叢書，為了加強對您的服務，請您詳填本卡，
直接投入郵筒（免貼郵票）或傳真，我們會珍視您的意見，
並提供您最新的活動訊息，共同以書會友，追求身心靈的創意與成長。

書系編號—PA 039　　　書名—閱讀佛登：從兒童個體化研究開拓自性的探索

姓名　　　　　　　　　　　　　是否已加入書香家族？□是 □現在加入

電話 (O)　　　　　　　　(H)　　　　　　手機

E-mail　　　　　　生日　　年　　月　　日

地址 □□□

服務機構　　　　　　　　職稱

您的性別—□1.女 □2.男 □3.其他

婚姻狀況—□1.未婚 □2.已婚 □3.離婚 □4.不婚 □5.同志 □6.喪偶 □7.分居

請問您如何得知這本書？
□1.書店 □2.報章雜誌 □3.廣播電視 □4.親友推介 □5.心靈工坊書訊
□6.廣告DM □7.心靈工坊網站 □8.其他網路媒體 □9.其他

您購買本書的方式？
□1.書店 □2.劃撥郵購 □3.團體訂購 □4.網路訂購 □5.其他

您對本書的意見？
□ 封面設計　1.須再改進 2.尚可 3.滿意 4.非常滿意
□ 版面編排　1.須再改進 2.尚可 3.滿意 4.非常滿意
□ 內容　　　1.須再改進 2.尚可 3.滿意 4.非常滿意
□ 文筆／翻譯　1.須再改進 2.尚可 3.滿意 4.非常滿意
□ 價格　　　1.須再改進 2.尚可 3.滿意 4.非常滿意

您對我們有何建議？

□本人同意＿＿＿＿＿＿＿（請簽名）提供（真實姓名/E-mail/地址/電話/年齡/
等資料），以作為心靈工坊（聯絡/寄貨/加入會員/行銷/會員折扣/等之用，
詳細內容請參閱http://shop.psygarden.com.tw/member_register.asp。

廣　告　回　信
台 北 郵 政 登 記 證
台北廣字第1143號
免　貼　郵　票

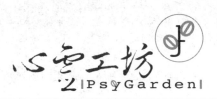

心靈工坊
|PsyGarden|

10684台北市信義路四段53巷8號2樓

讀者服務組　收

免　貼　郵　票

（對折線）

加入心靈工坊書香家族會員
共享知識的盛宴，成長的喜悅

請寄回這張回函卡（免貼郵票），
您就成爲心靈工坊的書香家族會員，您將可以——

⊙隨時收到新書出版和活動訊息
....

⊙獲得各項回饋和優惠方案
....